WIEN
Stadtzentrum
0 100 200 300 m
Maßstab
N
Schottenring
Börsegasse
Wipplingerstr.
Franz-Josefs-Kai
Obere Donaustr.
Renngasse
Tiefer Graben
Freyung
Am Hof
Bognerg.
Kohlmarkt
Graben
Stephansplatz
Rotent.
Fleischmarkt
Wollzeile
Schulerstr.
Stubenring
Wien Fluß
Landstraßer Hauptstr.
Singerstr.
Kärntner Str.
Seilergasse
Augustinerstr.
Himmelpfortg.
Annagasse
Parkring
Stadtpark
Am Heumarkt
Johannesg.
Schubertring
Kärntnerstr.
Opernring
Kärntnerring
Lothringerstr.
Schwarzenbergpl.
Karlsplatz
Operngasse
Wiedner Hauptstr.
Margaretenstr.
Gußhausstr.
Schwarzenbg.-Platz
Rennweg
Deutsche Botschaft
Schweizer Botschaft

OTTO STRADAL

Wien, Stadt vieler Träume

OTTO STRADAL

WIEN
Stadt vieler Träume

Ein Führer für Wiener
und solche,
die es werden wollen

EIN
PRAEGER INTERNATIONAL-PROJEKT
IN DER SCHULER VERLAGSGESELLSCHAFT
MÜNCHEN

FOTONACHWEIS

Donauland: Seite 81
Josef Gottfried: Seite 241
Josef Grossauer: Seite 141, 165, 187, 257
Alfred Grünert: Seite 23, 67 unten, 71, 101, 115, 132–133, 158, 177, 235, 319, 338–339, 345
Franz Hubmann: Frontispiz, Seite 19, 28, 41, 59, 67 oben, 89, 121, 147, 153, 173, 191, 223, 261, 289, 301, 309, 350
Barbara Pflaum: Seite 11, 31, 111, 129, 185, 199, 212, 247, 271, 281
Hotel Sacher: Seite 125
Alois Sedlaczek: Seite 36, 161
Verkehrsverein: Seite 56, 137

ISBN 3 7796 3053 2

Schutzumschlaggestaltung: Gerhard Burczik, Wien
Illustrationen im Text: Karl Mladek, Wien
Gesamtherstellung: Wiener Verlag, Wien
Printed in Austria

INHALT

Porträt einer Weltstadt

Eine Stadt, in der die Oper und der Walzer als Kunstform geschaffen, aber auch die Maßeinheit zur Berechnung der Überschallgeschwindigkeit ersonnen und das Unbewußte im Eros des Menschen erforscht wurden, ist gewiß ein Phänomen. Diese Stadt, die der Welt einen Franz Schubert gegeben, einen Beethoven begnadet und dem Entdecker der kosmischen Ultrastrahlung, Viktor Hess, die geistige Heimat gegeben hat, eine solche Stadt ist immer wieder ein Buch wert. Auch wenn seit den Tagen, als in dieser Stadt der Römerkaiser Marc Aurel seine heute noch gültigen »Selbstbetrachtungen« geschrieben hat, bis zu den Beschlüssen der Weltkraftkonferenz als Wegweiser in das Jahr 2000, über Wien immer wieder Bücher er-

schienen sind. Wien ist dennoch immer aufs neue vorzustellen, zu interpretieren, zu entdecken. Vor allem für den Besucher, der als Gast zum erstenmal das Erlebnis Wien in sich aufnimmt.
Denn kaum eine andere Stadt Europas vereint so sehr ständige Wandlung mit gleichzeitiger Beibehaltung der seelischen Aussage ihres Wesens. Eine Aussage wird hier gemacht, die – im Widerspruch zu dem weltweit verbreiteten Klischee-Irrtum über Wien – ein ständiges Verkünden des Morgen ist. Diese Botschaft ruht dabei auf dem Gestern, aus dem wir Heutigen gekommen sind.
Nach Meinung vieler Menschen gilt Wien als stockkonservativ. Ganz Gescheite belieben bisweilen, die Qualifizierung »steckengeblieben« zu gebrauchen. Eine Beurteilung, die jeder widerlegen kann, der mit gutem Willen und offenen Augen, zu denen noch ein offenes Herz kom-

men muß, auch nur eine Woche in dem Wien unserer Tage verbracht hat. Denn er kann bald erkennen: Diese Stadt ist das, was man eigentlich unter »Abendland« versteht. Hier ist der Schnittpunkt der großen Kulturkreise des vielgesichtigen Europa. Hier entwickelte sich in der jahrhundertelangen Begegnung zwischen Ost und West, Nord und Süd nicht nur in den verschiedensten Stilepochen die grandiosen Baudenkmale, sondern auch der heute noch dieser Stadt und ihren Menschen eigene Lebensstil der mehr heiteren Gelassenheit gegenüber den Begebenheiten des Tages, aber auch der steten Bereitschaft zu echter Auseinandersetzung mit den Problemen der jeweiligen Zeit. In Wien sind die Menschen geformt worden, an deren Eigenwilligkeit und ungemein ausgeprägter Individualität schon so mancher Große der Weltpolitik gescheitert ist. Die Wiener sind aber gleichzeitig nur zu gerne bereit, sich alles zunächst »einmal anzuschauen« und dann sehr entschieden zu beurteilen: »Das paßt mir, und das paßt mir nicht.«
Aus der Entwicklung seiner Stadt heraus ist der Wiener ein sehr kritischer Mensch geworden, ein Wesenszug, der oft falsch verstanden wird. Wenn einmal ein humorvoller Schilderer Wiens gesagt hat: »Dies ist die Stadt, in der sich jeder über jeden beschwert«, so ist das gar nicht so böse gemeint. Es ist die Stadt, in der man auch heute, im Zeitalter des Computers, der Automation und der Rationalisierung, noch dem Grundsatz huldigt: Wir leben nicht, um zu arbeiten, sondern wir arbeiten, um zu leben, und dieses Leben wollen wir auch wirklich genießen.
Das treffende Wort des großen österreichischen Dichters und einstigen Burgtheaterdirektors Anton Wildgans: »Der Österreicher hat einen Beruf, von dem er lebt, und eine Berufung, für die er lebt«, findet sich heute noch täglich bestätigt; vom Ministerialrat, der in seinem Amt Romane oder Gedichte schreibt, bis zum Gaswerkarbeiter, der Streichquartette komponiert und vom Rundfunk ent-

deckt wird. Es ist in Wien ein Verkehrspolizist ein gefeierter Opernsänger geworden, und sein Kollege bei einer großartigen »Figaro«-Inszenierung war ein gelernter Tischlergeselle. Der strahlendste Lohengrin, den die Wiener Staatsoper je erlebt hat, war ein gelernter Schlosser, und die unsterbliche Operette »Der Vogelhändler« ist von einem Sektionsrat des Unterrichtsministeriums während seiner Amtsstunden in den geheiligten Hallen dieses Ministeriums, im einstigen prachtvollen Stadtpalais der Grafen Starhemberg auf dem Minoritenplatz, komponiert worden. Der geistige Vater der österreichischen Sozialdemokratie und Mitbegründer der Republik Österreich war ein bescheidener Arzt in dem damals sich entfaltenden Arbeiterbezirk Favoriten. Einer der größten Lyriker Wiens war ein kleiner Postbeamter aus der Vorstadt Ottakring.

Welch eine Stadt stellt sich da vor, wenn man dieses Wien unserer Tage durchstreift! Der staunende, manchmal geradezu frappierte Gast erkennt sehr bald: Hier ist seit Jahrhunderten eine Stadt schon groß gewesen, ehe sie zur Großstadt wurde. Ihr Baumeister aber war kein großzügiger Fürst, kein weit vorausplanender Politiker: Der Baumeister Wiens ist das Leben selbst! Die neuen Stadtteile, die in den letzten fünfzig Jahren die Donaumetropole mit ihren 414 km^2 zu einer der flächengrößten Städte der Welt haben werden lassen, sind am grünen Tisch geplant und auf dem Reißbrett konstruiert worden. Aber alles andere, was die Welt heute als »Wien« kennt, ist eine »gewachsene Stadt«. In dieser Eigenschaft hat sie auch diesen besonderen Lebensstil, der ihren Alltag bedingt. Man »wohnt« hier nicht, sondern man »lebt« in Wien. Man geht hier nicht seinen Geschäften nach, sondern in Wien hat man »zu tun«. Man hat »einen Weg«, man macht »Besorgungen« oder hat »etwas zu erledigen«. Der Wiener hat dabei zu den einzelnen Stadtteilen – offiziell heißen sie »Bezirke« – eine besondere Beziehung. Er betont sehr gern, selbst Bewohner eines bestimmten Bezirkes zu sein, und distanziert sich damit von Mitbürgern anderer Stadtviertel. Gleichzeitig aber bekundet er dadurch eine besondere Heimatverbundenheit, wie sie den Bewohnern nur noch weniger anderer Millionenstädte in Europa zu eigen ist.

Es mag darin ein Rest der Mentalität der Landbewohner zu finden sein, die auch auf ihr Dorf oder ihren Marktflekken besonders stolz sind. Sieht man sich einen Wiener Stadtplan etwas genauer an, dann entdeckt man, wieviel »Land« in dieser Stadt Wien heute noch steckt. Davon erzählen Stadtteilnamen, wie etwa Währing, Ottakring oder Hietzing. Da gibt es Leopoldau, Stadlau, Brigittenau, Breitensee und Jedlesee, Nußdorf, Kahlenbergerdorf und Salmannsdorf, Schottenfeld und Lerchenfeld, Ober-St. Veit und Unter-St. Veit, Dornbach und Pötzleinsdorf. All diese einstigen idyllischen, kleinen Weinbauern- und Milchmeierdörfer am See und am Bach und in der Au sind heute engverbaute Großstadtbezirke geworden. Aber noch geben auch sie ihren Bewohnern das besondere Heimatgefühl. Es ist daher gewiß kein Zufall, daß fast jeder Wiener Gemeindebezirk in einem eigenen, sehr innigen Heimatlied besungen wird. Das bekannteste in der ganzen Welt ist wohl das geradezu verliebt-sehnsüchtige: »I muß wieder einmal in Grinzing sein.« Aber noch berühmter ist zweifellos das in achtzehn Sprachen der Welt übersetzte Lied: »Wien, Wien, nur du allein sollst stets die Stadt meiner Träume sein . . .«

Die Stadt meiner Träume! Es geht eine eigenartige Faszination von dieser Vorstellung aus. Jeder, der sich einen Funken Romantik und Herzenswärme in unserer sehr rauhen, nüchtern gewordenen Gegenwart bewahrt hat, fühlt sich ganz persönlich dabei angesprochen. Auch wenn er dann vielleicht in Wien selbst diese Träume gar nicht so findet, wie er sie geträumt.

Aber da ist nun das Phänomen Wien, das plötzlich so viele

Blick vom Rathaus auf den Haupteingang des Burgtheaters und die Wiener Innenstadt. Dieser Stadtkern, die ›Innere Stadt‹, zeigt sich als eine steinerne Dokumentation von erstaunlicher Vielfalt aus den verschiedensten Kulturepochen. Es ist der Stadtteil der historischen Paläste und der alten verträumten Höfe, der schmalen Gäßchen mit ihren Geschichten ebenso wie der historischen Plätze, auf denen Geschichte gemacht wurde. Hier zeigt sich Wien – Traum und Wirklichkeit.

andere Wünsche, Vorstellungen, Hoffnungen und Empfindungen realisieren kann. Der Besucher fühlt sie erst allmählich in sich aufkeimen, wenn er vom Stephansplatz bis nach Grinzing, vom Kahlenberg bis nach Schönbrunn, von der Spanischen Reitschule bis in den Prater selbst auf Entdeckungen geht. Da erweist sich dann diese Stadt mit ihren vielen kleinen und großen Welten, mit ihren berühmten Schätzen und ganz verborgenen köstlichen Miniaturen, mit ihren glanzvollen Theaterabenden und den täglichen bunten Lebensszenen (die der Wiener selbst oft so gern als »So ein Theater!« belächelt) als eine Stadt vieler Träume.

So erzählen die Baudenkmale von den einst erfüllten Träumen junger ehrgeiziger Architekten, die in Wien zu Weltruhm gelangten. Namen von Straßen und Plätzen lassen Schicksale wach werden von Menschen aus ganz Europa, die in dieser Stadt ihrer Träume das große Glück gesucht und dann plötzlich ganz andere Wege eingeschlagen haben, als sie es jemals planten. Da beweisen in den Schaufenstern der eleganten Geschäftsstraßen großartige Schöpfungen der Mode und Meisterwerke der Goldschmiede, daß man in Wien noch immer sehr wohl weiß, wovon Frauen träumen. Und in einer unvergeßlichen Aufführung des Burgtheaters überzeugen gefeierte Künstler in der meisterlich schönen Sprache des österreichischen Dramatikers Grillparzer, daß »Der Traum – ein Leben« ist ...

Stadt vieler Träume! So kann sich auch das Wien, das heute die Welthauptstadt der Atombehörde geworden ist, das der Tagungsort hochpolitischer Besprechungen zwischen den Großmächten dieser Welt und Residenz verschiedener Organisationen der Vereinten Nationen ist, noch immer zeigen, wenn man ein wenig abseits des Touristenstromes alles in sich aufnimmt. Es mag das alte Haus in der romantischen Schönlaterngasse unweit des Stephansdomes sein, in dem einst Robert Schumann

seine musikalische »Träumerei« komponiert hat, oder die Stätte auf dem Wienerwald-Aussichtsberg Cobenzl, wo vor hundertvierzig Jahren der Forscher Freiherr von Reichenbach zum erstenmal mit seinen Beobachtungen und Berechnungen in den Weltraum vorgestoßen ist. Es kann zu solchen Träumen das nachdenkliche Betrachten der alten Krone der deutschen Kaiser in der Schatzkammer der Wiener Hofburg ebenso anregen wie ein Sommerabend bei einem Glas Wein in jenem rebenumrankten Hof des Hauses in Heiligenstadt, in dem Ludwig van Beethoven an seiner Eroica-Symphonie gearbeitet hat.
Im Technischen Museum dieser Stadt steht der in Wien erfundene erste, mit einem Explosionsmotor betriebene Kraftwagen der Welt, der seine Jungfernfahrt anno 1864 durch die heute als Einkaufszentrum weltbekannte Mariahilfer Straße gemacht hat. Eine verträumte Stunde kann uns auch beschieden sein in dem prunkvollen »Millionenzimmer« der Kaiserin Maria Theresia im Lustschloß Schönbrunn. Oder bei einer abendlichen Fahrt mit dem Riesenrad, das den grandiosen Blick über das strahlende Wien mit dem ragenden Stephansturm bis zu den nachtdunklen Hängen des Wienerwaldes und auf die breitströmende Donau im hellen Mondlicht gewährt.
Eine Stadt stellt sich vor: Immer wieder neu, immer wieder anders und doch ewig gleich in ihrem Wesen, in ihrer besonderen Art der Einstellung zum Leben, die der Wiener selbst mit den Worten charakterisiert: »In Wien haben die Leute Lachen und Weinen in einem Sack.« Gewiß, es kennt das in der Klischeevorstellung immer nur tanzende, lachende, weinselige, singende, klingende Wien auch das Leid. Auch seinen Denkmalen begegnen wir häufig genug. Sie künden von den unendlichen Opfern Wiens als Bollwerk des Abendlandes bei den zwei schweren Türkenbelagerungen (1529 und 1683) ebenso wie vom Weg dieser Stadt in jüngster Vergangenheit. Es war der Weg vom zertrümmerten Wien des Jahres 1945

bis zur frohen, zukunftsgläubigen, leistungs- und lebenstüchtigen Weltstadt unserer Gegenwart. Mahnmale und Gedenkstätten, vom weihevollen Heldendenkmal in der Kapelle des äußeren Burgtores bis zum erschütternden Dachauer Kreuz in der Michaelerkirche, bestätigen das. Gerade auch dieses Leid hat mitgeformt am Behauptungswillen dieser Stadt, der vielen erstaunlichen Begegnungen mit Dingen, von denen sich sehr viele Menschen in der weiten Welt nichts träumen lassen ...

Eine Stadt stellt sich vor! Sie tut dies für jeden Besucher heute durch fröhliche Fähnchen in den Wiener Farben Rot-Weiß und mit einer erklärenden Inschrifttafel an historischen und anderen markanten Bauwerken Wiens. Sie gibt so ein äußerlich eindrucksvolles Bild von der Bedeutung dieser Donaumetropole für Europa. Mein Buch aber will das eigentliche Wesen Wiens vorstellen, das aus der ungemein reichen Vielfalt der Geschichte und der Schicksale in dieser Stadt geworden ist. Dabei sollen aber auch die Schwächen und Fehler nicht verschwiegen werden.

Wenn die »Innere Stadt« erzählt

Über die Kuppeln und Türme zwischen der Dominikanerbastei und der Mölkerbastei singen im hellen Sonntagvormittag die Glocken ihr Lied. Es ist die Stunde, zu der in all den wunderbaren Kirchen, die sich in Wiens altem Stadtkern finden, die Menschen zur Zehn- oder Elf-

Uhr-Messe gehen. Denn diese gelten nach altem Wiener Bürgerbrauch – so unchristlich das klingt! – als »die nobelsten«. Es sind die Messen, die in der eigenartigen Schattierung des wienerischen Katholizismus nicht nur Gottesdienste sind, sondern auch ein klein wenig gesellschaftliches Ereignis darstellen. Man sieht und wird gesehen, man trifft dabei vor und nach der Messe am Weg Bekannte, und man diskutiert wohl auch über die Predigt. Denn es gibt in den Kirchen der Wiener Innenstadt bisweilen sehr berühmte, bewunderte und geradezu gefeierte Prediger, wie sie heute noch aus den traditionsreichen in Wien ansässigen Orden der Dominikaner, der Augustiner, der Kreuzherren oder etwa der Benediktiner hervorgehen. Ebenso gibt es in diesen Kirchen oft großartige Aufführungen der Messen mit Orchester von Schubert, Mozart, Haydn, Anton Bruckner oder Josef Fux. Unter den modernen Kirchenkomponisten haben sich in den letzten Jahren Josef Lechthaler, Anton Heiller oder Hans Erich Apostel einen bedeutenden Namen gemacht. Solche Messen sind im Stephansdom ebenso zu hören wie etwa in der traditionsreichen »Schottenkirche«, in der Kirche Maria Rotonda auf der Dominikanerbastei oder in der hochbarocken Peterskirche. Auch im gotischen Juwel, in der altehrwürdigen Kirche Maria am Gestade, sowie in den Klosterkirchen der Augustiner, der Minoriten und der Franziskaner werden kirchenmusikalische Aufführungen geboten. Eine Sonntagsmesse in der Wiener Burgkapelle jedoch, bei der die Sängerknaben zu hören sind, ist fast schon mehr Konzert als Gottesdienst.
In der Umgebung all dieser Gotteshäuser kann man mit dieser jahrhundertealten »Inneren Stadt« Zwiesprache halten, die auch in unseren Tagen da und dort von romantischen Resten einiger der alten Basteien aus den Tagen der Kaiserstadt Wien umgrenzt wird. Diese Festungswerke ließ einst der Habsburger Kaiser Ferdinand I. im Jahre 1532 nach dem glücklich abgewehrten ersten Tür-

kenansturm des Jahres 1529 anlegen. Sie wurden dann im Laufe der Jahrhunderte nach den jeweiligen Erfordernissen der Fortifikationstechnik aufgebaut. Da sie rein militärischen Zwecken dienten, waren sie für die Bürger Wiens Sperrgebiet, und erst Kaiser Josef II. hob im Jahre 1780 diese Bestimmungen auf. Vor der mauerumgürteten Innenstadt lagen jedoch noch viele Jahrzehnte als freies Schußfeld für die Artillerie auf den Basteien die unverbauten Wiesenflächen des Glacis, und dann erst erhoben sich in respektvollem Abstand von der Kaiserstadt die Vorstädte. Die Truppen Napoleons sprengten im Jahre 1809, kurz vor ihrem Abzug aus Wien, die Außenwerke dieser Befestigungen. Die verbliebenen Basteien entwikkelten sich dann in der Biedermeierzeit zur Modepromenade. Als Kaiser Franz Josef im Jahre 1857 die Schleifung aller Befestigungsanlagen anordnete, um die Entwicklung Wiens zur Großstadt zu ermöglichen, war das Ende dieser Basteien gekommen. Nur einige Reste blieben bestehen und sind heute markante Punkte im Wiener Stadtbild. Es sind die Mölkerbastei an der Ringstraße gegenüber der Universität, die Dominikanerbastei neben der Einmündung der Wollzeile in die Ringstraße und hinter der Oper die Augustinerbastei.
Stehen wir heute vor der Kirche Maria am Gestade, die, hoch über dem Donaukanal gelegen, mit ihrem schlanken Turm das Bild dieses alten Stadtviertels beherrscht, könnte man meinen, sich gleichfalls auf einer alten Bastei zu befinden. Allein hier ist es der einstige Hügel der Uferböschung, die zum alten Bett des Donaustromes abfällt. Schon der Beiname dieser Marienkirche »am Gestade« kündet von dem einstigen Donauufer. Denn der erst im Jahre 1862 durch die große Regulierung der Donau nach Nordosten verlegte Hauptstrom floß im Mittelalter unmittelbar an der alten Stadt vorbei. In sein Bett wurde bei der Stromregulierung – zum Schutz der wachsenden Weltstadt vor Hochwasser – der Donaukanal geleitet.

Im Volksmund wird Maria am Gestade seit alters her auch als die Kirche »Maria Stiegen« bezeichnet, denn so wie einst führen auch heute noch vom Straßenniveau des unterhalb gelegenen Passauer Platzes breite, aber sehr steile Stiegen zu dem hochragenden Gotteshaus empor. Die aus dem 12. Jahrhundert stammende Kirche erscheint uns wie eine steinerne Pförtnerin, die einen der ehemaligen Eingänge in das mittelalterliche Wien bewacht. Sie war die Kirche der Donauschiffer und der Passauer Kaufherren, die hier am Ufer ihre Landeplätze und Lagerhäuser hatten. Von diesen Zeiten erzählt auch unweit des alten Gotteshauses in der Schwertgasse der mit dem Wappen der Passauer Bischöfe geschmückte »Passauer Hof«. »Am Gestade« heißt hier geradezu poetisch auch ein Straßenzug im Herzen der Stadt. Er ist eigentlich nur ein »Gasserl« und findet sich zwischen den Häusern Passauer Platz Nr. 4 und Tiefer Graben Nr. 34. Aber auch er ist eines jener Mosaiksteinchen zu dem ganzen bezaubernden Bild, das »Innere Stadt« heißt.
Die älteste Urkunde über die Marienkirche Am Gestade stammt aus dem Jahre 1158. In Wahrheit jedoch ist dieses Gotteshaus viel älter. Denn die eigenartig schlank wirkende Kirche steht auf den Fundamenten eines wahrscheinlich spätromanischen Heiligtums, das in seinen Anfängen vermutlich eine römische Kultstätte gewesen ist. Schön wie in den Tagen, als zu abendlicher Stunde die vom Donaugestade heraufgestiegenen Fischer und Schiffsleute hier nach dem Aveläuten gebetet haben, ist auch heute noch das geheimnisvolle Dämmern in dem bald neunhundertjährigen Kirchenschiff. So arm Wien

Die Himmelpfortgasse ist benannt nach dem einstigen Kloster der ›Himmelpförtnerinnen‹. Heute beherrschen das Straßenbild Bauten des 17. und 18. Jahrhunderts, vor allem das Winterpalais des Prinzen Eugen auf Nr. 8 (seit 1848 Finanzministerium), geschaffen von Fischer von Erlach und Hildebrandt.

KUCHEN
GERATE

durch den Zweiten Weltkrieg an historischen Kirchenfenstern geworden ist, zu Maria am Gestade glühen und strahlen die lichtspendenden Glasscheiben noch in derselben mystischen Farbenpracht, die ihnen vor Jahrhunderten heute längst vergessene Meister gaben. Im sicheren Versteck haben diese berühmten Kirchenfenster den Krieg überdauert. Sie sind der wertvollste Kunstschatz zu Maria am Gestade.
Was hat das filigrane Turmkrönchen über sich ergehen lassen müssen! Im Jahr 1529 haben beim ersten Sturm der Türken gegen Wien drei schwere Steinkugeln den Turm völlig vernichtet. Fünf Jahre später hat der damalige Stadtbaumeister Benedikt Kölbl den wie aus Stein geflochtenen Turmhelm wiederhergestellt. Bei der zweiten Türkenbelagerung im Schicksalsjahr 1683 vernichteten türkische Batterien das ganze Viertel um »Maria Stiegen«. Der Turm sank wieder in Schutt und Asche. Aber fünf Jahre später grüßte der Turmhelm aufs neue wieder weithin über Stadt und Strom. Im Napoleon-Jahr 1809 wurde in dem Gotteshaus ein Militärmagazin eingerichtet, und durch die Unachtsamkeit französischer Soldaten zerstörte ein Brand den Turm samt Helm. Zum drittenmal ließen ihn die Wiener wieder erstehen! Als nach den schweren Kämpfen um die Stadt in den furchtbaren Apriltagen 1945 Qualm und Rauch über dem verwüsteten Wien sich lichteten, war auch das Türmchen von »Maria Stiegen« unter den Opfern dieser Schreckenstage zu beklagen. Es entsprach nur der Tradition Wiens, daß damals als eines der ersten Bauwerke Maria am Gestade in alter Schönheit aus den Trümmern gestiegen ist. Und manches Scherflein dazu ist aus dem steinernen gotischen Opferstock gekommen, der neben jenem Altar steht, unter dem der heiliggesprochene Wiener Bäckergeselle Klemens Maria Hofbauer als der Wiener Stadtpatron seit 1862 bestattet liegt. Dieser Geistliche des Redemptoristenordens war nach der Aufklärung des josefinischen Zeitalters

einer der Erneuerer des religiösen Lebens in Österreich und beschritt völlig neue Wege der Seelsorge.
Unsere Stunde in dieser ältesten Marienkirche Wiens bringt auch die Begegnung mit der Baukunst der frühen Gotik, da vor allem Meisterwerke der Steinmetzkunst an den Gewölben und Baldachinen hier zu bewundern sind. Am Ende des 18. Jahrhunderts drohte der Abbruch dieses gotischen Juwels. Für uns Heutige unverständlich, hatte man sich damals zur völligen Schleifung des Bauwerks entschlossen. Da sich aber niemand fand, der den Abtransport der Steine und des Schuttes im voraus bezahlen wollte, geschah – wie so häufig in der Baugeschichte Wiens – das kleine Wunder der typisch österreichischen Entscheidung: »Na, dann soll sie halt in Gottes Namen stehen bleiben!«
Am Gestade! Der Name paßt wenig in eine moderne Weltstadt, aber sehr gut zu anderen Plätzen und Straßen, deren Namen in dieser »Inneren Stadt« einer Meistersinger-Inszenierung in Worten gleichen: Stoß im Himmel, Heidenschuß, Stock im Eisen, Tiefer Graben, Hoher Markt, Am Hof, Tuchlauben, An der Hülben, Seilerstätte, Naglergasse, Bognergasse. Jeder Name ist ein Kapitel aus Wiens vielhundertjähriger Kulturgeschichte, kann aber auch Überraschungen bringen. So etwa das kleine Gäßchen mit der wunderlichen Bezeichnung »Stoß im Himmel«, das wir unweit der Kirche Maria am Gestade beim Haus Salvatorgasse Nr. 7 zur benachbarten Wipplingerstraße abzweigen sehen. Es hat nichts – wie oft vermutet – mit einem einst himmelan ragenden, spitzen Turm zu tun, es erzählt vielmehr von der wohlhabenden Bürgerswitwe Josefa Cornelia Stosanhiml, die in den Zeiten, als der Böhmenkönig Przemysl Ottokar noch vor den Habsburgern in Wien geherrscht hat, aus Prag in die Donaustadt zugewandert war. Sie erwarb damals die Liegenschaften an der heutigen Gasse.
Heute finden wir hier eine Seitenfront des alten Wiener

Rathauses, von dem aus bis zur Schaffung des neugotischen Repräsentationsbaus des heutigen Rathauses an der Ringstraße die Stadt verwaltet wurde. Durch das Hauptportal in der Wipplingerstraße – gegenüber der noblen Fassade der »Böhmischen Hofkanzlei« – treten wir in den Rathaushof. Welch eine Fülle verborgener Kostbarkeiten! Wie bezaubernd allein schon der unvergleichliche Brunnen mit der von dem Barockbildhauer Raphael Donner in seidengrauem Bleiguß hergestellten Andromeda-Sage: Andromeda, Tochter des Kepheus, wird, um die zornigen Götter zu besänftigen, an einem Felsen gefesselt, einem Meeresungeheuer preisgegeben. Perseus tötet das Untier und nimmt Andromeda zu seiner Frau. Später wurde sie in ein Sternbild verwandelt.
Das von Donner hergestellte Motiv zeigt im Hochrelief den Kampf des Perseus um Andromeda. Zu diesem barokken Meisterwerk Donners passen stilvoll die symbolischen Figuren (1781) an den Portalsäulen von Johann Martin Fischer: Gerechtigkeit, Güte, Frömmigkeit und Vertrauen, die als die vier Grundsätze einer guten Stadtverwaltung zu erklären sind.
An der engsten Stelle dieser Wipplingerstraße, die Wiens zweitälteste Straße ist und seit Römertagen besteht, findet sich das Alte Rathaus, dessen barocke Fassade wie eine vornehme Visitenkarte gediegener alter Bürgerlichkeit anmutet.
Diese ist eine der Grundlagen für jenes Mäzenatentum gewesen, das so viele Träume begabter junger Menschen auf allen Gebieten der Kunst hat in Erfüllung gehen lassen. Vom unbekannt nach Wien gekommenen Klavierschüler Ludwig van Beethoven aus Bonn bis zum Sohn eines kleinen deutsch-ungarischen Gutsbeamten namens Franz Liszt; vom jungen Hauslehrer Adalbert Stifter, der zum großen österreichischen Erzähler geworden ist, bis zum Kutschersohn Georg Waldmüller, dem unerreichten Genremaler des späten Biedermeier. Dieses mu-

Auf dem Heldenplatz stehen die Reiterstandbilder des Prinzen Eugen und des Siegers von Aspern, Erzherzog Karl. Rechts der Amtssitz des Bundespräsidenten im Leopoldinischen Trakt der Hofburg. Gegenüber das Bundeskanzleramt, von Lukas von Hildebrandt 1719 als Geheime Hofkanzlei erbaut.

sisch ambitionierte Bürgertum war auch die Voraussetzung für Wiens Entwicklung zur Theaterstadt, in der die großen Talente vor einem mehr als kritischen, aber sehr begeisterungsfähigen Publikum sich bewähren mußten. Die innere Verbindung zum Schönen hat auch eine besondere Art des wienerischen Lebensstils geformt: den Hang zur »noblen Passion«. Sie mag die leidenschaftliche

Freude an edlen Rennpferden gewesen sein, die Begeisterung am Sammeln kostbarer Gemälde, eine Liebe für erlesenes Porzellan und wertvolle Gläser. Oder eben eine noble und zugleich diskrete Finanzierung junger Künstler, die Ausbildung junger Sängerinnen oder Tänzerinnen. Wobei letzteres sehr oft fälschlicherweise den Mäzen in den Ruf (bisweilen auch Verruf) amouröser Beziehungen zu solcher Art geförderter junger Damen gebracht hat. Da waren auch die Wiener Adelsfamilien mit ihren »noblen Passionen«, von denen manches der alten Palais in der Inneren Stadt erzählen kann. Sowohl Geschichte als Geschichten, ohne die Wien nie zur beglückenden Stadt an der Donau geworden wäre.
Wenn wir durch den hinteren Torbogen des Alten Rathauses treten, stehen wir wieder in der Salvatorgasse und haben noch einmal den Blick auf den Turm von Maria am Gestade. Eine Kostbarkeit besonderer Art aber findet sich in dieser schmalen Gasse mit dem Haus Nr. 5. Es ist die Salvatorkapelle, die um das Jahr 1300 als Hauskapelle im ersten Stock des Alten Rathauses geschaffen worden ist. Später wurde ihr Boden auf das Straßenniveau gesenkt, im Jahre 1515 das ungemein dekorative Portal geschaffen. Fünf Jahre später haben Meister der Renaissance mit Wappen und den Büsten Christi und Mariens diesen Kapelleneingang prächtig geschmückt, der heute eines der wenigen Renaissancezeugnisse aus dieser Kunstepoche in Wien ist. Das kostbare Sandsteinportal, das besonders in letzter Zeit durch Witterungseinflüsse stark in Mitleidenschaft gezogen wurde, soll der Nachwelt unbedingt erhalten bleiben. Es besteht daher der Plan, das Kunstwerk in einen geschützten Raum des Neuen Rathauses zu übertragen. Die Salvatorkapelle selbst ist seit dem Jahre 1871 die Stadtpfarrkirche der altkatholischen Gemeinde Wiens.
Ein stiller Sonntagmorgen in diesem Viertel der Inneren Stadt ist auch die richtige Zeit, der zweiten Schifferkirche

des alten Wien einen Besuch zu machen. Es ist die kleine Ruprechtskirche, die wir von der Salvatorgasse – wieder über die einstige Donauuferböschung hinabsteigend – über die Fischerstiege und die Sterngasse erreichen. Sehr grau, sehr bescheiden, aber unerschütterlich fest steht da die Ruprechtskirche zwischen modernen Hochbauten des Franz Josefs-Kai. Eine schwere Bombenlücke des Zweiten Weltkriegs hat man hier am Kai nicht geschlossen, sondern durch eine terrassenförmig gestaltete Grünanlage den Blick auf dieses steinalte Kirchlein frei gelassen.
Zwei Schüler des Salzburger Bischofs St. Rupertus sollen im Jahre 740 auf den Grundmauern eines römischen Wachtturms hier an der Donau das erste Kirchlein erbaut haben. Das Hauptschiff und die unteren Turmgeschosse des heutigen Gotteshauses stammen aus dem 11. Jahrhundert. Die beiden Glockengeschosse mit den durch kleine Säulen gegliederten Rumpfbogenfenstern wurden im 12. Jahrhundert geschaffen. Der Hochaltar hat noch einen romanischen Tisch, die Orgelempore mit dem schönen Maßwerk kündet schon durch die Inschrift AEIOU, daß sie eine Stiftung von Kaiser Friedrich III. ist. Jenes Habsburgers, der sich mit diesem Wahlspruch, der zugleich ein politisches Programm war, auch an vielen anderen Stellen Wiens verewigt hat. In der Überzeugung, daß diese Aussage durch fünf Vokale als »Austria Erit In Orbe Ultima« sich bestimmt erfüllen werde: »Österreich wird bis zuletzt auf der Erde bestehen!« Manches um die alte Ruprechtskirche kann auch Menschen unseres skeptischen 20. Jahrhunderts dieser Meinung Friedrichs III. geneigt machen.
Noch weiter in Wiens Vergangenheit könnten wir auf dem Hohen Markt wandern, wenige Minuten nur von St. Ruprecht entfernt. Denn hier sind unter dem Hause Hoher Markt Nr. 3 Reste des römischen Militärlagers Vindobona zu sehen, das als historisch nachweisbarer Anfang der mehr als zweitausendjährigen Weltstadt Wien zu

werten ist. Recht kriegerisch, fast wie der klobige Turm eines Wüstentors, mutet an der Ecke der Seitenstettengasse und der Judengasse ein wuchtiges Zinshaus aus dem frühen Biedermeier an. Wir stehen hier vor Wiens erstem »Hochhaus«, das der Wiener gern den »Kornhäusel-Turm« nennt. Es hat seinen Namen nach dem bienenfleißig gewesenen Architekten Josef Kornhäusel, der dieses Zinshaus in den Jahren 1825 bis 1827 erbaut hat. Warum er es so turmhoch gestaltete, ist – nach der Wiener Überlieferung – auf den Charakter seiner Gattin zurückzuführen. Denn Madame Kornhäusel soll das gewesen sein, was man auf wienerisch »eine Hantige« (auf hochdeutsch also einen Drachen) nennt, die ihrem Eheherrn wenig Ruhe für seine künstlerischen Studien ließ. Meister Kornhäusel pflegte sich daher in seinem Turmhaus in das oberste Gemach zurückzuziehen, das auch jetzt nur über eine Leiter und durch eine Falltür zu erreichen ist. Nach Einziehen der Leiter hatte dann der vielbeschäftigte Baukünstler in diesem Atelier in luftiger Höhe seine auch heute noch von sehr viel Wienern hochgeschätzte »heilige Ruh«. Dann zündete er sich seine Zigarre an, entkorkte eine gute Flasche »Gumpoldskirchner« oder »Grinzinger« und ließ sich von dem wunderschönen Panorama seiner geliebten Stadt Wien und dem zum Greifen nahen Stephansturm inspirieren ...

Auf diesem Kornhäusel-Turm entstanden die Entwürfe zu vielen Bauten dieses Architekten, die heute als Kostbarkeiten der Baukultur des Biedermeier bewundert werden. Dazu zählt das berühmte historische Theater in der Josefstadt ebenso wie die Hauptfassade des großen »Schottenklosters« unweit der Mölkerbastei. Auch das wie aus einem Traum aus genießerischen Biedermeier-Tagen grüßende Haus in der Annagasse Nr. 5 mit dem zu delikater Fischmahlzeit ladenden steinernen Hauszeichen »Zum blauen Karpfen« und das Kloster der Mechitaristen in der Mechitaristengasse gehören dazu.

Das wunderliche Turmhaus an der Ecke der Seitenstettengasse und des unteren Fleischmarkts ist auch in die Literaturgeschichte eingegangen. Denn Adalbert Stifter, der bedeutende Dichter der ausklingenden Romantik in Österreich, wohnte zwei Jahre im Kornhäusel-Turm. Er hat von seinem Dach aus am 8. Juli des Jahres 1842 eine totale Sonnenfinsternis beobachtet und diese in seiner Skizze »Aus dem alten Wien« geschildert.
Ein krummes Gäßchen ist ein paar Schritte weiter die Sterngasse. Hier finden wir das Haus Nr. 3, den altehrwürdigen Wiener Neustädter Hof. Vermutlich von dem Barockbaumeister Anton Ospel im Jahre 1734 umgestaltet, zeigt sich heute dieser Altwiener Hausveteran mit einer verblaßten Madonna im schmal gerahmten Oval und der Jahreszahl 1736 in verschnörkelten Barockziffern. An der Fassade entdecken wir eine steinerne Kugel. Darunter kündet in der krausen Sprache jener Zeit eine Tafel: »Anno 1683, den 20. July, ist Diser Stain Von dem Dyrcken (Türken) aus der Leopoldstadt herinn geworffen worden. Wegt 69 Pfundt.« Als typischer wienerischer Kontrast in unseren Tagen steht daneben am Haustor mit Kreide angeschrieben, daß das Gas- und Lichtinkasso in drei Tagen zu erwarten sei. Denn auch in diesem Barockhaus – wie in all den anderen jahrhundertealten Häusern der wundersamen Inneren Stadt – gibt es heute elektrisches Licht und städtisches Gas. Sogar für die in vielen Barockhäusern eingerichteten modernen Badezimmer. Die geehrten Mieter werden daher über das Datum des Inkassos informiert, um ihre Zeiteinteilung zu gestalten. Denn auch in der so romantisch-idyllischen Wiener Altstadt haben heute die meisten Menschen sehr wenig Zeit ...
Der Mann, der damals Wien verteidigte, als »der Türk« den Wurfstein in die Sterngasse schleuderte, hat seit 1890 sein Denkmal am Fuß der Mölkerbastei an der Ringstraße. Er war Wiens tapferer Bürgermeister Andreas Lie-

Die Mölkerbastei gehört mit der Augustiner- und der Dominikanerbastei zu den letzten Resten der Stadtbefestigung. Neben dem Pasqualati-Haus, wo Beethoven seinen ›Fidelio‹ vollendete, finden sich noch zwei reizende Altwiener-Häuser, eines im Volksmund als ›Dreimäderlhaus‹ bekannt.

benberg, der die Stunde der Befreiung seiner Heimatstadt nicht mehr erlebte. Denn wenige Tage vor der siegreichen Befreiungsschlacht am Fuß des Kahlenberges erlitt Liebenberg bei der Verteidigung der Mölkerbastei seine Todeswunde. Auf dem wunderschönen Platz Am Hof – es sind von dem Denkmal nur ein paar Minuten Weges – stand Liebenbergs Wohnhaus. Eine Gedenktafel an der Fassade des Hauses Nr. 7 erzählt von seinem Tod.

Weltbekannt geworden ist auf der Mölkerbastei eines der letzten großen Basteihäuser der alten Kaiserstadt. Das Bauwerk gilt als »das Fideliohaus«, da Ludwig van Beethoven hier seine Oper Fidelio vollendet hat. Der Tondichter wohnte in diesem Zinshaus des Barons Pasqualati in den Jahren 1804, dann 1810 und auch 1812. Sein Wohnraum, in dem der Meister auch seine 4. und 5. Symphonie schrieb, liegt im 4. Stock und ist fast im Originalzustand eingerichtet und als Museum zu besichtigen.
Unsere Gedanken auf der Mölkerbastei mögen jetzt hinüberwandern zur einstigen Augustinerbastei, die heute noch als stattliches Bauwerk hinter der Staatsoper über dem Burggarten aufsteigt. Auch hier profiliert ein weltberühmt gewordenes einziges Basteihaus einen ganzen Stadtteil. Es ist das Palais, in das einer der Schwiegersöhne der Kaiserin Maria Theresia, Herzog Albert von Sachsen-Teschen, einzog und das als »Albertina« zum großartigen Museum der Radierungen, Kupferstiche, Aquarelle und Skizzen der großen Meister vieler Völker wurde. Herzog Albert von Sachsen hat von der kaiserlichen Mutter seiner Gemahlin Maria Christine die höchste Mitgift erhalten, die jemals einer kaiserlichen Prinzessin gegeben worden ist. Und er hat dieses Geld wahrhaftig gut angelegt! Das Palais auf der Augustinerbastei wurde zum Mittelpunkt einer Kunstsammlung, für die der Herzog mit großen Geldmitteln Werke in aller Welt ankaufen ließ. Er sorgte auch in seinem Testament für das Fortbestehen dieser Kunststätte. So wurde ein Jahr nach des Herzogs Tod der heutige Lese- und Studiensaal im klassizistischen Stil gebaut, zahlreiche Säle des eleganten Adelssitzes wurden besonders für die Zwecke der Sammlungen adaptiert. Überdies sorgte auch Herzog Alberts Erbe, sein Lieblingsneffe und Adoptivsohn Erzherzog Karl von Österreich, für ständige Neuerwerbungen. Dieser Habsburger war der Bruder Kaiser Franz I. und ist – weltgeschichtlich gesehen – vor allem als der Sieger der

Schlacht von Aspern bei Wien berühmt geworden, in der Napoleon, der vermeintlich Unbesiegbare, zum erstenmal geschlagen wurde. Die Staatsräson – die sehr oft von jeder bürgerlichen Moral entfernt ist – erforderte es bald nach diesem Sieg, daß der Sieger Karl bei der Trauung der Kaisertochter Maria Luise von Österreich mit Napoleon als Stellvertreter des von ihm besiegten Bräutigams in der Wiener Augustinerkirche zu fungieren hatte ...

Dieser Erzherzog Karl hatte als Erbe des Gründers der »Albertina« eine Sammlung von 14000 Zeichnungen in 237 Bänden und 157952 Stiche in 884 Bänden übernommen. Als Karl starb, hinterließ er bereits rund 16000 Zeichnungen und 220000 Stiche seinem Sohn Erzherzog Albrecht.

Diesem einstigen Hausherrn in dem berühmten Palais auf der Augustinerbastei können wir bei unserem Spaziergang selbst unsere Aufwartung machen. Denn er steht heute, hoch zu Roß, in Erz gegossen, vor der Albertina als Denkmal, das man ihm als Heerführer der Armee Kaiser Franz Josefs in der siegreichen Schlacht von Custozza (1866) gesetzt hat. Auch Albrecht hat fleißig weitergesammelt und hinterließ bei seinem Hinscheiden der Albertina bereits 22000 Zeichnungen und 230000 kostbare Stiche.

Der erzene Kunstsammler in der altösterreichischen Generalsuniform auf seinem Pferd hat der Augustinerbastei im Wiener Sprachgebrauch auch den Namen »Albrechtsrampe« gebracht. Nicht zuletzt deshalb, weil dieser Heerführer nicht nur bei seinen Soldaten ungemein populär war, sondern durch einen der schneidigsten und feschesten altösterreichischen Militärmärsche auch sein klingendes Denkmal hat. Und Musik zählt seit je bei den Wienern weit mehr als das schönste Standbild. Klingt heute irgendwo dieser »Erzherzog-Albrecht-Marsch« mit dem ungemein exakten, rhythmisch starken Trio auf, dann geht das auch den Menschen der jungen Generation

Auf dem Boden des römischen Wiens erhebt sich am Steilhang des ursprünglichen Donauufers die Kirche Maria am Gestade, im Volksmund auch ›Maria Stiegen‹ genannt. Urkundlich schon 1158 erwähnt, stammt der heutige Bau aus dem 14. Jahrhundert. Immer wieder schwer beschädigt, wurde er jedesmal originalgetreu wieder aufgebaut. Denn das Herz der Wiener hängt besonders an diesem Marien-Heiligtum.

– wie man in Wien sagt – »richtig in die Füß'«. Unter den zahlreichen Bonmots des alten Generalissismus, der nie etwas vom Tod und Sterben hören wollte, ist wohl das charakteristischste sein Ausspruch bei seiner Dankrede anläßlich eines Festbanketts zu Ehren seines 85. Geburtstages: »Ich weiß nicht, es gibt heute gar keine alten Leute mehr! Und die paar, die noch da sind, die sind alle von früher ...«

Vielgesichtige, faszinierende, trauliche Innere Stadt! An ein paar Häusern nur vorbei, durch nur einige ihrer Gassen sind wir geschlendert, und schon hat sie uns so viel aus ihrer Geschichte erzählt. Wir könnten ihr noch stundenlang zuhören! Und erfahren, wo Mozart lebte, in welchem Kaffeehaus der junge Kafka seine Gespräche führte, wo Hugo von Hofmannsthal mit Richard Strauss seinen »Rosenkavalier« besprach oder wo und wie die Finanzierung der im Bau befindlichen Wiener Untergrundbahn beschlossen wurde. Dieser Bau wird durch seine technischen Auswirkungen vielleicht auch manches bisher verborgene Geheimnis nach Jahrhunderten aus den aufgewühlten Tiefen der Straßenzüge in Wiens Stadtkern an das Licht unserer Tage bringen.

Bei Spaziergängen in Wiens Innenstadt kann man sich auch nicht satt sehen an Kostbarkeiten in den zahlreichen kleinen Antiquitätenläden. Da lächeln Barockengelchen, da leuchtet tiefrot funkelnder Schmuck aus böhmischen Granaten »aus Privatbesitz zu verkaufen«, da ladet ziersames Altwiener Porzellan zum liebevollen Betrachten, zum Kaufen. Da steht aber auch mitten auf der eleganten Geschäftsstraße »Graben« aus den Tagen des Barock die Pestsäule, auf deren Stufen ein kniend betender, in Erz gegossener Kaiser Leopold sein historisches Gelübde zur Stiftung der Karlskirche spricht. Oder da ist etwa gleich hinter dem Stephansdom in der Singerstraße das kleine Textilgeschäft, wo der Herr Chef dem Fräulein Christl vor Geschäftsschluß noch rasch eine Bestellung auf zwei-

hundert Pakete »60er Zwirn« diktiert. Von der Decke seines »Comptoirs« aber lächeln aus stuckverzierten Medaillons pausbäckige Amouretten, wie sie dies schon vor zweihundert Jahren taten, als eine französische Gouvernante jungen Damen aus gräflichem Hause hier Sprachunterricht erteilte.
Ein Nachfahre dieser Dame ist der heutige Hausherr, der dem Herrn Chef mit dem Sechzigerzwirn diese Räume vermietet hat. Auch das ist nur wieder ein Mosaiksteinchen zu dem faszinierenden Bild »Innere Stadt«. Als ebensolches Steinchen erscheint ein Gemälde der berühmten Seeschlacht von Lepanto im östlichen Mittelmeer. Es befindet sich in der Kirche Maria Rotonda auf der Dominikanerbastei und zeigt diese letzte Seeschlacht mit geruderten Galeeren am 7. Oktober 1571. Die Flotte der Christenheit trug damals einen großen Sieg über die Schiffe des Sultans davon. Befehlshaber aber war ein illegitimer Habsburger-Sproß, nämlich der unter dem Namen Don Juan d'Austria bekanntgewordene natürliche Sohn der schönen Regensburger Patriziertochter Barbara Blomberg mit Kaiser Karl V., in dessen Weltreich die Sonne nicht unterging.
Der stattliche junge Mann, den wir da in dieser alten Wiener Kirche auf dem historischen Gemälde als Admiral sehen, verdankte sein Dasein – so will es die Forschung genau wissen – einer unter strengstem Inkognito stattgefundenen Begegnung seines kaiserlichen Vaters mit der schönen Regensburgerin zu Wien. Der Stadt vieler Träume, von denen allein schon die Innere Stadt so viel erzählt.

Ein Walzer muß es sein . . .

Millionen Menschen in aller Welt sind heute dabei, wenn durch die Eurovision mit zahlreichen angeschlossenen TV-Sendern beim weltberühmt gewordenen Neujahrskonzert der Wiener Philharmoniker der so oft totgesagte Wiener Walzer immer wieder neue Triumphe feiert.

Wenn die jubelnden Geigen versichern, daß die Donau noch immer so blau, so blau und unser Lebenslauf allen Widerwärtigkeiten zum Trotz dennoch »Liebe und Lust« ist. Klarinetten und Zither leiten mit ihren süßen Terzen die nie verklingenden »G'schichten aus dem Wienerwald« ein, und im Finale des grandiosen Kaiserwalzers steht die Vision eines glanzvollen Ballfestes in der Prunkgalerie von Schloß Schönbrunn vor uns. Und wenn an einem Neujahrsmorgen in Wien der Schnee meterhoch liegt, so grüßt dennoch die Walzerstadt Wien all ihre Freunde mit »Rosen aus dem Süden«.

Ein Walzer muß es sein, wenn irgendwo die Assoziation Wien musikalisch erweckt werden soll. Der Himmel muß voller Geigen hängen, die uns versichern, daß Wien und der Wein ein Stück vom Himmel sein müssen. Und sagt ein Wiener angeblich beim Abschied »Leise Servus« zur Partnerin einer schönen Episode, so geschieht dies genauso im langsamen Walzertakt wie der so oft geäußerte Wunsch, man müsse wieder einmal in Grinzing sein. Wie denn überhaupt viele Wiener Lieder ihre Aussage nur im Dreivierteltakt machen, einschließlich des sehnsüchtigen »Wien, Wien, nur du allein sollst stets die Stadt meiner Träume sein«. Worauf alle Welt nicht unberechtigt den Schluß zieht: Wien? Na, selbstverständlich – die ganze Stadt muß ein Walzer sein . . .

Zugegeben: Wir haben es in Wien wohl sehr mit dem Dreivierteltakt, was sich auch schon in der Melodik und im Rhythmus des wienerischen Tonfalls in unserer Umgangssprache zeigt. Es ist andererseits der sich immer wieder erneuernde starke ländliche Einschlag in der Wiener Bevölkerung, der das »geneigte Ohr« für den Ländlerrhythmus aus dem Donauland oder den alpinen Dreiklang aus den Bergen mit sich bringt. Vielleicht läßt sich so das Phänomen erklären, daß es auch heute, im Zeitalter der heißen Rhythmen und der dröhnenden Werkshallen, in Wien in so vieler Beziehung noch immer heißt:

»Ein Walzer muß es sein . . .«
Es hat deshalb Richard Strauss nicht verabsäumt, in seinen »Rosenkavalier« einen Wiener Vorstadtwalzer hineinzukomponieren, obwohl es diese Tanzform zur Zeit Maria Theresias, in der diese Oper spielt, noch gar nicht gegeben hat. Es hat Franz Lehár genau gewußt, daß selbst in sein asiatisches, opernhaftes »Land des Lächelns« ein Walzer hinein mußte: »Ich möcht' wieder einmal die Heimat sehn.« Oscar Straus, mit der berühmten Walzerdynastie ebensowenig verwandt wie sein weitschichtiger Namensvetter Richard Strauss, hat als seinen größten Filmerfolg seinen im zeitlos seligen Rhythmus sich wiegenden Walzer »Der Reigen« buchen können. Denn auch ihm war bewußt, wie genau sein Kollege Leo Fall Wien und seine weltweite Ausstrahlung gekannt hat, als er schrieb: »Ein Walzer muß es sein, nur ein Walzer ganz allein . . .«
Ist Wien heute noch die Walzerstadt? Gewiß! Denn mit aller Liebe hängt die ganze Stadt an der Donau an einem kleinen, schon ein wenig windschiefen, efeuumrankten Bauernhaus draußen im einstigen Vorort Salmannsdorf, an einem der Hänge des Wienerwaldes. Es heißt schlichtweg das »Strauß-Häusl« und ist zu finden unter der offiziellen Adresse im 19. Wiener Gemeindebezirk am Dreimarkstein Nr. 18. Eine Gedenktafel in gutgemeinten, aber recht primitiven Versen erzählt:

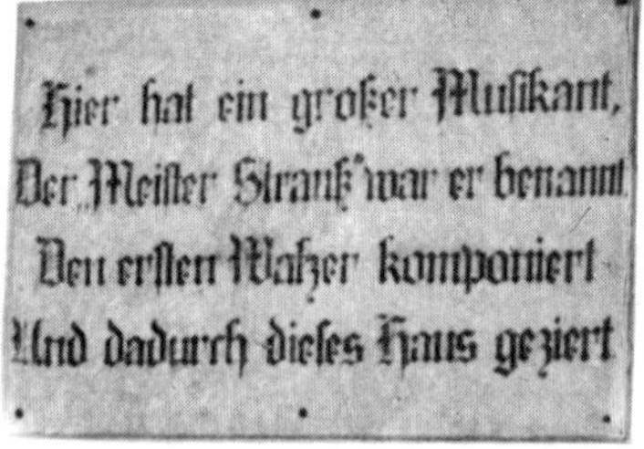

Der wahre Sachverhalt war allerdings ganz anders. Der spätere Walzerkönig Johann Strauß hat hier als sechsjähriger Bub im Jahr 1831 bei seinem Großvater, dem Gastwirt Jakob Streim, in Salmannsdorf einen Sommer verbracht. Laut Familienchronik – sie wird heute von dem letzten Großneffen des Meisters, dem Wiener Rechtsanwalt Dr. Franz Josef Strauß, verwahrt – soll der kleine »Schani« damals nach Kinderart ein Notenpapier mit Kohlestiftkritzeleien bedeckt haben, aus denen er dann als dreißigjähriger Mann eine kindliche Ringelreihenmelodie herauszulesen glaubte. Jedenfalls hat er dann aus dieser Impression frühester Kindheitstage seinen kleinen Konzertwalzer »Erster Gedanke« komponiert. Gewiß, es war nur ein Kindergekritzel – aber ein Walzer mußte es sein!
Bei unserem Spaziergang in Salmannsdorf mußten wir von der Autobus-Endstation ziemlich steil zu diesem Dreimarkstein hinaufsteigen. Denn das historische Strauß-Häusl liegt hoch über dem Tal des heute völlig eingewölbten Krottenbaches, der durch die gesegneten Weinvororte von Salmannsdorf und Neustift herüberzieht. Wir könnten vom Dreimarkstein ein paar Schritte weiter auf dem Mitterwurzer Weg in die Weingärten hineinwandern. Dabei kommt man dort auf die wegen ihrer prächtigen Trauben besonders bekannte »Zierleiten«. Dort steht noch immer jene bezaubernde spätbarocke Mariensäule, vor der Wiens unvergessener Volksschauspieler und großer Dramatiker Ferdinand Raimund sich mit seiner geliebten Toni Wagner fürs Leben verbunden hatte. Und noch immer weitet sich von hier ein unvergeßlicher Blick auf das Häusermeer Wiens mit dem Mittelpunkt Stephansturm bis hinüber zur walzerbesungenen schönen blauen Donau.
Wie ländlich dieses Stück Wien hier noch immer ist, erzählen zwei Namen. Der Platz der Endstelle des städtischen Autobusses heißt bäuerlich gemütlich »An der

Zwerchwiese«. Ein paar Schritte weiter ist eine berganführende Straße »In der Sulz« benannt, mit welchem Wort einst eine Wildfütterungsstelle mit ausgelegtem Lecksalz für Hirsche und Rehe bezeichnet wurde.
Hat uns ein milder Spätherbsttag zum Strauß-Häusl geführt, ist es reizvoll, den Spaziergang weiter auszudehnen und jenseits des Dreimarksteins – wir sind trotz herrlicher Waldwanderung immer noch in der Großstadt Wien! – in den uralten Weinvorort Sievering hinunterzusteigen. Wieder klingt uns hier ein Walzer entgegen, von Strauß in einer Frühlingsnacht erträumt. Ein feinfühliger Bearbeiter hat ihn in einer Filmmusik zu dem großen Streifen »Der Kongreß tanzt« zu Welterfolg geführt:

Draußen in Sievering
blüht schon der Flieder!
Merkst Du's? Spürst Du's?
Hast Du's g'sehn?

Die nach einer legendären Schutzheiligen Sieverings benannte Agnesgasse, das steinalte Kirchlein, da und dort ein paar alte Bauernhäuser sind ein echtes Idyll, und über den Gärten und Weinrieden schwebt der feine Duft der ersten gepreßten Trauben eines gesegneten Jahres. »Fein, fein schmeckt uns der Wein« hat der Wiener Operettenkomponist Edmund Eysler an solch einem Tag geschrieben. Versteht sich, im Dreivierteltakt – es mußte ja ein Walzer sein!
Der Vollender all dieser Beschwingtheit aus Landschaft und Musik stammt aus der Praterstraße. Auf einem Spaziergang in den Prater kommen wir an dem »Geburtshaus« dieses Walzers vorbei. Da erzählt am Hause Praterstraße Nr. 54, einem recht altertümlich anmutenden »Nobelzinshaus« aus den Anfängen der Gründerzeit, eine Inschrift von einem die Welt bis heute beglückenden Ereignis. Johann Strauß hat im Jahre 1867 hier gewohnt

und seinen gewiß unsterblichen Walzer »An der schönen blauen Donau« geschrieben. Aber mit keinem Wort ist erwähnt, daß der Meister damals gar keine Lust hatte zu komponieren, daß diese Tonschöpfung nur ein »netter, gut sangbarer Chorwalzer« für das traditionelle Ballfest des übrigens heute noch in voller Blüte stehenden Wiener Männergesangvereins sein sollte. Kaum wird irgendwo erwähnt, daß es ein Ermunterungslied (mit einem ursprünglich ganz anders lautenden Text als dem heutigen) sein sollte für die Wiener, die im Februar 1867 noch immer tief deprimiert waren über die schwere Niederlage Österreichs im Krieg gegen Preußen im eben vergangenen Jahr 1866.

Es gibt seit der Uraufführung des Donauwalzers ganze Bibliotheken voll über das Phänomen dieser Komposition, die mit dem simplen aufgelösten Dreiklang beginnt und mit dem polyphon abgewandelten Finale in rauschender, jubelnder Lebenslust ausklingt. Und dennoch wird in keiner der Passagen das volkstümliche Empfinden von Melodie und Rhythmus vergessen. Es mußte immer ein Walzer sein – er findet sich heute noch sogar in den ersten Notenheften der jüngsten Klavierschüler in seiner Grundmelodie. Jedes Kind kann diese reigenhaft-anmutige Singsang-Melodie begreifen, die mitreißt und aufwirbelt mit all der Vitalität, die Johann Strauß ihr gab.

Sieben Jahre nach der Uraufführung schrieb 1874 Hanslick, einflußreichster Musikkritiker des damaligen Wien, über den Donauwalzer, daß er dem Österreicher nicht bloß Walzer sei, »sondern ein patriotisches Volkslied ohne Worte. Neben der Volkshymne von Vater Haydn haben wir in Strauß' schöner blauer Donau eine andere Volkshymne«.

Es war eine Sternstunde, als damals im Hause Praterstraße Nr. 54 dieser Walzer entstand. Geschrieben von jenem Wiener Vollblutmusiker, der als einen seiner ersten Lehrmeister den Herrn Kapellmeister Joseph Drechsler gehabt hatte. Dieser war Chormeister der Kirche Zu den Neun Chören der Engel Am Hof, und bei ihm sollte Strauß als Sechzehnjähriger – Kirchenkomposition lernen! Merkwürdigerweise bei dem Mann – er stammte noch aus der Mozart-Zeit –, der auch viel lieber im Dreivierteltakt komponierte. Es war Drechsler, der für Ferdinand Raimund das seither im ganzen deutschen Sprachraum zum Volkslied gewordene Abschiedslied der »Jugend« an den alternden Bauer als Millionär schrieb. Es klingt im langsamen Walzertempo unverkennbar wienerisch: »Brüderlein fein, Brüderlein fein . . .«

In der Praterstraße Nr. 54 erinnert heute nichts mehr an Johann Strauß und seine Zeit. Lediglich die Eingangstüre zu seiner ehemaligen Wohnung ist dieselbe. Die Räume selbst sind verändert und gegenwärtig als Privatwohnung vermietet. Nur die schwarzmarmorne Gedenktafel an der Fassade kündet in Goldbuchstaben von der musikhistorischen Bedeutung dieser Stätte.

Dort, wo am 15. Februar 1867 in einer Faschingsnacht zum erstenmal der Donauwalzer erklang, geht derzeit Wiens modernstes Hallenbad seiner Vollendung entgegen. Der Baublock Obere Donaustraße Nr. 93 erhebt sich an der Stelle des einstigen Dianasaales, wo damals der Wiener Männergesang-Verein sein Ballfest hielt. Später wurde das Tanzetablissement zum »Diana-Bad« umgebaut, das durch zahllose internationale Länderwettkämpfe im Wasserballsport bekanntgeworden ist und jetzt völlig neu ersteht. Auch an seiner Fassade wird wieder ein gemeißeltes Notenband mit den ersten Takten des Donauwalzers von der berühmten Uraufführung künden.

Wir begegnen dem Walzer aus Wien auf zahllosen beschaulichen Spaziergängen. Da erzählt draußen in Nußdorf eine Gedenktafel an dem alten Schlössel in der Hackhofergasse Nr. 18, daß Franz Lehár hier sein Wiener Künstlerheim hatte. Als alter Herr schrieb er hier als

Aus dem einfachen Rund-Paartanz im Dreivierteltakt hat sich der klassische Wiener Walzer entwickelt. Josef Lanner und die ›Dynastie Strauß‹ machten ihn weltberühmt.

Dank an seine Wahlheimat das ihr huldigende Walzerlied: »Wien, du bist das Herz der Welt.« In Hietzing aber – unweit vom Eingangstor in den Schönbrunner Schloßpark – findet sich in der Maxingstraße Nr. 18 ein bescheidenes Altwiener Vorstadthaus. Es ist recht unscheinbar, verglichen mit jenen Luxusvillen, die sich heute arrivierte Komponisten erbauen lassen. Und dennoch ist es für immer unter allen Häusern der Millionenstadt Wien dadurch ausgezeichnet, daß Johann Strauß hier ungemein fruchtbare Jahre verlebte. Hier wurde Musik geschrieben, die mit ihrem Leichtsinn, ihrer koketten Pikanterie und ihrer Eleganz nie verklingen wird: »Die Fledermaus.« In dreiundvierzig Nächten hatte Johann Strauß an seinem Stehpult, hinter der Glastür des kleinen Balkons, gearbeitet. Hat Melodien geschaffen wie den prickelnd-spöttischen Walzer »Mein Herr Marquis, ein Mann wie Sie« oder den champagnerseligen Chor: »Ha, welch ein Fest, welche Nacht voll Freud«, und das urwienerisch lächelnd und zugleich weise resignierende Rezept im Dreivierteltakt empfohlen: »Glücklich ist, wer vergißt, was nicht mehr zu ändern ist.«

Es gehört zu den treffendsten Blitzlichtern auf die wienerische Mentalität im allgemeinen, daß Strauß nach den letzten Takten zu seiner »Fledermaus« eines Morgens um halb fünf Uhr früh die Feder auf das Pult warf und seine schlafende Gattin Henriette mit den Worten weckte: »So, jetzt ist der Krempel (Kram) fertig! Geh, Jetti, koch mir jetzt einen Kaffee.«

Unweit des Volkstheaters, auf dem alten Vorstadtgrund St. Ulrich, steht auf dem sogenannten »Ulrichsbergl« eine ehrwürdige Barockkirche. Steile Stufen führen zu ihr hinauf, ihre Glocken haben eines der schönsten Geläute von ganz Wien. In dieser Kirche wurde der Schöpfer der deutschsprachigen Oper, Christoph Willibald Gluck, getraut, und hier sind einst zwei kleine Wiener Buben aus der Taufe gehoben worden, die später nur ein Rezept gekannt haben: »Ein Walzer muß es sein!«

Der eine Täufling war der Handschuhmachersohn Josef Lanner, geboren am 12. April 1801 in der Mechitaristengasse Nr. 5. Dieses Geburtshaus steht heute noch unverändert wie in Lanners Tagen. Schon mit 42 Jahren starb er in Döbling in seinem eigenen Haus, Gymnasiumstraße Nr. 87, am 14. April 1843. Seine Walzer, wie »Die Schönbrunner« oder »Die Hofballtänze« und die so verführerisch werbenden »Abendsterne«, klingen heute noch genauso beseligend wie anno Biedermeier.

Der andere Bub vom Ulrichsgrund war der erste Sohn des Kapellmeisters Johann Strauß-Vater, welcher durch seinen »Radetzkymarsch« unsterblich geworden ist. Der kleine Strauß-Schani kam im Haus Lerchenfelder Straße Nr. 15 zur Welt, und noch am Tag seiner Taufe hatte sein Vater geschworen: »Alles soll der Bub werden, nur kein Musikant!«

Das Schicksal – oder war es der Genius Wiens? – hat es anders bestimmt. Siebzehn Jahre später »besiegte« in Hietzing, dort, wo heute das elegante Parkhotel steht, in dem damals hocheleganten Kasino des Herrn Dommayer bei einem musikgeschichtlich gewordenen Konzert der temperamentvolle, hochbegabte Sohn den Vater! Ein wunderschönes Kupferrelief über dem Portal des heutigen Hotels, gegenüber dem Hietzinger Tor zum Schönbrunner Park, verzaubert uns zurück in jene Zeit. Es zeigt naturgetreu das einstige Dommayer-Kasino und die Equipagen-Auffahrt seiner noblen Gäste zu einem Konzert . . .

Wollen wir dem Ursprung des Wiener Walzers nachspüren, müssen wir weit zurückwandern. Am Stephansplatz befindet sich neben dem »Singer-Tor« an der Südseite des Doms eine Nische mit einem alten, steinernen Sarkophag. Auf ihm ruht eine durch die Jahrhunderte stark verwitterte und überdies anno 1809 durch Napoleons Soldateska beschädigte Figur. Manche Forscher wollen wissen, daß sie den hier bestatteten Minnesänger Neidhart von Reuenthal darstellt. Er gilt vielfach als der »Ahnherr« des Wiener Walzers. Hat er doch einst den bäuerlichen, derbfröhlichen »Dreischritt« aus den Dörfern um Wien an den Herzoghof der Babenberger gebracht und damit den »Drei- und Drehschleifer« gleichsam salonfähig werden lassen.

»In Grinzing gibt's a Himmelstraßen . . .«, singt ein Wiener Walzerlied aus unseren Tagen von einem Straßenzug in dem weltbekannten Wiener Weinvorort. Sie führt auf eine Anhöhe, die seit alters her »Am Himmel« heißt. Es erscheint recht bedeutsam, daß gerade in dieser Straße das Haus steht, in dem der 1880 in Graz geborene Altmeister der österreichischen Operette, Robert Stolz, sich in Wien endgültig niederließ. Er setzte die große Tradition des Dreiklangs aus Wien fort mit einer Melodie, die das vielleicht tiefste Geheimnis des Walzers erkennen läßt: »Zwei Herzen im Dreivierteltakt«. Daß dies heute noch immer seine magische Kraft ausübt, kann man in Wien im Zeitalter des Beat und der – angeblich – nüchternen Sachlichkeit der jungen Generation auch in einem »Tschecherl« am Rande der Großstadt erleben, wo Fabriken und Zinskasernen gewiß keine besonders musische Landschaft bilden.

Unter besagtem »Tschecherl« ist ein kleines, billiges Volkskaffee zu verstehen, das heute gern ein modernes »Espresso« sein möchte. Aber wenigstens nachmittags bewahrt es sich den Kaffeehauscharakter, weil da ein paar grauhaarige Pensionisten Karten spielen kommen und einige auch nicht mehr ganz junge Damen beim »Schalerl Kaffee« in abgegriffenen Illustrierten blättern.

Am Abend aber erfreut hier eine nickelglitzernde Musikbox etliche junge Burschen mit ihren Mädeln. Weniger hingegen die unmittelbar über dem »Tschecherl« wohnenden Hausparteien. Denn der schillinggierige Musikmoloch gibt die wildesten Rhythmen mit beträchtlicher Lautstärke von sich. Die jungen Leute, die sich gegenseitig »Jonny« und »Mary« nennen und sich im buntfröhlichen Dreß der »Blumenkinder« mit leichtem Akzent wienerischer Vorstadteleganz präsentieren, tanzen fast bis zur Erschöpfung. In einer kleinen Atempause schleicht sich der alte, ein wenig dickliche »Herr Ober« unbemerkt zum Musikautomaten. Aus seiner Kleingeldtasche klimpert ein Schilling in die rot und grün aufblitzende Musikmaschine.

Dann drückt ein breiter Kellnerdaumen bedächtig eine

Taste – und eine Zither klingt auf, eine gewöhnliche Zither! Sie singt erst ganz bescheiden mit dem zarten Stimmchen eines schmalblonden, dünnzopfigen, kleinen Bauerndirndls eine simple Walzermelodie. Dann aber kommen die Akkorde, packt der Rhythmus, beginnt der Dreivierteltakt eines Walzers mit seinem lockenden, vitalen Werben. Man hört direkt aus dem metallenen Klingen der Saiten das begehrende »Du, du und immer nur du« heraus.

Einen Augenblick sehen Jonny und Mary in dieser Gruppe müdegetanzter Gäste einander an. Dann ist alle Müdigkeit verflogen! Plötzlich sind der »Schani« und die »Mizzi« in ihnen aufgewacht, deren Eltern auch schon Johann und Marie geheißen haben und irgendwo in der Walzerstadt Wien auf die Welt gekommen sind. »A Walzer – du, magst ihn?« Und schon hat der Bursch den Arm um die Hüften seines Mädels gelegt, hat wieder einmal die so rätselhafte Magie des Dreivierteltaktes zwei junge Menschen fasziniert. Straff sitzt der billige Pullover auf dem »Figürl«, flott wirbelt der Rock. Das buntgemusterte Hemd über der enggeschnittenen »Röhrlhosn« läßt erkennen, daß ein Wiener Kennwort in diesem Tänzer einen strammen Zeugen hat: »Halt dich an, Peperl – da is was da!« Und die Zither singt dazu immer werbender ihr »Du, du und grad halt nur du!«

Ganz versunken tanzen die zwei jungen Menschen. Niemand hat bemerkt, daß der Herr Ober heimlich abermals einen Schilling eingeworfen hat und jetzt auch die ältliche Chefin aus der Küche gekommen ist. Sie klopft mit ihren verarbeiteten roten Fingern und einem müden Frauenlächeln leise den Dreivierteltakt auf einer Serviertasse mit, die in Wien noch immer »Tablett« heißt. Es hat auch niemand bemerkt, daß die riesige Gestalt des diensthabenden »Wachtmeisters« im regennassen Gummimantel das kleine »Tschecherl« betreten hat. Schon liegt das inhaltsschwere Wort »Sperrstund is!« in der

Luft. Aber da legt der alte Kellner mit bedeutsamem Zwinkern den Finger an die Lippen. Und die Frau Chefin schenkt dem späten Mahner der Ordnung ein »Stamperl« Slibowitz ein: »Weil's draußen heut abend gar so viel naß und neblig ist, net wahr, Herr Inspektor?«
Auch Wiener Polizisten verstehen etwas von Zithermusik, einem Walzer und junger Liebe in einem »Tschecherl«, draußen am Stadtrand. Ein Walzer mußte es sein, damit an diesem Abend ein verliebtes Mädel mit seinem Burschen volle zwanzig Minuten länger tanzen konnte, als es die gesetzlichen Bestimmungen über die polizeilich festgelegte Sperrstunde für Wiener Gast- und Schankbetriebe eigentlich gestatten ...

Eine Stunde für St. Stephan

Der Fiakerkutscher vor dem Stephansdom lädt den vorbeischlendernden Touristen mit einer freundlichen Handbewegung ein: »Fiaker gefällig, der Herr?« Ein hagerer, bebrillter Intellektueller erklärt einer Schar eifrig lauschender holländischer Damen die merkwürdigen Stein-

figuren neben dem riesigen Hauptportal und ein japanisches Ehepaar läßt sich von einem Studenten den besten Standort für eine garantiert wohlgelungene Totalaufnahme des mächtig zum Himmel ragenden Stephansturmes zeigen. Der junge Wiener führt »die Herrschaften« aus dem Fernen Osten zur Straßenecke Seilergasse/Graben, von wo aus sich der »alte Steffl« in seiner vollen Höhe von 136,75 Metern (vom Straßenniveau des Stephansplatzes bis zu der steinernen Kreuzrosette einschließlich Adler und Kreuz als Turmspitze) bestaunen läßt. Der jeweilige Fotograf muß aber sehr viel Geduld haben, bis an dieser lebhaften Straßenecke eine solche Aufnahme gelingt. Denn vom Graben in die Seilergasse biegen täglich rund 9000 Fahrzeuge ein.
Deshalb weiß der kundige Student noch einen anderen Platz – ». . . aber bitte nur für Herrn!« Und dieser ist in seiner Art einmalig. Denn beim Verlassen der auf dem Stephansplatz befindlichen unterirdischen Herrentoilettenanlage zeigt sich auf halber Höhe der Stiege in einem vom Erbauer dieser Anlage anscheinend geradezu ausgeklügelten Ausschnitt der ragende Domturm in prächtigster, durch keinerlei Straßenverkehr beeinträchtigter »Fotosicht«.
Eine Stunde für St. Stephan – mindestens! – darf auch der eiligste Besucher Wiens nicht verabsäumen. Denn kein anderes Baudenkmal dieser Stadt läßt in so konzentrierter Form historisches Werden und Geschehen, kunstgeschichtliche Entwicklung und ständige Erneuerung Wiens erleben wie diese Dom- und Metropolitan-Kirche St. Stephan. Heute weltberühmt als Wahrzeichen der Donaustadt und in allen Reiseführern mit der Höchstanzahl von Empfehlungssternen versehen, ist der imposante Dom mit seinen 107,20 Metern Gesamtlänge und seinem 38,90 Meter breiten Langhaus mit den prachtvollen gotischen Kreuzrippengewölben weit mehr als ein katholisches Gotteshaus.

Es ist im wahrsten Sinne des Wortes das Nationalheiligtum aller Österreicher, gleichviel welcher Konfession. Und eine an sich schon einmalige Attraktion in ganz Europa ist der Wiederaufbau dieses Denkmals abendländischer Kultur, der zwar deutlich erkennbar ist durch das hellere Gestein (Sandstein aus den Brüchen von St. Margarethen im Burgenland), aber dennoch in fugenloser Harmonie den Wiener Stephansdom wiedererstehen ließ. Zu diesem Wiederaufbau haben die Österreicher aller Konfessionen nach besten Kräften ihr Scherflein beigesteuert. Aber auch die Welt half, den durch den furchtbaren Brand in den letzten Tagen des Zweiten Weltkriegs im April 1945 fast völlig vernichteten Dom wiederherzustellen. In der Mitte des Hauptschiffes im Kircheninneren berichten davon ausführlich und eindrucksvoll zwei große Gedenktafeln.

Die Forschung weiß heute, daß der Anfang des Stephansdoms eine kleine romanische Kirche war, die vor mehr als 700 Jahren noch außerhalb der Stadtmauer der kleinen mittelalterlichen Herzogsresidenz Wien lag. Der Habsburger Herzog Rudolf IV., brennend vor Ehrgeiz, nicht nur politische Macht, sondern auch höchstes weltliches Ansehen zu erhalten, förderte den schon um das Jahr 1240 begonnenen Vergrößerungsbau dieser Kirche. Sie hat sich dann in einer schier nicht enden wollenden Bauzeit von 1304 bis 1511 zu dem entfaltet, was heute die Welt als den Wiener Stephansdom kennt und bewundert.

In diesem Zeitabschnitt gab es zwei bedeutsame Jahre: Am 11. März anno 1359 ließ Rudolf IV., den die Geschichte den »Stifter« nennt, mit der Aushebung der Grundfesten für die Erweiterung des romanischen Kirchleins zu einem Dom des Landesherrn beginnen. Im Jahre 1433 gelang es dem Dombaumeister Hans von Prachatitz, den Stephansturm zu vollenden. Dieser stattliche Südturm – von den Wienern seit jeher familiär-vertraulich »alter Steffl« genannt – hat das Kriegsinferno von 1945 noch am besten überstanden. Allerdings brannte auch in diesem Turm das jahrhundertealte Glockengestühl aus, die berühmte Riesenglocke, die »Pummerin«, stürzte in die Tiefe und zerbarst mit dem anderen Geläut. Die neue, 20943 Kilo schwere »Pummerin« wurde aus den Bruchstücken der alten Glocke, die anno 1711 aus 180 im Jahre 1683 erbeuteten türkischen Kanonen hergestellt worden war, im Jahr 1952 im oberösterreichischen St. Florian gegossen. Es waren dazu auch Erzspenden aller neun Bundesländer Österreichs gekommen. Die neue Glocke hat einen Umfang von zehn Metern und ist rund drei Meter hoch. Ihr Bildschmuck zeigt auch den Dombrand von 1945, gekrönt wird sie, wie einst die alte »Pummerin«, von sechs erzenen Heidenköpfen.

Da der Dombrand das Gestein des »alten Steffls« sehr angegriffen hat und verschiedene andere bautechnische Bedenken des nach 1945 den Wiederaufbau leitenden Dombaumeisters Professor Holey vorlagen, wurde die neue »Pummerin« nicht mehr auf den Stephansturm aufgezogen. Sie thront heute in einem stählernen Glockenstuhl auf dem schon im Mittelalter unausgebaut gebliebenen Nordturm, der auch als »Adlerturm« bekannt ist. Dort allerdings wird sie fleißig von Touristen aus aller Welt besucht. Denn mit einem modernen Fahrstuhl im »Adlerturm« ist dieser Ausflug hoch über die Dächer Wiens bequem möglich. An anderer Stelle unserer Spaziergänge und Betrachtungen in der Stadt vieler Träume soll von diesem Erlebnis ausführlich erzählt sein.

Nicht weniger bewundert als die Riesenglocke aber wird immer wieder – und das auch von den stolzen und dankbaren Wienern selbst! – der Stephansturm. Er wird als »schönster der deutschen Gotik« gerühmt, und er zeigt auch ganz den Geist dieser Kulturepoche des 14. Jahrhunderts. Im unteren Drittel wird er durch zwei hohe quadratische Geschosse mit kolossalen Strebepfeilern gebildet. Darüber erhebt sich ein achteckiger Turmteil, von dem aus die Spitze emporsteigt. In seiner Gesamtheit wächst der Stephansturm wie eine nadelspitze Pyramide zum Himmel empor. Immer mehr tritt das massive Gestein zurück, immer schöner und feiner türmt sich das filigrane Meißelwerk bis zur Turmspitze. Einsam Zwiesprache haltend mit Gott, wachend über der Stadt, himmelweisend für ihre Bewohner.

Ein besonderes Erlebnis ist noch immer die Besteigung des Stephansturmes. Es geht über 418 Stufen hinauf, und die Wendeltreppe endet in der sagenumwobenen, alten Türmerstube, die einen herrlichen Rundblick über die Millionenstadt gewährt. Hier war auch von 1534 bis 1956 Tag und Nacht ein Türmer auf der Wacht, später wurde daraus die Stephansturm-Brandwache der Wiener Feuerwehr.

Eine Meisterleistung bei den Wiederaufbauarbeiten des Domes in den Jahren 1945 bis 1952 war die Neukonstruktion des riesigen Daches über dem Hauptschiff. Der alte Dachstuhl, den im Jahre 1490 der damals in Wien herrschende Ungarnkönig Matthias Corvinus aus 2898 Lärchenstämmen hatte erbauen lassen, war bei dem Dombrand ein Raub der Flammen geworden. Eine moderne, kühn montierte Stahlkonstruktion hat ihn ersetzt, das Dach wurde traditionsgemäß wieder mit glasierten Ziegeln in den Farben Rot, Weiß und Grün gedeckt – nach der Überlieferung eine Erinnerung an die Herrschaft des ungarischen Königs, da diese Farben die ungarischen Nationalfarben sind.

Eine Stunde für St. Stephan – da muß man schon einige Minuten allein nur der großen Westfassade der Kirche widmen. Sie ist der älteste Bauteil und stammt noch aus den Tagen des spätromanischen Baus aus dem zweiten Drittel des 13. Jahrhunderts. Hier befindet sich der Haupteingang, das sogenannte Riesentor, es dürfte um 1200 geschaffen worden sein, gilt als das bedeutendste spätromanische Werk in Österreich und ist vor allem

reich mit Plastiken geschmückt. Dieses Tor wurde zum Vorbild für ähnliche, wenn auch weniger prunkvolle Portale bedeutender Kirchen in Niederösterreich sowie in Böhmen, Mähren und Ungarn.
Am eindrucksvollsten präsentiert sich das berühmte Domportal, wenn wir, aus der Jasomirgottstraße kommend, auf das prachtvolle Gotteshaus zu schreiten.
Die beiden 65 Meter hohen, wuchtig-gedrungenen Heidentürme flankieren das Tor und lassen die gesamte Fassade deutlich als Teil einer einstigen Wehrkirche erkennen. Denn auch St. Stephan hat hier noch Schießscharten und Ausspähfenster. Diese Bauteile erzählen ebenso wie die wunderlichen Skulpturen eines geflügelten Greifs oder eines Samson mit dem Löwen von den Tagen, als St. Stephan noch eine rein romanische Kirche war. In einer der Nischen sehen wir die vielgedeutete Figur des »Dornausziehers«. Es ist ein sitzender Mann mit übereinandergeschlagenen Beinen. Manche Forscher nehmen heute an, daß die Figur den auf dem Richterstuhl sitzenden Landesherrn zur Zeit der Babenberger symbolisiert. Dies sei ein Hinweis, daß in jener Zeit die öffentliche Rechtsprechung durch den Landesfürsten vor diesem Gotteshaus stattgefunden habe.
Am Riesentor, das nicht wegen seiner Größe so benannt ist, sondern nach der in den Tagen des Mittelalters zum Schutz gegen eventuelle Eindringlinge als eine Art Fallgitter angebrachten »Ris-Tür« den Namen hat, entdekken wir einige besonders schöne Statuen. Da ist zunächst der kleine »Steinmetz« in der linken Ecke des Portalanfangs, der einen der einstigen Bauführer darstellt. Dann ist hier St. Petrus zu sehen, der mit seinem mächtigen Schlüssel als Himmelspförtner deutlich erkennbar ist. In der Kunstgeschichte eifrig diskutiert wird die Darstellung des Heilands im Bogenfeld über dem Westportal. Christus sitzt auf einem Regenbogen, hält das Buch des Lebens in der linken Hand und hat – dies ist bei Christus-

darstellungen fast unbekannt – sein linkes Knie entblößt. Anerkannte Kunstforscher verweisen hier auf mögliche Zusammenhänge zwischen gewissen Symbolen der aus den Dombauhütten Europas sich herleitenden Freimaurerei und dem Aufnahmeritual der mittelalterlichen Steinmetz-Bruderschaften. Diese forderten, daß ein neuer Geselle mit verbundenen Augen, mit bloßer Brust und entblößtem linken Knie für die Aufnahme in den Hüttensaal zu treten hatte. Es ist daher das nackte Knie des Heilands über dem Domportal wahrscheinlich als baubrüderliches Wahrzeichen zu verstehen.
Bedeutsame Geschichte um den Dom und die Stadt weiß auch die Südfront der Kirche zu erzählen. Hier bewundern wir die schönen, wie zarte Schleier wirkenden Meißelarbeiten der hochgotischen Seitengiebel, der Spitzbogen und Strebepfeiler, die diese hochgotische Front charakterisieren. Hier befindet sich auch das sogenannte »Singertor«, zu dem jedoch durch die bereits begonnenen Bauten für die Haltestelle der künftigen Untergrundbahn der Zugang derzeit nicht möglich ist. Dieses Portal wurde zur Zeit des Domstifters Herzog Rudolf IV. geschaffen und zeigt in seiner Wölbung Figuren dieses Habsburgers und seiner Gemahlin.
Aus einer Seitennische neben dem Tor blickt uns eine Büste des Dombaumeisters Leopold Ernst an, der in den Tagen des jungen Kaisers Franz Josef um 1855 die von uns bewunderten gotischen Ziergiebel erneuerte.
Auf der anderen Seite des hochgemauerten Portals ist eine Gedenktafel für den Dombaumeister Friedrich Schmidt angebracht – er war auch der Schöpfer des prächtigen Wiener Rathauses an der Ringstraße, gegenüber dem Burgtheater. Dieser Baukünstler hat im Jahr 1864 die große, sehr schwierige Renovierung des gesamten Stephansturmes vollendet. Damals mußte, da das sehr weiche und daher besonders meißelfähige Gestein gefährlich brüchig geworden war, der Turm im obersten Drittel völ-

lig abgetragen werden. Schmidt und seinen Mitarbeitern ist es gelungen – Jahrhunderte nach dem Ausklingen der Gotik –, den Stephansturm in alter gotischer Schönheit zu erneuern.

Setzen wir unseren Rundgang um den Dom fort, gibt es immer mehr Erinnerungen aus dem religiösen Leben im alten Wien mit dem Mittelpunkt St. Stephan. Schön gemeißelte alte Grabsteine einst berühmter Bürgerfamilien, das ergreifend schöne Relief »Christus am Ölberg« und vor allem eine Halbfigur des leidenden Heilands fesseln unsere Aufmerksamkeit. Sie heißt im Wiener Volksmund »der Zahnweh-Herrgott«. Denn die Legende erzählt, daß ein Jesus verspottender Student einst nur dadurch von furchtbaren Zahnschmerzen geheilt werden konnte, daß er vor dem von ihm gelästerten Bildnis des Erlösers Abbitte leistete. An der Nordseite des Domes sehen wir eine einstige Freikanzel in gotischer Arbeit. Sie war ursprünglich aus Holz und ist als »Capistran-Kanzel« in der Kunstgeschichte bekannt. Von dieser Kanzel herab hielt der im 15. Jahrhundert in ganz Europa bekannte italienische Franziskanerpater Johannes Capistranus seine Predigten, und von hier aus rief er am 6. Juni 1451 die versammelten Gläubigen in flammendem Appell zum größten Kreuzzug gegen die Türken auf.

Eine Stunde für St. Stephan? Wollen wir wirklich alles in dem großartigen Dom mit seinen stattlichen dreischiffigen Hallen in uns aufnehmen, werden wir gewiß viel mehr Zeit benötigen. Das Innere zeigt die Anordnung der drei Kirchenschiffe in Form eines lateinischen Kreuzes, bei dem die beiden Turmhallen die Kreuzarme bilden. In den Jahren 1304 bis 1340 wurde dieses imposante Bauwerk geschaffen, das bei der Restaurierung der Stephanskirche nach dem Dombrand etwas stärker »gegliedert« wurde.

Das wohl eindrucksvollste Denkmal, das sich in ganz Europa jemals ein Baumeister selbst setzte, ist die berühmte

gotische Kanzel. Sie ist nach ihrem Schöpfer, dem Dombaumeister Pilgram, benannt, der sich am Kanzelfuß mit einem gemeißelten Selbstbildnis verewigt hat. Diese »Pilgram-Kanzel« – sie war während des Zweiten Weltkrieges vorsorglich durch eine Zementmauer umhüllt worden und hat dadurch die Brandkatastrophe von 1945 im wesentlichen heil überstanden – ist einer der größten Kunstschätze Österreichs. Unglaublich filigran gemeißelt zeigt sich das steinerne Maßwerk der Brüstung, markant und ausdrucksvoll sprechen zu uns die Köpfe der vier Kirchenväter. Jedes dieser steinernen Antlitze zeugt von Glaubensstrenge, Askese, messerscharfer Klugheit und tiefgründiger Philosophie. Der Schöpfer dieses Werkes hat die ganze Freude der Gotik am liebevoll gearbeiteten Detail ausgedrückt durch die Kunst der Plastik in Stein. Originell ist auch die Darstellung der die Brüstung des Kanzelaufganges schmückenden Kröten und Schlangen. Sie symbolisieren das Böse schlechthin, das da das Wort Gottes fürchtet und von dem in vielen theologischen Büchern als dem »Gezücht der Kröten opfernden Schlangen« zu lesen steht.
Unter seinem Meisterwerk blickt aus einem halbgeöffneten Fenster, gleichfalls in Stein gemeißelt, der Meister Pilgram selbst. Ein wenig schüchtern, zurückhaltend, aber auch ein wenig neugierig späht er in die Zeiten nach seinem Heimgang. Diese Darstellung ist nicht nur in Wien, sondern weithin durch eine bekannte Kultursendereihe des österreichischen Fernsehens als »Der Fenstergucker von St. Stephan« bekannt. Anton Pilgram wurde vermutlich um 1460 in Brünn geboren und kam nach verschiedenen Lehr- und Wanderjahren anno 1511 zur Dombauhütte St. Stephan. Er war formal noch ein spätgotischer Meister, zeigte aber in seiner künstlerischen Aussage bereits Hinweise zur anbrechenden Renaissance. Dies weist schon das stolze Selbstbewußtsein des Künstlers, der hier mit seinem Porträt aus der bisher streng ge-

Im Fuß der Kanzel von St. Stephan hat sich Meister Anton Pilgram 1513, ganz entgegen den damaligen Gesetzen der Steinmetzkunst, verewigt. Das steinerne Bildnis wurde zum Begriff der Darstellungskunst der Gotik, zum Beweis persönlicher Aussage durch die Kunst eines der großen Meister, die St. Stephan schufen. Mit dem ›Fenstergucker‹ hat sich Pilgram als einer der eigenwilligsten von ihnen vorgestellt.

hüteten Anonymität heraustritt. Unter der Bildnisbüste entdecken wir auch eine gemalte Inschrift mit dem Monogramm des Künstlers und der Jahreszahl 1513.
Dieser »Fenstergucker« wird heute gleichsam als stellvertretend angesehen für all die Männer, die durch ihre Kunst im Laufe der Jahrhunderte St. Stephan haben werden lassen. Fürsten, Bischöfe und Kardinäle hingegen, die freilich meist als Geldgeber und »Bewilliger« auch das Ihre zu dem Dom beitrugen, sind reichlich zu St. Stephan vertreten. Da ruht in einem prachtvollen Freigrab in dem hellen Apostelchor jener Habsburger Kaiser Friedrich III., der es durchsetzte, daß Wien – nicht zuletzt dank der Stephanskirche! – endlich Bistum wurde. Bekannter aber wurde dieser Herrscher durch die Schöpfung des von ihm ersonnenen Wahlspruches mit den schon erwähnten fünf Vokalen AEIOU. Das Friedrich-Grab, in den Jahren von 1467 bis 1513 in langwieriger Arbeit in rotem Marmor

gemeißelt, wurde von dem flämischen Meister Nicolas Gerhaert van Leyden begonnen und nach dessen Tod von seinem Sohn vollendet. Dieser berühmteste Bildhauer seiner Zeit schuf auch die Deckplatte mit der liegenden überlebensgroßen Figur des Kaisers im prächtigen Krönungsornat. Reliefplatten der Bildhauer Max Valmet und Michael Tichter zieren die Seitenwände. Sie zeigen Darstellungen der kirchlichen Stiftungen von Friedrich III.
Erst vor kurzem stand das Friedrich-Grab im Mittelpunkt einer interessanten wissenschaftlichen Untersuchung. Es waren Zweifel aufgetaucht, ob der Kaiser tatsächlich in diesem Prunksarkophag ruhe oder ob dieses prachtvolle Denkmal nicht nur ein leeres Prunkgrab sei. Ein Wiener Student der Geschichtswissenschaft konnte Klarheit schaffen. Mit Zustimmung der erzbischöflichen Behörden wurde mit einem feinen Steinbohrer zunächst ein Kanal geschaffen, durch den eine in der Medizin zur Ausleuchtung innerer menschlicher Organe verwendete Sonde in das Kaisergrab eingeführt wurde. Im Reflektorspiegel zeigten sich genau Teile jenes Goldbrokatstoffes, in dem nach zeitgenössischen Berichten der Leichnam Friedrich III. in diesem Fürstengrab zu St. Stephan einst beigesetzt worden war.
Ein anderer Großer aus Österreichs Geschichte hält gleichfalls in St. Stephan seinen letzten Schlaf. In der Kreuzkapelle, gleich links neben dem Hauptportal, ruht seit 1754 Prinz Eugen von Savoyen, der große Türken-Besieger. Das reichgeschmiedete barocke Kapellengitter, eine Arbeit aus dem Jahre 1736, gibt den Blick frei auf die kupferne Grabplatte. Die Wappen der Savoyer und der Liechtenstein krönen die Kapellenfront. Links neben dieser letzten Ruhestätte des großen Feldherrn sehen wir das im Jahre 1529 gemeißelte Reliefbildnis auf dem Grabmal des sehr bedeutend gewesenen österreichischen Gelehrten Dr. Johannes Cuspinian. Er lebte von 1473 bis 1529, war nicht nur kaiserlicher Leibarzt, sondern einer der

maßgebenden Historiker, Kulturschriftsteller und bibliophilen Forscher seiner Zeit. Als Rektor der Wiener Universität ist dieser Mann der eigentliche Begründer der heute international hochangesehenen österreichischen Geographischen Gesellschaft. Das Grabmal zeigt Cuspinian mit seinen beiden Frauen, darunter seine ihn betrauernden Kinder.

Schräg gegenüber bewundern wir einen Steinbaldachin aus dem Jahre 1437. Er schmückt den Altar neben der Kreuzkapelle und gilt als ein Werk des Stephansturm-Vollenders Hans von Prachatitz. Als ähnlich eindrucksvolle Steinmetzarbeit erweist sich das Renaissancegrab, auf dem wir die lebensecht gemeißelte Gestalt eines Bischofs sehen. Es ist die letzte Ruhestätte jenes berühmten Hof- und Domkapellmeisters und Humanisten Georg von Slatkonia (1456 bis 1522), der im Auftrag Kaiser Maximilians I. im Jahre 1498 eine Gruppe von »Singerbuben« zusammenstellte. Sie sollten mit ihren hellen Knabenstimmen die Messen in der Kapelle der kaiserlichen Hofburg verschönern. Slatkonia, der dann im Jahre 1513 Bischof von Wien wurde, hat mit diesem Chor eine Institution geschaffen, die heute weltweit bekannt ist. Denn aus diesen »Singerbuben« entwickelte sich im Laufe der Jahrhunderte der Klangkörper der »Wiener Sängerknaben«, die auch heute noch an der traditionsreichen Stätte in der Wiener Burgkapelle an Sonntagen während der Messe zu hören sind. Aufgeführt werden dabei auch Werke großer österreichischer Meister wie etwa Haydn und Schubert, die einst selbst als Buben in diesem Chor ihre erste musikalische Ausbildung erhalten hatten.

Der ›Steffel‹, der 136,7 Meter hohe Südturm des Stephansdoms, ist das Wahrzeichen Wiens. Mehr noch: er ist ein Symbol für das unerschütterliche Überdauern aller Zeiten der Kultur der weltberühmten Donaustadt. Zahllose Lieder besingen ihn, der auch in historischer Hinsicht der ›Schicksalsturm‹ Österreichs ist.

FORUM
Kino

Aber auch die Altäre zu St. Stephan könnten beredt Musikgeschichte erzählten. Denn sie sahen bedeutsame Trauungen später berühmt gewordener Komponisten. Da stand Joseph Haydn eines Tages als Bräutigam zu St. Stephan vor dem Traualtar, vor dem auch Mozart mit seiner Gattin Constanze den Bund fürs Leben schloß und Generationen später der Walzerkönig Johann Strauß als Hochzeiter laut und vernehmlich sein »Ja« sagte. Diese Altäre sahen aber auch historische Feierstunden, wie den Dankgottesdienst nach der Befreiung Wiens von der Türken-Belagerung im Jahre 1683 oder das große Tedeum nach dem Abschluß des von Österreich so schwer und mit großem politischem Geschick errungenen Staatsvertrages im Jahre 1955. Österreich hat mit diesem Abkommen mit den vier Großmächten USA, Sowjetrußland, Großbritannien und Frankreich nach zehnjähriger Besatzung durch die Armeen dieser Staaten nach dem Zweiten Weltkrieg seine völlige Freiheit als souveräner Staat wiedererlangt.

Als besonders prächtiger Altar zeigt sich im Frauenchor des Domes ein wunderschön geschnitzter Flügelaltar aus dem Jahre 1447. Er stand früher in dem alten »Neukloster« in Wiener Neustadt und ist als »Wiener Neustädter Altar« ein Begriff in der Kunstgeschichte. Er zeigt Gemälde und Reliefs aus dem Leben Christi und Marias. Der untere Mittelschrein enthält eine Muttergottes mit dem Jesukind, daneben die heilige Katharina und die heilige Barbara, darüber die Krönung Mariens. Links von diesem Altar erhebt sich das Freigrab des Stifterehepaares Herzog Rudolfs IV. und seiner Gattin Katharina. Es ist jedoch nur ein Grabdenkmal – geschaffen in der zweiten Hälfte des 14. Jahrhunderts –, die Särge dieses Herrschers und seiner Gattin befinden sich in der Fürstengruft in den Katakomben unter dem Dom.

Als wahres Juwel zu St. Stephan zeigt sich der in der Zeit von 1640 bis 1647 geschaffene barocke Hochaltar des Do-

mes. Er stammt von Johann Jakob Pock und trägt ein auf Zinn gemaltes Bild »Die Steinigung des heiligen Stephanus«, das 1640 Tobias Pock geschaffen hat.
Ein Kunstwerk erlesener Art ist auch in der alten Katharinenkapelle neben der Turmhalle, die den Stephansturm trägt. Es ist der von Ulrich Auer im Jahre 1481 gemeißelte gotische Taufstein aus Marmor. Am Fuß sind die vier Evangelisten dargestellt, am Becken ein Christusrelief und die zwölf Apostel. Von besonderer Schönheit ist der reichgegliederte hölzerne Deckel mit Reliefbildern der sieben Sakramente.
Es wäre nicht der Dom der mit dem Marienkult so sehr verbundenen Stadt Wien, würden sich nicht auch zu St. Stephan berühmte Madonnenstatuen finden. Da sehen wir in der Herzogenkapelle eine »Haus-Muttergottes« aus dem 14. Jahrhundert; neben der Pilgram-Kanzel aber steht die vor allem bei den Frauen Wiens allzeit sehr volkstümliche »Dienstboten-Muttergottes«. Das Kunstwerk dürfte um 1320 entstanden sein. Nach der Überlieferung wurde die Statue von einer Gräfin gestiftet, die ihr Dienstmädchen fälschlich eines Diebstahls beschuldigt hatte.
So wie diese Muttergottes wird auch das stets in sanftem Kerzenlicht schimmernde berühmte Gnadenbild der »Maria Pötsch« verehrt. Täglich kommen zu ihm Wienerinnen und Wiener, aber auch Wallfahrer aus der weiten Welt, die ihr Anliegen voll tiefer Gläubigkeit der Gottesmutter hier vortragen. Das reiche, gold- und silbergeschmückte Bildnis ist ein ikonenartiges Gemälde aus dem Kulturkreis des byzantinischen Christentums. Es stammt aus der kleinen ungarischen Stadt Pötsch und wurde im Jahre 1697 auf kaiserliche Verfügung als angeblich wundertätiges Gnadenbild nach St. Stephan gebracht.
Eine Stunde nur zu St. Stephan wird gewiß zu knapp sein, um das ganze Erlebnis dieses Domes zu erfassen, zu wer-

ten und zu wägen. Denn in diesem Dom, der seit Jahrhunderten Wien als »Bollwerk des Abendlandes« verkörpert, begegnen einander die Zeiten, die Kulturen, das Lebenswerk Hunderter bedeutender Menschen.
Auch unter ihnen waren so manche Träumer, die dann kühn Erhofftes in die Tat oder auch in eine bleibende Leistung umsetzen konnten. Andere unter ihnen sind an ihren Träumen um diesen Dom zerbrochen. Es mögen dies die namenlos gebliebenen Steinmetzgesellen sein, deren Todessturz während der Arbeit vom schwankenden Gerüst um den wachsenden Turm sich zur Sage wandelte, die den Wiener Stephansdom mit einem dichten Netz umspannt, aber auch mit manchem Märchen umrankte. Es ist unter den gescheiterten Träumern aber auch jener türkische Großwesir Kara Mustapha zu nennen, der vor Wien vergeblich nach dem »goldenen Apfel« griff. Die türkischen Heerführer verstanden darunter den in der Sonne golden funkelnden Knauf unter dem Kreuz auf dem Stephansturm. Alles zusammen Entdeckungen, Überlegungen und Empfindungen, die selbst nur eine Stunde zu St. Stephan unvergeßlich werden lassen ...

Rendezvous mit Kirchtürmen

In Wien gibt es kein Stelldichein, sondern nur ein »Rendezvous«. Mag sein, daß dies noch aus der Zeit stammt, da man anno Maria Theresia in den feinen Kreisen jenes köstliche französisierende Wienerisch sprach, das sich am besten erkennen läßt in einem berühmten Liebesbrief der

Braut Maria Theresia an ihren in Preßburg weilenden geliebten »Franzl«, den allerdurchlauchtigsten Stammvater der gleich mit 16 Kindern gegründeten Dynastie Habsburg-Lothringen. Dieser Brief wurde unter der Aufsicht der gestrengen Gouvernante der bräutlichen Prinzessin Maria Theresia geschrieben. In einem korrekten, aber orthographisch etwas merkwürdigen und dem Inhalt nach sehr förmlichen Französisch. Denn er ging ja an einen jungen Herrn aus Lothringen. Aber als die Gouvernante einen Augenblick nicht aufpaßte, kritzelte die Wienerin Reserl ihrem Franzl schnell dazu: »Adieu, Mäusl!«
Aus der gleichen Zeit hat sich auch der hübsche Amtstitel »Spektakel-Referent« auf den Polizeikommissariaten der Wiener Bezirke erhalten, wobei dieser Beamte meist als zuständig für den in Wien als »Spektakel« bezeichneten Lärm angesehen wird. Er ist jedoch nicht der Schützer der Lärmbekämpfung, sondern zuständig für Schauveranstaltungen jeglicher Art. Wenn wir noch hinzufügen, daß der Wiener heute sehr leicht irritiert wird, jemanden nicht inkommodieren will, bisweilen ein Malheur hat, vor allem wenn es ihm miserabel geht und er sich ein bisserl »marod« fühlt! So erscheint es nur selbstverständlich, daß er eine Verabredung auch noch immer als »Rendezvous« bezeichnet.
Solch ein Rendezvous wollen wir jetzt mit einigen Kirchtürmen Wiens haben, die sich ebenso wie die stets zahlreicher werdenden Hochhäuser in den neuen Stadtbezirken in erstaunlicher Anzahl in dem weiten Häusermeer präsentieren. Rendezvousplatz ist die Aussichtsplattform des bis heute (seit mehr als 400 Jahren!) unvollendet gebliebenen Nordturms des Stephansdomes, die man mit einem modernen Schnellift erreicht. Damit hat dieser auch »Adlerturm« genannte kleinere Bruder dem großen Bruder »Steffl« gewaltige Konkurrenz gemacht.
Zum Greifen nahe sieht man vom Adlerturm auch die großartige Architektur des »Steffls« als höchsten der Wie-

ner Kirchtürme. Erstaunlich nahe zeigt sich der gedrungene, vierkantige Turm der Kirche von St. Ruprecht unmittelbar über dem Donaukanal. Wir erinnern uns, daß wir hier vermutlich die älteste Kirche Wiens vor uns haben. Das filigrane Türmchen von Maria am Gestade erscheint als dritter unmittelbarer Nachbar, und als vierter ist da die altehrwürdige Jesuitenkirche mit ihren zwei Türmen inmitten des alten Universitätsviertels, zwischen Schönlaterngasse, Postgasse und Bäckerstraße, mit seinen wunderlich verträumten Gassen und kleinen Höfen. Es ist einer der stimmungsvollsten Winkel, dieser Platz vor der ehemaligen Universitätskirche, die eine Front bildet mit dem alten Universitätsgebäude zur Rechten und der Akademie der Wissenschaften zur Linken, der ehemaligen Universitätsaula. 1365 hat Rudolf IV. der Stifter die Wiener Universität gegründet. 1623 wurde mit dem Neubau einer Universität begonnen. 1753 stiftete Maria Theresia ein neues Gebäude für die Universität, das nach Plänen von Jean Nicolas Jadot de Ville-Issey bis 1755 fertiggestellt wurde. Kaiser Ferdinand stiftete zu der Universität 1627 die Kirche. Sie ist eine der wenigen Kirchen Wiens, die zwischen den beiden Türken-Belagerungen erbaut worden ist. 1631 wurde die Kirche eingeweiht.

Die dreigeschossige Fassade ist ganz nach dem strengen System des italienischen Frühbarock gestaltet: Horizontale und vertikale Linien beherrschen sie, Fenster und zahlreiche Figurennischen sind eng aneinandergefügt. Im Gegensatz dazu stehen die hochbarocken Türme mit den gewaltigen Helmen, die von dem in Südtirol geborenen Jesuitenarchitekten und -maler Andrea Pozzo stammen, einem der genialsten Initiatoren des barocken Gesamtkunstwerkes, der zwischen 1703 und 1705 auch das Innere der Kirche mit den riesigen Pilastern, den geraden und gewundenen Marmorsäulen neu gestaltet hat. Pozzo schuf auch die Altäre und ihren Bildschmuck sowie die

Fresken und die überreichen Goldstukkaturen. Sein Meisterwerk aber ist das Fresko der gemalten Scheinarchitektur der Kuppel.
In der Mitte des Kirchenbodens, ungefähr in der Nähe der letzten Bänke, sieht man einen weißen Stein, von dem aus das gemalte Kuppelgewölbe perspektivisch richtig zu betrachten ist. Interessant ist das Marienmedaillon (16. Jh.) auf dem vierten Altar rechts, ein Gnadenbild aus Peru.
Erstaunliches wissen die Kirchtürme über diesem Häusermeer zu berichten. Da ist die elegante, aber doch sehr markante Silhouette der zweitürmigen Votivkirche unweit der Ringstraße. Dieses Gotteshaus stiftete einst Kaiser Franz Josefs Bruder, der später so unglücklich geendete Kaiser Maximilian von Mexiko, zum Dank für die Errettung seines Bruders bei dem Messerattentat des Schneidergesellen Johann Libenyi auf den jungen Kaiser, ein Anschlag, dessen tatsächliche Hintergründe niemals geklärt wurden.
Der später sehr berühmt gewordene Ringstraßen-Architekt Heinrich von Ferstel trug als blutjunger Architekt bei einem großen Wettbewerb für diese »Kaiserkirche« den Sieg davon. Er schuf nach den Formen der französischen Kathedralengotik das Gotteshaus an der Ringstraße, das bei seiner Einweihung am 24. April 1879 anläßlich der silbernen Hochzeit des Kaiserpaares Franz Josef mit Elisabeth als »Zelt Gottes« in der Festrede des damaligen Wiener Kardinals Dr. Kutschker gepriesen wurde.
Die Außenseiten der Votivkirche tragen reichen figuralen Schmuck. Das Innere birgt eine Kostbarkeit der Renaissance: das Marmor-Hochgrab des Grafen Niklas Salm, der Wien in der ersten Türken-Belagerung 1529 erfolgreich verteidigt hatte. Das Grab stand einst in der später abgerissenen Dorotheakirche und wurde um 1530 vermutlich von Loy Hering geschaffen. Die Wände des Sarkophags schmücken zwölf Flachreliefs mit historischen Szenen;

Durch das schwere Erdbeben von 1519 stürzte der steinerne Turmhelm der romanisch-gotischen Michaeler Kirche ein. Er wurde durch einen hochstrebenden Kupferdach-Turm ersetzt.

Der Turm der Minoritenkirche (im Vordergrund) wurde 1529 durch türkischen Artilleriebeschuß beschädigt. Links dahinter Wiens erstes Hochhaus in der Herrengasse. Im Hintergrund der Stephansdom und die Kuppel der Peterskirche.

auf der Deckplatte kniet Graf Salm vor dem Kruzifix. Die Glasfenster der Votivkirche wurden 1945 größtenteils zerstört und seither erneuert. Rechts vom Hochaltar befindet sich in einer Seitenkapelle der »Antwerpener Altar«, eine flämische Holzschnitzerei aus dem 15. Jahrhundert. Kaiser Franz Josef hat ihn 1858 für seine Ambraser Sammlung erworben, später aber der Kirche geschenkt.

Vor der Votivkirche findet alljährlich am Welttierschutztag (4. Oktober) eine öffentliche Segnung von Haustieren statt, die von Wienerinnen und Wienern mit ihren vierbeinigen oder gefiederten Lieblingen zahlreich besucht wird.

Als Merkwürdigkeit gilt in dem Gotteshaus die größte Kerze Österreichs. Es ist die sogenannte »Artilleristenkerze«, die an den Traditionstagen der altösterreichischen Artillerieregimenter und am St.-Barbara-Tag (4. Dezember) – diese Heilige ist die Schutzpatronin der Artilleristen – feierlich angezündet wird. Sie ist vier Meter hoch, 30 Zentimeter dick und hat ein Gewicht von 264 Kilogramm. Ihr Docht besteht aus 1660 straff zusammengedrehten Wollfäden, und die ganze Kerze hat eine Brenndauer von 100 Jahren. Anno 1879 flammte sie zum ersten Male auf . . .

Erzählen die 100 Meter hohen Türme der Votivkirche auch noch davon, daß der Grundstein für sie einst eigens vom Ölberg im Heiligen Land geholt wurde, so weiß ein wenig weiter östlich die kleine zweitürmige Pfarrkirche in der Altwiener Vorstadt Liechtenthal (heute im 9. Stadtbezirk) stolz zu berichten: »Meinen Grundstein hat noch Kaiser Karl VI., der Vater Maria Theresias, persönlich gelegt! Später aber wurde ich sehr berühmt. Denn an meiner Orgel, so wie sie heute noch erklingt, spielte der blutjunge Franz Schubert selbst seine erste Kirchenkomposition. Später noch wurden so manches Mal seine Messen hier aufgeführt.« Diese Schubert-Kirche ist heute

während der Wiener Festwochen die Stätte prachtvoller Konzerte mit Werken dieses Meisters.
Jetzt meldet sich aber auch einer der kleinen Türme der Klosterkirche zu Wort, die den Servitenpatres gehört und die wir etwas östlich der Liechtenthaler Türme entdekken. Der italienische Orden ließ sich in der damaligen Vorstadt Roßau nieder und ist heute noch stolz darauf, daß einer der interessantesten Heerführer und Staatsmänner aus dem Dreißigjährigen Krieg sich seine Kirche als letzte Ruhestätte erwählte. Es war der große Gegenspieler des Feldherrn Wallenstein, dessen Aufstieg und tragisches Ende Friedrich von Schiller in seinem berühmten Drama in der Literaturgeschichte verewigte. Unter dem Altar der Sieben Schmerzen Marias in der mittleren linken Kapellennische der alten Vorstadtkirche der Serviten ruht Ottavio Piccolomini (1599–1656) nach einem tatenreichen Leben, dessen charakterliche Leistung freilich heute noch umstritten ist. Grabstein und Gedenkschrift verbat sich Piccolomini ausdrücklich schon bei Lebzeiten. Aber die Servitenmönche, die er durch viele Stiftungen unterstützte, mußten die Altarnische ihm zu Ehren mit Dingen schmücken, die man sonst kaum in einer Kirche findet. Muskete und Helm, Fahnen, Schwerter und Kriegstrommeln sind hier zu sehen. Im Klostergang selbst steht eine sehr martialische Büste des berühmten Feldherrn – das ist alles.
Rendezvous mit Wiener Kirchtürmen, hoch über St. Stephan erlebt, es wird zu einem ganz eigenen Kapitel aus dem faszinierenden Bilderbuch dieser Stadt. Da entdekken wir jetzt den Turm der Kirche des uralten »Schottenklosters«, das noch in den Tagen der Babenberger gestiftet wurde. Herzog Heinrich Jasomirgott rief 1155 »schottische Mönche« nach Wien und siedelte sie vor den Mauern seiner neuen Pfalz Am Hof an. In Wirklichkeit waren es irische Mönche von St. Jakob in Regensburg. Andrea Alliodis und Silvestro Carlone führten 1646 bis 1648

den Bau in seiner heutigen Barockform aus. Der Turm ist nach Art der italienischen Campanile an die Kirche angebaut, seine Glocken haben wunderschönes Geläute in der so glockenreichen Donaustadt. Er weiß zu vermelden, daß sich in dieser Kirche nicht nur künstlerisch hochwertige Grabdenkmale berühmter Österreicher finden, daß in einem der Klosterhöfe ein Steinsarkophag aus den Tagen des römischen Wien als einer der ältesten Zeugen der mehr als zweitausendjährigen Geschichte dieser Weltstadt steht. Der Kirchturm »bei den Schotten« erinnert sich sehr gut, daß in einem der als Privatwohnungen vermieteten Trakte des Klosters der große Musikträumer Franz Liszt als Gast bei einem dort wohnenden Großneffen einem Kreis von Musikfreunden zum erstenmal seine herrliche Komposition »Liebestraum« vorspielte.
Das an der Südwand der traditionsreichen Kirche sichtbare Denkmal (1893) zeigt den Klosterstifter Herzog Heinrich Jasomirgott, wie ihm der Bauplan zur Genehmigung dargeboten wird. Das Kloster selbst besitzt eine wertvolle Galerie, deren weltbekannte Schaustücke die 19 Altartafeln vom ehemaligen gotischen Hochaltar der Schottenkirche sind. Die flämisch beeinflußten Gemälde entstanden um 1470 und wurden 1969 im Kapitelsaal des Stiftes neu aufgestellt. Einige von ihnen zeigen in köstlicher Naivität gemalte Szenen aus der Biblischen Geschichte, wie etwa die Heimsuchung der heiligen Anna und die Flucht nach Ägypten. Bei näherer Betrachtung kommt man zu dem Schluß, daß die heilige Anna anscheinend in der Kärntner Straße des mittelalterlichen Wien wohnte, da aus dem Hintergrund der Stephansdom

Die neugotische Votivkiche vor dem ›Schottentor‹ wurde von Erzherzog Maximilian gestiftet, der später als Kaiser von Mexiko sein tragisches Ende fand. Die Stiftung war der Dank, daß sein Bruder Franz Joseph am 12. Februar 1853 einem Attentat entging. Die Kirche erbaute Heinrich von Ferstel.

grüßt. Die Flucht der Heiligen Familie aus Palästina nach Ägypten aber führt auf einem dieser Gemälde merkwürdigerweise über den Wiener Kahlenberg, zu dessen Füßen man auf diesem berühmten Bild die Stadt und die Donau zu sehen bekommt.

Künden alle diese Kirchtürme von Denkwürdigem aus Wiens Vergangenheit, erscheinen in dieser erstaunlichen Stadtsilhouette vom Adlerturm aus die ragenden Hochhäuser in den jüngeren und jüngsten Stadtteilen als Türme des Glaubens an das Morgen. Von einem starken Vertrauen in die Zukunft wissen sie zu berichten. Denn ihr Zweck ist Hilfe auf dem Weg in die neue Zeit.

Aber erst nach dem Zweiten Weltkrieg setzte auch in Wien der Bau von Wohn- und Bürohochhäusern ein, wie die Wohnhäuser am Machplatz, am Praterstern, in der Vorgartenstraße, die »Punkthäuser« in der Schüttaustraße, das Hochhaus am Matzleinsdorfer Platz (»Südturm«) und auf dem Eisenstadtplatz. Da sehen wir im Südosten an der Donau, dort wo die Praterauen enden und Wiens Hafenanlagen beginnen, die wuchtig ragenden Getreidesilos bei Albern. Hier wird für das tägliche Brot der Millionenstadt gesorgt, lagern die Vorräte für Tage möglicher Verknappungen. Unweit davon die Wohnungen für Tausende junger Familien in den Blocks neuer Hochhäuser, wie sie auch in den Bezirken jenseits der Donau inmitten noch unverbauter Grünflächen rasch emporwachsen. Donauaufwärts, näher dem herübergrüßenden Kahlenberg, das Hochhaus einer Großdruckerei (»Pressehaus«). In der Nachbarschaft ragt der Schornstein des neuesten Fernheizwerkes der Großstadt Wien. Hinter der Votivkirche aber ragen bereits vier Hochbauten auf, die eindrucksvoll davon erzählen, daß Wien sich seines Rufes als Stätte der berühmten Wiener medizinischen Schule bewußt ist: Die modernen Blocks des neuen Allgemeinen Krankenhauses und der medizinischen Kliniken gehen ihrer Vollendung entgegen.

Großkaufhäuser, Großhotels, Studentenheime, ein anderes Großverlagshaus – sie können die stattliche Reihe dieser Zeugen modernen Bauwillens und seiner Ziele ergänzen. Im äußersten Südosten ragt eine Hochburg der modernen Rundfunktechnik, im Westen ein vielstöckiger Industriepalast, aus dem Meisterwerke der Wiener optischen Industrie ihren Weg in die Welt nehmen.

Und wiederum zum Greifen nahe, am Donaukanal, wuchsen »über Nacht« Hochhäuser empor, in denen all das versichert und finanziell gesichert wird, was wir ringsum erleben bei diesem Rendezvous mit Kirchtürmen. Nämlich die Erhaltung des alten Kulturgutes ebenso wie die Stärkung all der Kräfte, die notwendig sind, um neue Träume, um das neue Wien von morgen sich erfüllen zu lassen. In dem freilich auch weiterhin in französisierendem Wienerisch die Geschäfte florieren, die Besserwisser sich echauffieren und die Steuerzahler sich alterieren werden. Wenn die Politiker weiter experimentieren, gelegentlich ein Malheur passieren kann und die modernen Künstler sich nicht genieren. Die Wiener aber werden auf jeden Fall eine ihrer besten Tugenden weiter entwickeln und geschickt nach manchem Diskutieren entsprechend disponieren. Wobei sie natürlich auch improvisieren und durch all diese Künste sich dennoch amüsieren und ein häufig von anderen Menschen beneidetes Leben führen. Denn es kann sie nicht so bald etwas tangieren, weil sie sich nicht gerne strapazieren, sondern sich lieber »ein Rendezvous ausmachen«, um sich zu arrangieren . . .

»Dort ist ein Durchhaus . . .«

Fragt ein fremder Gast in Wien nach einem bestimmten Weg, so kann es ihm widerfahren, daß er bei der an sich sehr genauen Schilderung der auf diesem Weg zu benützenden Gassen und Straßen plötzlich zu hören bekommt: »Dort ist dann ein Durchhaus – und da kommen Sie auf

der anderen Seite direkt in Ihre Gasse!« Wobei die Bezeichnung »Durchhaus« so wienerisch ist wie nicht bald eine andere Kurzfassung der weitläufigen Schilderung einer verkehrstechnischen Gegebenheit. Es ist eben ein Haus, durch welches man hindurchgehen kann, wobei es sich bei diesem Durchgang keineswegs um eine der auch in anderen Städten bekannten »Passagen« handeln muß. Denn eine Passage – meist mit Geschäftsläden und Schaufenstern – ist schon bei der Erbauung des betreffenden Hauses geplant gewesen. Ein Durchhaus hingegen entwickelt sich im Laufe der Zeiten zu einem solchen, kann jedoch auch jeden Tag durch eine Verfügung des Hausbesitzers wieder zu einem »gewöhnlichen« Haus werden. Denn bei fast allen der – übrigens erstaunlich zahlreichen – Durchhäuser Wiens findet sich irgendwo eine manches Mal schon sehr verblaßte oder verrostete Tafel mit dem Hinweis: »Bis auf Widerruf freiwillig gestatteter Durchgang!« Welche Souveränität, welcher Besitzerstolz sprechen hier schon allein aus dem Wort »gestattet«. Bei manchen sehr ehrwürdigen steinernen Patriarchen unter Wiens Durchhäusern glaubt man fast beim Lesen einer solchen Inschrift das geradezu kaiserliche ». . . haben geruht zu gestatten« ganz leise mitklingen zu hören . . .
Wiener Durchhäuser – sie umschließen in ihrer Art eine meist stille, aber bisweilen ein wenig wunderliche Welt zwischen lauten Straßen oder auch ganz schmalen Gassen, wobei sie vor allem in der so ungeheuer vielwinkeligen Wiener Innenstadt zu finden sind. Als letzter Rest der Zeit, da diese Innenstadt als die »alte Haupt- und Residenzstadt der Kaiser« mauernumgürtet und durch allabendlich sorgfältig geschlossene Stadttore gesichert war. Auf engstem Raum zusammengedrückt, die schmalen Straßen gerade breit genug für das Pferdefuhrwerk, hat die Stadt damals für die Fußgänger Durchlässe, ganz schmale Wege durch Höfe und Stapelplätze, entstehen lassen. Da-

bei sind dann die jeweils zu den Straßen gekehrten Häuserfassaden mit ihren Toren Einlaß und Austritt für solch miteinander verbundene »Durchhäuser« geworden. Der gute Kenner Wiens weiß sehr viele dieser bejahrten Hausveteranen als zeitsparende »Wegabschneider« zu nützen. Der fremde Besucher jedoch lernt sie im Häusermeer der Millionenstadt als kostbare Refugien einer eigenartigen Romantik schätzen.

Wiener Durchhaus-Romantik! Ihre Farbe ist das gewisse Grau mit der grünlich schimmernden Patina, wie sie in solchen Höfen über Simsen, Wandnischen und verschnörkelten Barockornamenten liegt. Pessimisten meinen, Wiens Durchhäuser seien depressiv und steinerne Symbole der verschämten Armut und der Rückständigkeit. Ich darf diese Meinung dahin korrigieren, daß auch diese Durchhäuser zum Gesicht der Stadt vieler Träume gehören, ja, daß wir sogar in so manchem Durchhaushof gerade diesen Träumen ungestört nachhängen können und dabei faszinierende Entdeckungen machen.

Der Gast mag bei seinen Spaziergängen in der Gegend von St. Stephan von der belebten Wollzeile durch das Durchhaus auf Nr. 12 schlendern, um bei der Schulerstraße Nr. 7 herauszukommen. Sogar viele Wiener wissen nicht, daß dies der berühmte Mädelspergerhof ist, einst im Besitz der Familie Mädelsperger. 1715 ging er an Karl Wolfgang von Lebzeltern; das Haus wurde deshalb auch »Lebzelterhaus« genannt. 1797 wurde es an Adam Albert Edler von Henikstein verkauft. An diesen erinnert auch ein Kuriosum erster Ordnung, eine Porträtbüste dieses Hausherrn, der das stattliche Zinshaus zwischen 1800 und 1812 in seinem gegenwärtigen Aussehen hat neu erbauen lassen.

Seiner ganzen Würde als »mehrstöckiger Hausherr« und seines beträchtlichen Bankkontos sehr bewußt, hat Herr von Henikstein sich selbst in seinem Hof sein Denkmal gesetzt. Für uns Heutige ein steinernes Dokument jener hochmütigen Mentalität, die das im Wiener Volksmund gebräuchliche Wort »es sind auch schon Hausherrn gestorben!« als Beweis dafür gelten läßt, daß selbst vor den Mächtigen dieser Erde der Tod nicht haltmacht. Musikalisch aber steht diese Zeit des Herrn von Henikstein vor uns, wenn etwa beim Heurigen die Schrammeln ein uraltes Couplet aufklingen lassen, in dem zwei junge Taugenichtse ihren leichtlebigen Müßiggang mit dem Refrain erklären: »Denn unser Vater ist a Hausherr und a Seidenfabrikant ...«

Oder da ist das Durchhaus von der Wollzeile Nr. 5 hinüber zum Lugeck Nr. 5. Es trägt den urwienerischen Namen »Schmeckender Wurm-Hof«, urwüchsige Erinnerung an einen Altwiener Studentenspaß um ein hübsches Bürgerstöchterlein. Das Fräulein hatte den an sich seltenen Vornamen Salome, der wenig zum wienerisch-gemütlichen Familiennamen Schmiedhuber paßte. Die junge Dame hatte das Fenster ihres Zimmers genau über einem ausgestopften Krokodil, das als Gewerbezeichen des Schmiedhuberschen Lederwarengeschäftes an der Fassade hing. Eines Morgens hatte das von den Wienern als »Lindwurm« bezeichnete Monster zwischen den Pranken einen dem Fräulein Salome als Huldigung zugedachten riesigen Blumenstrauß. Es vergrub seine Schnauze förmlich in die Blütenpracht. Der »Wurm« roch anscheinend daran, was die Wiener Mundart mit dem Wort »dazu schmecken« bezeichnete. Auch heute kann der Wiener einen Mitmenschen, den andere nicht riechen mögen, »net schmeck'n«.

Noch hängt im Eingang dieses Durchhauses Wollzeile Nr. 5 ein schmales Schild mit dem Hausnamen »Zum schmeckenden Wurm«. Es wird zum freundlichen Wegweiser zu einer renommierten und ungemein originellen Altwiener Gaststätte, die sich da im offenen schmalen Hof dieses Durchhauses auftut. Es verlohnt sich, hier ebenso wie all die kundigen Kenner eines guten Tropfens,

die da beim »Figlmüller«, dem bekannten »Ersten Pfaffstättner Weinhaus«, jederzeit anzutreffen sind, verschiedene Genüsse »zu schmecken«. Und dann mit Bedacht zu genießen – von den hausgemachten Bratwürsteln auf Altwiener Art über die knusprig-schwarzbraun gebratene »Blunzen« (Blutwurst) mit mildem Weinkraut und braungolden angeröstetem Erdäpfelschmarren bis zu einem ehrbaren Viertel Prälatenwein der Pfaffstättner Rieden. Diese Genüsse sind gerade das richtige für behagliches Betrachten des Menschen und ihres Verhaltens in dieser Oase eines klassisch gewordenen Altwiener Beisels in einem Durchhaus unweit St. Stephan . . .
Jawohl, der »Figlmüller« ist ein Beisel mit all den Zutaten und kleinen Dekors, die ein volkstümliches Wirtshaus in Wien zum Beisel oder Beisl machen. Hauptmerkmal: Alle Gäste wollen Ruhe. Zweites Hauptmerkmal: Es muß die gewohnte Ordnung herrschen, eine Art stillschweigende Familiendisziplin unter der väterlichen Autorität eines bejahrteren Wirtes oder eines gerade auch nicht mehr jungen Kellners. Beim Figlmüller und seinesgleichen gibt es kein Tischtuch, dafür peinlich saubere, braungebeizte Tischplatten, umgeben von soliden Bänken an Holzwänden. Es läßt sich dort prächtig »hocken«, beileibe nicht »sitzen«. Der Wein wird in griffigen Pokalen mit grünlichem Glasfuß serviert, und bei der köstlichen Kühle des bernsteingelben Tropfens künden schon Farbe und Bukett die gewählte Marke.
Freundlich grüßen von den Wänden in rührend naivem Naturalismus gemalte Bilder vom Winzerleben, der Ernte und der dörflichen Schönheit in den Weingärten des Herrn Figlmüller, die er draußen vor der lauten Großstadt in Nußdorf und Pfaffstätten sein eigen nennt. Ein wenig von der ländlichen Anmut und dem Frieden dieser Gefilde webt in diesem Beisel. Es zählt auch viel Prominenz von Oper, Burgtheater, Politik, Presse und Finanz zu seinen Stammgästen.

»Dort ist dann ein Durchhaus!« Man tut immer gut daran, durch solch ein Gebäude den Weg zu nehmen. Denn hier begegnet uns so viel Wienerisches, wie es selbst das beste Reisehandbuch nicht zu präsentieren weiß. Es sind viele der großen Stifts- und Patrizierhöfe im Herzen der einstigen Kaiserstadt unter diesen Durchhäusern. Stadtresidenzen der hochwürdigen Herrn Äbte berühmter Klöster aus Wiens nächster und weiterer Umgebung, wie etwa Klosterneuburg, Lilienfeld, Göttweig, Melk und gar erst Heiligenkreuz.

In der romantisch-stillen Schönlaterngasse Nr. 5 – Grashofgasse Nr. 3, im Viertel der alten Universität, unweit der Jesuitenkirche, findet sich eine ländlich wirkende, grüngestrichene Toreinfahrt. Wer vermutet dahinter den weiten, sonnenhellen Stadthof, der bereits im 13. Jahrhundert im Besitz des Stiftes Heiligenkreuz war? Die weite Anlage, aus mehreren Höfen entstanden, wurde mehrmals umgebaut. Wenn wir durch die rundbogige Einfahrt treten, stehen wir in einem zweiten Hof; links liegt die kleine, stimmungsvolle Bernhardskapelle, innen und außen mit Barockplastiken des Bildhauers Giovanni Giuliani geschmückt. Der 1663 in Venedig geborene Künstler ließ sich nach 1690 in Wien nieder. Seit 1694 wirkte er bis zu seinem Tod (1744) für das Stift Heiligenkreuz im Wienerwald. Einer seiner Schüler war Raphael Donner. Das Hochaltarbild der Kapelle stammt von Martino Altomonte (1657–1745); es zeigt die Marienerscheinung des heiligen Bernhard. Altomonte hat diese Legende mit all der Farbenpracht und dem verklärten Ausdruck gemalt, die für seine Werke typisch sind. Er hat die letzten Jahre seines Lebens im Heiligenkreuzerhof verbracht, wo er am 14. September 1745 auch starb. Neben der Kapelle im Hof vor dem Prälatentrakt steht ein steinernes Gartengitter mit verspielten Barockputten, die jeden müden Spaziergänger einzuladen scheinen. Wie wäre es, hier einmal an einem linden Sommerabend zu sitzen? Man trennt sich hier schwer von dem Zauber dieses Altwiener Gäßchens, um dann das Durchhaus Heiligenkreuzerhof zu verlassen und überrascht in der kleinen Köllnerhofgasse unweit des Fleischmarktes zu stehen.

Gleichsam als Gegenstück zu diesem »geistlichen Durchhaus« des Heiligenkreuzerhofs erscheint uns das Deutschordenshaus, unmittelbar gegenüber dem hochragenden Stephansturm. Ein schmales Haustor führt von hier aus in den Gartenhof der altansässigen Restauration »Deutsches Haus«.

Aber nichts weist darauf hin, daß man dann scharf rechts abbiegen muß, daß der Weg weitergeht, durch stimmungsvolle Höfe mit Weinranken, mit verträumten Glasveranden und Katzenkopfpflaster. In einem der Höfe vermeldet eine Gedenktafel unter einer mehrstöckigen hölzernen, verglasten »Veranda« (der Name dieses Balkontypus kam aus Italien nach Wien), daß in diesem Deutschordenshaus der junge Mozart vom 16. März bis zum 2. Mai 1781 seine erste Wiener Wohnung hatte.

Eine weitere Gedenktafel erzählt, daß der Burgtheater-Lustspieldichter Cornelius Hermann Paul von Ayrenhoff am 28. Mai 1733 in diesem Haus geboren wurde.

Auf den Mattglasscheiben einer schmalen Tür überrascht uns, groß eingeätzt, das Eiserne Kreuz des Deutschen Ritterordens. Es ist die Hintertür zur Sakristei der hier mit der Front zur benachbarten Singerstraße sich erhebenden altehrwürdigen Deutschordenskirche.

Ein paar Schritte weiter geht es durch den Domherrnhof zur Domgasse (mit Sicht auf den oberen Teil des Stephansturmes und die Rückseite des Domherrnhofes), und durch den Matschakerhof (nach einem Kärntner Rittergeschlecht der Matschaker so genannt) kann man in die Seilergasse gelangen. In diesem Durchhaus riecht es immer ein wenig nach Braten, nach dem Aroma feiner Weine – auch hier ist seit alters her ein »feinbürgerliches« Restaurant mit einem gepflegten Weinkeller ansässig.

Durchhäuser, wie jenes vom Graben Nr. 29 hinüber in die Goldschmiedgasse (es hieß einst ›Zur Tabakpfeife‹), waren charakteristisch für das alte Wien. Noch finden sich manche von ihnen voller Romantik und verborgener Kostbarkeiten in der Innenstadt. Spezialitäten für ›Entdecker‹ . . .

Da gibt es in anderen Vierteln der Innenstadt Durchhäuser mit ihren täglichen »Stammgästen«, die pünktlich zur gleichen Zeit am Weg zu ihrer Arbeit vorbeikommen. Hier ist ein Stück Kleinstadt in der Großstadt zu finden, wo die Leute einander freundlich zunicken. Ein »Stammgast« bleibt einen Augenblick bei der kleinen Blumenhandlung in diesem Durchhaus stehen, um dem Fräulein hinter dem Ladentisch durch die offene Tür zuzurufen, daß die Rosen im Schaufenster heute besonders schön seien. Der andere tägliche »Passant« (dieses hübsche Wort lebt auch im Amtsdeutsch der Wiener Polizeiberichte noch weiter!) besorgt sich sein »Gabelfrühstück« für das Büro (»zwei Wurstsemmeln, wie immer, Herr Doktor?«) in dem Delikatessengeschäft, das in diesem Durchhaus seit mehr als achtzig Jahren »etabliert« ist. Sein Geschäftsschild vermerkt stolz: »Gegr. 1887«. Eine

Tatsache, die zu philosophischen Erkenntnissen führt, daß anscheinend ein Delikatessengeschäft in einem Wiener Durchhaus eine viel sichere Sache ist als das Mitmischen beim Geschehen der Weltgeschichte. Denn Wurstsemmeln muß der Mensch nun einmal haben; politische Hochziele, Eroberungsfeldzüge, Währungsreformen und Verfassungsänderungen sind nicht unbedingt immer nötig ...

Ähnliche Gedanken mögen uns kommen, wenn wir durch Wiens größtes Durchhaus gehen, das überdies weltberühmt ist. Es ist die einstige kaiserliche Hofburg. Hier kann man von der Toreinfahrt zum Redoutensaal auf dem Josefsplatz durch den Kapellenhof, den Schweizer Hof und den inneren Burghof bis zur Ausfahrt des Amalientraktes gehen. Und steht dann gegenüber dem Bundeskanzleramt am Ballhausplatz! Die Durchquerung dieses größten Durchhauses ist auch vom Michaelerplatz her, unter der grandiosen Hofburgkuppel hindurch und durch den inneren Burghof bis hinaus zum Heldenplatz, möglich. Beide Wege bedeuten beträchtliche Abkürzungen bei Spaziergängen durch die Wiener Innenstadt. Es würde kein Ende nehmen, aufzuzählen, welche Menschen im Laufe der Jahrhunderte durch dieses Durchhaus gekommen und gegangen sind ...

Aber auch die einstigen Vorstädte Wiens können mit Durchhäusern überraschen, die wieder ein ganz anderes Fluidum haben als jene in der Innenstadt. Das gilt etwa für Wiens einzige Kirche, die zu manchen Tagesstunden als Durchhaus benützt wird, ebenso wie für das »unoffizielle« Durchhaus, als das manche Leute heute das ungemein weitläufige Allgemeine Krankenhaus benützen. Die Kirche ist die wunderschöne zweitürmige Basilika Maria Treu, in Wien besser bekannt als die »Piaristenkirche«. Neben ihrer hinteren Baufront in der Lederergasse – in dem durch seine Schulen bekannten Stadtteil Josefstadt – ist etwa eine Stunde vor Schulanfang ein schmales

»Türl« in der Umfassungsmauer des Piaristenklosters geöffnet. Vorbei an einem bezaubernd schönen barocken Johannes von Nepomuk, der hier in dem schmalen Klosterhof seine Tage verträumt, nehmen die Schüler aus der »oberen Josefstadt« den ruhigen und sicheren Schulweg dann durch eine Seitentür der Kirche und gelangen, drinnen vorbei an der stimmungsvollen barocken Antoniuskapelle, durch das Kirchenportal hinaus auf den weiten Jodok Fink-Platz. Nach einem verdienten österreichischen Bauernführer aus den Anfangstagen der jungen Republik Österreich um 1920 benannt, heißt dieser Platz trotzdem heute noch in ganz Wien »Maria Treu-Platz«. Ihn flankieren ein traditionsreiches Gymnasium und die historische Volksschule des Piaristenordens. Sie ist die älteste Volksschule Österreichs, in der in den Tagen des Kaisers Josef II. zum erstenmal kostenlos an jedermanns Kinder Unterricht erteilt wurde ...

»Dort ist dann ein Durchhaus ...« Wir können es bei Spaziergängen in dem musikgeschichtlich so interessanten Stadtteil »Landstraße« (wo Beethoven, Johann Strauß, der junge Mozart, der Operettenmeister Carl Michael Ziehrer u.a. geschaffen haben) ebenso hören wie etwa im Stadtbezirk Leopoldstadt, wenn wir dort dem alten Ghetto nachspüren. Ineinander verschachtelt, zum Teil in den letzten Jahren aufgeteilt und dann doch wieder zu Durchhäusern gemacht – so entdecken wir in dieser Leopoldstadt eine wahre »Stadt in der Stadt«. Wir müssen nur etwa in der Praterstraße, in der Weintraubengasse oder in der Taborstraße auf manches alte Haustor achten, hinter dem sich überraschend auch in unseren Tagen eine sehr verträumte Welt auftun kann. Und dann geht es hier vorbei an dämmrigen Laubengängen, an Säulen, vorbei an wunderlich kleinen Geschäften, Magazinen, halboffenen Kellergewölben oder an den Werkstätten bejahrter kleiner Handwerker, und wir stehen plötzlich in der Großen Mohrengasse oder in der Zirkusgasse. Wir entdecken ganz Ähnliches unweit der Rochuskirche im dritten Bezirk oder in der Mariahilfer Straße Nr. 45 »Zum goldenen Hirschen«, wenn wir bei der Windmühlgasse Nr. 20 herauskommen. Wir können eine erstaunliche Entdekkungsreise in die Wohnkultur und Sozialpolitik des Wien um 1900 machen, wenn wir uns in der unteren Lerchenfelder Straße im siebenten Bezirk einmal im weitläufigen »Adler-Hof« mit seinen Lauben, Stiegen, Nebenstiegen und dann den großen Stiegen als Durchhaus hinunter zur Neustiftgasse verirren.

Die Wiener Durchhäuser haben ihr Gesicht, ihre Schicksale, aber auch ihre historische Stellung in dem großen Mosaikbild, als das sich die Weltstadt an der Donau präsentiert. Wer gerne träumt, dem seien sie empfohlen, aber man soll dabei auch nicht vergessen, daß in solchen Häusern im Laufe der Zeit manchmal auch Träume begannen, die später Wahrheit wurden. So ist in einem Wiener Durchhaus in der Schulerstraße Nr. 1–3 in einer Anwaltskanzlei im Jahre 1924 in aller Stille etwas geschaffen worden, was sich heute als die Voraussetzung zu Österreichs wirtschaftlichem Wohlstand erweist: Der österreichische Schilling, der Nachfolger der Kronenwährung der Habsburger Monarchie und der von Bundeskanzler Dr. Seipel in der Relation 10000 Kronen gleich 1 Schilling eingeführt wurde, ist als Währungseinheit der Republik ein Geisteskind aus einem Wiener Durchhaus.

Schicksal in der Augustinerstraße

Die gefährlich enge Straße ist vom hektischen Hasten des Autoverkehrs fast Tag und Nacht erfüllt. Kaum daß hier eine Passage, ein schmales Stückchen Gehsteig betrachtendes Verweilen ermöglichen. Als richtiger Engpaß präsentiert sie sich, diese Augustinerstraße, an ihrer schmalsten Stelle. Hinter grauen, unauffälligen Kirchenmauern läßt sich erstaunlich viel »Weltgeschichte am Rande« entdecken.

Nie wird um diese Augustinerkirche viel Aufhebens gemacht. Die Wiener und ihre Gäste besuchen den Stephansdom, die Karlskirche, St. Peter, die Schottenkirche, die vielen stimmungsvollen Pfarrkirchen draußen in den Bezirken – aber die Augustinerkirche? Und gerade hier kann so vieles zu uns sprechen, was das Herz warm werden läßt und Eindrücke bringt, die Schicksal und Geschichte so packend erleben lassen wie nicht bald anderswo in der weiten, traditionsreichen Stadt . . .

»Heute Führung durch die Herzgruft. Keine Wartezeit! Schilling 3,–« Auf einem Karton gemalt und an der halboffenen Kirchentür auf einer Art Dreifuß befestigt, vermeldet am stillen Sonntagnachmittag diese Inschrift etwas Merkwürdiges: Hier wird zum Besuch einer der eigenartigsten Gedenkstätten aufgefordert, wobei – etwa wie bei einem Schnellrestaurant – das p. t. Publikum erfährt, daß mit diesem Besuch kein überflüssiger Zeitverlust verbunden ist. So eilig haben es heute anscheinend die Menschen, daß sie nicht einmal dann warten wollen, wenn es gilt, sich zu sammeln vor dem Anblick einer Stätte, die von der Vergänglichkeit alles Irdischen kündet. Denn wenn auch in dieser seltsamen Gruft der einbalsamierten Herzen zahlreicher Habsburger letzte Überreste längst dahingegangener Menschen konserviert sind, so sprechen gerade diese zwei Reihen silberner Urnen davon, daß jede Lebensuhr einmal abläuft. Und das ohne Wartezeit . . .

»Herzgrüftl« nennt der Wiener Sprachgebrauch mit einem wärmer als das kalte Wort »Gruft« anmutenden Namen die seltsame Kapellennische in einem Winkel der weitläufigen Augustinerkirche. Diese Nische ist ein Teil der Lorettokapelle, und eine massive Eisentür mit Schloß und Riegel verhindert den Zutritt bis zu den Herzurnen selbst. Nur durch zwei große, weitmaschig vergitterte Gucklöcher ist der Blick in die hell erleuchtete Nische möglich. Da stehen auf zwei oval angeordneten, übereinanderliegenden Regalen verschieden geformte Urnen mit den Herzen. Wie Pokale oder große Zierdosen in einer Schauvitrine, in ihrer Mitte nur ein schlichtes, ganz einfaches Kruzifix ...

Es sind insgesamt 54 solcher Silberurnen. Das erste Herz, das hier beigesetzt wurde, ist das des Kaisers Ferdinand II., 1579 in Graz geboren und 1637 in Wien gestorben, von 1619 bis 1637 Römischer Kaiser. Von den Jesuiten erzogen und ein unerbittlicher Verfechter der katholischen Gegenreformation, hat er in seinen habsburgischen Erblanden den Protestantismus fast ganz ausgemerzt. Sein Wahlspruch lautete: »Lieber eine Wüste als ein Land voller Ketzer.« Er billigte die Ermordung Wallensteins und beschloß 1635 mit dem Prager Frieden den Dreißigjährigen Krieg.

Zum letztenmal wurde im »Herzgrüftl« ein Habsburger Herz im Jahre 1878 aufgestellt. Es ist das des Erzherzogs Franz Karl, der als Vater Franz Josefs I. und des unglücklichen Maximilians von Mexiko in die Geschichte einging. Franz Karl wurde 1802 in Wien geboren und starb hier 1878. Er verzichtete im Revolutionsjahr 1848 – sein Bruder Kaiser Ferdinand hatte gerade abgedankt – zugunsten seines ältesten Sohnes Franz Josef auf die Thronfolge in Österreich.

In der Zeit von 1637 bis 1878 fanden hier die Herzen von neun Kaisern, acht Kaiserinnen und zwei Königen neben anderen Mitgliedern des Herrscherhauses ihre letzte Ruhestätte. Der recht eigenartige Brauch, nach dem Tod die Herzen vom Körper zu trennen und nach Bestattung des einbalsamierten Leichnams in der Kapuzinergruft im »Herzgrüftl« von St. Augustin beizusetzen, geht auf Kaiser Ferdinand II. zurück. Dieser Fürst legte in seinem Testament ausdrücklich fest, man solle sein Herz »unserer lieben Frau von Loretto unter die Füß legen«. Tatsächlich stehen all diese Urnen in der seltsamen Kapellennische zu St. Augustin indirekt zu Füßen des Gnadenbildes der Lorettokapelle ...

Viel interessanter aber ist die Georgskapelle, durch die der Weg zur Nische mit den Silberurnen führt. Schon der Babenberger Herzog Otto der Fröhliche stiftete sie in den Tagen der Gotik; im Jahr 1341 wurde sie eingeweiht. Reste wunderschönen Maßwerkes an den Wänden und in einigen der hohen Fenster erzählen von dieser Zeit. Der Kunstkenner bewundert den Bau als eines der sehr seltenen zweischiffigen gotischen Gotteshäuser. Im Lauf der Jahrhunderte ist die Georgskapelle aber nicht nur für kirchliche Feiern, sondern als würdiger Versammlungsraum und dann auch als Begräbnisstätte verwendet worden. Die Ritter vom Goldenen Vlies hatten in dieser so wenig bekannten Kapelle Wiens in der Augustinerstraße ihre Sitzungen abgehalten. Gemeißelte Grabplatten und Gruftdeckel künden von Edelleuten und geistlichen Herren, die hier ihren letzten Schlaf tun.

Der Orden vom Goldenen Vlies wurde 1429 als einer der ältesten und höchsten weltlichen Ritterorden von Herzog Philipp II. dem Guten am Tag seiner Vermählung mit Isabella von Portugal gestiftet. Hauptzweck des Ordens war die Verherrlichung der Kirche. 1477 erhielt Maximilian I. – und damit das Haus Habsburg – die Würde des Großmeisters. Seit 1714 wurde dieser Orden von Österreich aus verliehen. Die Ritterzahl wurde zunächst auf 31, später auf 70 festgelegt. Er ist einer der ganz wenigen mittelalterlichen Orden, die sich bis heute erhalten ha-

Ein Blick vom Stephansturm läßt deutlich erkennen, daß die elegante Geschäftsstraße ›Graben‹ einst ein breiter Burggraben vor der Stadtmauer war. Jahrhunderte war er Marktplatz und entwickelte sich dann zur Straße der vornehmen Geschäfte. Sein Wahrzeichen: die 1693 geweihte ›Pestsäule‹.

BUS
BUS

ben. Die prachtvollen Ornate und in feinstem Gold geschmiedeten Ordensketten des Goldenen Vlieses können wir in der Schatzkammer der Wiener Hofburg bewundern.
In der Georgskapelle befindet sich aber auch ein imposanter Prunksarkophag als Grabdenkmal Kaiser Leopolds II., dessen Leichnam jedoch in der Kapuzinergruft beigesetzt ist. Franz Zauner, ein Meister des Klassizismus, hat 1799 diese gemeißelte Schönheit geschaffen. Leopold II., im Jahre 1747 als dritter Sohn von Kaiser Franz I. und Maria Theresia geboren, starb am 1. März 1792 in Wien. Er war nur zwei Jahre, 1790 bis 1792, römisch-deutscher Kaiser. Er besänftigte die durch die Reformen seines Bruders und Vorgängers Josef II. aufgebrachten Gemüter und stellte die radikale Aufhebung der Klöster ein. Er war äußerst begabt und fühlte sich wie Josef II. als erster Diener des Staates, wie er einmal an seine Schwester Marie Christine schrieb: »Ich glaube, daß der Herrscher, auch der erbberechtigte, nur ein Delegierter, ein Beamter des Volkes ist, für das er bestimmt ist, daß er diesem seine Sorgen, Mühen und Nachtwachen zu widmen hat.«
Auch der Sieger von Kolin und damit Retter der gefährdet gewesenen Herrschaft Maria Theresias, Leopold Graf Daun, hat in dieser Georgskapelle sein prunkvolles Feldherrngrab. Balthasar Ferdinand Moll hat es geschaffen. Leopold Graf Daun ist am 24. September 1705 in Wien geboren und hier am 5. Februar 1766 gestorben. Er hat eine rasche militärische Karriere gemacht und war der erfolgreiche Heerführer Österreichs im Krieg gegen Friedrich II. von Preußen. Maria Theresia, die auf Daun große Stücke hielt, betraute ihn mit der Reorganisation der Armee. Er gründete und leitete die noch heute bestehende berühmte Militärakademie in Wiener Neustadt und schuf den in der Geschichte so bedeutend gewordenen österreichischen Generalstab.
Als Feldmarschall Daun am 18. Juni 1757 bei Kolin König

Friedrich II. besiegt hatte, stiftete Maria Theresia den Militär-Maria-Theresien-Orden, dessen erstes Großkreuz Daun erhielt. Nun wartet auch dieser Krieger in der Georgskapelle auf seinen letzten Appell. Ein Kunstwerk für sich ist das ungemein subtil ausgeführte Relief in Goldbronze, das auf dem schwarzen Marmorsarkophag den Verlauf der Schlacht von Kolin zeigt.
Schon wollen wir diese helle, mehr als sechshundertjährige Kapelle verlassen – da bannt eine seltsame Inschrift auf einer der Gruftplatten im Fußboden den Schritt: »G. van *Switten*« steht hier zu lesen. Den fragenden Blick beantwortet der junge Kustos mit kurzem Nicken: »Ja, es ist Doktor Gerhardt van Swieten, berühmt geworden als Maria Theresias großer medizinischer Ratgeber, Sozialreformer und persönlicher Leibarzt der Kaiserin. Die Schreibung des Namens mit dem doppelten »tt« statt des uns bekannten »ie« ist ein Kuriosum. Aber der berühmte Mediziner hat sich selbst so unterschrieben. Dies war wohl auch für den Steinmetz seiner Grabinschrift maßgebend.«
Gerhard van Swieten wurde 1700 in Leyden geboren und starb 1772 in Wien-Schönbrunn. Maria Theresia hatte ihn 1745 nach Wien berufen und beauftragt, das »medizinische Wien von Grund auf einzurichten«. Er reformierte die Studien an der Universität, holte namhafte Lehrer nach Wien, schuf eine Tierärztliche Schule sowie Hebammenschulen und Findelhäuser. Der große Arzt machte auch erstmals genaue Anamnesen und Befunde und war ein ausgezeichneter Organisator. Als Präfekt der Hofbibliothek öffnete er deren Lesesaal zur allgemeinen Benützung.
Van Swietens Grabinschrift ist aber nicht die einzige Merkwürdigkeit, die wir in dieser stillen Stunde zu St. Augustin entdecken. Denn eine andere stellten wir schon vorhin bei unserem Blick in das »Herzgrüftl« fest: Eine schmale, schön ziselierte Silberurne ist mit einer Schleife

in den Farben der französischen Trikolore geschmückt. Sie birgt das Herz des unglücklichen, in Schönbrunn verstorbenen Sohnes Napoleons, des Herzogs von Reichstadt, dessen Leichnam heute im Pariser Invalidendom neben dem Sarg seines Vaters bestattet liegt. Und das bekanntlich auf Hitlers Anordnung! Als während des Zweiten Weltkrieges Hitler als effektvolle Geste gegenüber den Franzosen die Überführung des Sarges aus der Kapuzinergruft nach Paris befohlen hatte, war den damaligen durchführenden Behörden die silberne Urne mit dem Herzen des Kaisersohnes in der stillen Kapelle zu St. Augustin überhaupt kein Begriff. Jene Wiener aber, die darum wußten, haben damals wohlweislich geschwiegen. Auch die Franzosen. Mit Respekt vor der Majestät des Todes, vor der Tragik um das Leben dieses so jung verstorbenen Habsburger Enkels, wollten sie ebenso wie die Hüter der Herzgruft in Wien an einer historischen Tatsache nicht rütteln ...

Weltgeschichte am Rande – auch die Augustinerkirche selbst als Schauplatz bedeutender Begebenheiten kann sie erzählen. Friedrich I. der Schöne, 1308 bis 1330 Habsburger Herzog von Österreich und der Steiermark, hat Kirche und Kloster zu Sankt Augustin am 15. März 1327 gestiftet. 1634 wurde das Gotteshaus Hofpfarrkirche und blieb es bis zum Ende der Habsburger Monarchie. Zwei Jahre vorher erhielt es den schlanken Turm durch Georg Gerstenbrand, der Turm ist von der Albertina aus am besten zu sehen. Nach der Barockisierung des Inneren folgte 1784/85 die Regotisierung durch Ferdinand von Hohenberg.

In der dreischiffigen Hallenkirche umfängt den Besucher heute noch die geheimnisvolle Mystik mittelalterlicher Denkordnung: die betont starke Höhensteigerung des schmalen Raumes, streng aufsteigende Pfeiler und schmucklose Wände, eine schmale hohe Halle, kreuzrippengewölbt – alles atmet den strengen, nur himmelwärts gerichteten Geist mittelalterlicher Mönche. Als Hofpfarrkirche war die Augustinerkirche Stätte des denkwürdigen Gottesdienstes nach der Türken-Befreiung anno 1683. Der Polenkönig Johann Sobieski legte dabei den ihm von der Stadt Wien überreichten Siegeslorbeer voll christlicher Demut der Muttergottes von Loretto zu Füßen.

Von jener Kanzel dort drüben hielt der bekannteste Wiener Augustinermönch, Pater Abraham a Santa Clara, viele seiner handfesten Predigten. Und 1736 wurde als strahlende Braut vor dem Hochaltar die junge Maria Theresia ihrem so geliebten »Franzl« angetraut. Dem Erinnern an die Lieblingstochter unter den 16 Kindern, mit denen diese Ehe gesegnet war, gilt das großartige, weißmarmorne Grabmal gegenüber dem Kircheneingang an der rechten Langhauswand Erzherzogin Marie Christine ist mit diesem Totenmal verewigt, das der so jung verstorbenen Gattin ihr Gemahl Herzog Albert von Sachsen-Teschen errichten ließ. Der kunstsinnige Fürst, dessen einstiges Basteipalais wir bereits kennenlernten, ließ im Jahre 1804 das Denkmal von Canova schaffen.

Der italienische Bildhauer Antonio Canova gestaltete das Grabmal als eine flache Wandpyramide mit illusionistischem Grabtor. Darauf zu schreitet die Tugend mit der Urne, begleitet von zwei Mädchen mit Totenfackeln und gefolgt von der Symbolfigur der Wohltätigkeit (Caritas), die einen blinden Greis führt. Rechts vom Tor trauert ein Löwe mit dem sächsischen Wappen neben einem geflügelten Genius. Über dem Tor hält die Gestalt der Glückseligkeit ein Bildnismedaillon der Erzherzogin. Das Christinen-Grabmal, von Napoleon im Jahr 1809 als »das größte Meisterwerk der Kunst in Wien« bezeichnet, gilt als die beste Schöpfung Canovas.

In der stillen Stunde zu St. Augustin wird auch die Erinnerung wach an die letzte Fürstenhochzeit in dieser wundersamen Kirche. 1854 nahm Kaiser Franz Josef Elisabeth von Bayern vor diesem Altar zur Gemahlin. Zwei böse Vorzeichen gab es bei dieser Trauung: Vor dem feierlichen Einzug lockerte sich plötzlich das Säbelbandelier des kaiserlichen Bräutigams, und der Monarch hätte ohne den raschen Zugriff eines Adjutanten die Waffe verloren. »Dieser Kaiser wird Schwert und Macht verlieren!« sagten damals ängstlich manche Leute. Die junge Braut aber blieb beim Aussteigen aus der Prunkkarosse mit dem Diadem an dem verschnörkelten Zierat über dem Wagenschlag hängen, und erst eine Dame ihrer Begleitung konnte das kostbare Schmuckstück auf dem dunklen Scheitel wieder sichern. ». . . und diese Kaiserin wird unter ihrer Krone Gram und Leid erleben!« flüsterte sich die Fama schon tags drauf zu.

Phantastereien, Hirngespinste, böswillige Klügeleien – gewiß, man mag diese historischen Begebenheiten in der Augustinerkirche nach ruhiger Überlegung auch so kommentieren. Aber man muß diesen himmelstrebenden Pfeilern und hochgewölbten Kreuzbogen, den steinernen Bildwerken, den schmiedeeisernen Gittern und den silbernen Urnen in der kleinen Kapellennische zu lauschen wissen . . .

Acht steinerne Herrn auf dem Rathausplatz

Kolonnen ausländischer Touristen ziehen langsam an ihnen vorbei. Fotoapparate nehmen sie täglich hunderte Male aufs Korn. In sehr frühen Stunden des Tages habe ich sie auch schon posieren gesehen für ältere Damen, die sie – aus irgendeinem besonderen Blickwinkel gesehen

– malen. Und das sind sie wahrlich wert, diese acht würdigen, im Kostüm ihrer Zeit in Stein gemeißelten Herrn, die da in gemessenem Abstand voneinander den breiten Platz zwischen den beiden Teilen des Wiener Rathausparkes flankieren. Denn sie sind mehr als nur Standbilder. Sie sind Denkmale aus Zeitepochen, in denen die hier dargestellten Männer Großes für Österreich und damit für die ganze abendländische Kultur in Wien geschaffen hatten.

Vor rund 70 Jahren übersiedelten die acht steinernen Herrn hierher an die Ringstraße, nachdem sie jahrzehntelang die einst so schön gewesene Elisabethbrücke geschmückt hatten, die sich als Verlängerung der Kärntner Straße über den Wienfluß zur Wiedner Hauptstraße hin gewölbt hatte. Diese Brücke mit den acht Standbildern und der prachtvollen hochbarocken Karlskirche als Hintergrund lebt in zahlreichen Gemälden aus jener Zeit weiter. Als deren schönstes gilt die Elisabethbrücke, von Rudolf von Alt, dem berühmten Porträtisten des alten Wien, gemalt.

Im Jahre 1704 wurde bereits eine steinerne Brücke beim damaligen Kärntner Tor erbaut. Die Elisabethbrücke wurde am 23. April 1854 als neugestaltete Brücke eröffnet, als »Sissy«, die damals blutjunge Gemahlin Kaiser Franz Josefs, sie als erste Fußgängerin überquerte. Am Elisabethstag des Jahres 1867 enthüllte man dann jene Marmorstandbilder historischer Persönlichkeiten auf den Balustraden dieser Brücke. Wir finden sie heute als die acht würdigen steinernen Herrn auf dem Rathausplatz wieder. Ein Platz, auf den sie seit ihrer Aufstellung im Jahre 1902 nicht weniger turbulente Ereignisse erlebten als zu ihren Lebzeiten.

Denn Wiens Rathausplatz ist das Forum, auf dem eine Millionenstadt feiert oder trauert, lacht, aufschreit oder begehrt, jubelt oder genießt. Was hat der Rathausplatz allein nur in den letzten 60 Jahren gesehen! Vom Abmarsch

des berühmten Wiener Deutschmeister-Regiments mit klingendem Spiel beim Ausbruch des Ersten Weltkriegs 1914 an die russische Front bis zur Proklamation der Republik Österreich nach dem Zusammenbruch der Habsburger Monarchie am 12. November 1918 hat sich hier Geschichte abgespielt. Sie setzte sich fort vom vermeintlichen Untergang Österreichs mit der Proklamation des »Großdeutschen Reiches« am 9. April 1938 bis zur Auferstehung Österreichs aus Schutt und Trümmern am Ende des Zweiten Weltkriegs im April 1945. Der Wiener Rathausplatz erlebte die großen politischen Manifestationen der Wiener Arbeiterschaft ebenso wie seit Jahrzehnten die in aller Welt bekannte glanzvolle Eröffnung der alljährlichen Wiener Festwochen. Alles, was das strebende, ringende, opfernde, aber auch schaffende und feiernde Wien kundzutun hat, spielt sich auf diesem Platz ab. Auf ihn blickt von der Spitze des schlank-eleganten und zugleich würdevoll-repräsentativen Rathausturmes Wiens Wahrzeichen, der »Eiserne Rathausmann«, nachdenklich herab.
Würden heute bei einer Volkszählung auch die Wiener Standbilder den üblichen »Fragebogen« ausfüllen, müßten sich die acht Herrn auf dem Rathausplatz in der Rubrik »Beruf« eintragen als: Herzog, Bischof, Stadtkommandant, Baumeister und Hofrat. Als »Wohnort« wäre bei allen acht Herrn Wien anzugeben. In der Rubrik »zugezogen von« würde sich allerdings wieder einmal erweisen, daß es sich auch in diesen Fällen zum Teil um »Zugereiste« handelt, die dann als Wahlwiener in dieser Stadt vieler Träume ihr erhofftes Ziel erreichten.
Wie absolut demokratisch man auch in Kaiser Franz Josefs Tagen bei der Auswahl der durch ein Standbild auf der Elisabethbrücke zu ehrenden Österreicher vorging, beweist die Tatsache, daß nur ein Habsburger unter ihnen zu finden ist und nur zwei weitere fürstlichen Geblütes waren. Die anderen fünf steinernen Herrn aber vertreten

Berufe, die in Wien immer häufig ausgeübt wurden: Offizier, Priester, Künstler und Hofrat. (Dieser Titel wird auch heute noch – mehr als 50 Jahre seit dem Ende des kaiserlichen Hofes! – in der Republik nicht nur bei bestimmten Beamtenkarrieren erreicht. Er wird sogar vom Bundespräsidenten verliehen als Auszeichnung um das Bildungswesen verdienter Männer. Sogar Klosterschwestern können – wenn sie im Erziehungsfach tätig sind – in der Republik Österreich Hofrat werden.)
Selbst viele Wiener sind sich heute nicht mehr ganz im klaren, warum gerade diese acht Herrn zu Standbildehren gekommen sind. Der erste, Herzog Heinrich II. Jasomirgott aus dem Hause Babenberg, ist ein Wiener Begriff. Aber schon der merkwürdige Beiname »Jasomirgott« gibt dem fremden Gast Rätsel auf. Er ist einer jener populären Fürstenbeinamen, die angeblich der »Volksmund«, in Wahrheit jedoch liebedienerische Hofschranzen einem Herrscher gaben. Man denke hier nur an Beinamen wie »der Große« oder »der Gütige« oder etwa »der Glorreiche«. Mit diesem Beinamen sind wir aber schon bei der Familie des im Jahre 1114 geborenen Babenberger Herzogs Heinrich angelangt. Er war von 1141 bis 1177 Herrscher im damaligen Österreich, dessen Gebiet er vergrößern konnte. Er pflegte seine verschiedenen öffentlichen Erklärungen mit der Beteuerung zu bekräftigen: »Ja, so mir Gott helfe.« Dieser Fürst war der Großvater jenes Herzog Leopold VI., den dann später die Geschichtsschreibung »den Glorreichen« nannte.
Heinrich Jasomirgott erwarb am 17. September 1156 vom deutschen Kaiser Friedrich Barbarossa das »Privilegium minus«, das die Geschichte auch den »Kleinen Freiheitsbrief« nennt. Damit wurde Österreich zum selbständigen Herzogtum erhoben. Der Herzog war ein besonders eifriger Förderer Wiens. Im Jahr 1147 fand unter seiner Regierung die Einweihung des romanischen Stephansdomes statt. Im Jahr 1155 bezog dieser Herzog seine neue Resi-

denz auf dem Platz »Am Hof«, an deren Stelle sich heute der Büropalast der Österreichischen Länderbank erhebt. Heinrich Jasomirgott hat Wien damals zur fürstlichen Residenzstadt gemacht und war auch der Gründer des kulturgeschichtlich so bedeutsam gewordenen Schottenstiftes unweit der heutigen Ringstraße.

Dem steinernen Jasomirgott gegenüber steht auf Wiens Rathausplatz sein Enkel, Leopold der Glorreiche. Er leitete Österreichs Schicksal von 1198 bis 1230. Eine Rolle mit zwei Siegeln in der steinernen Hand des Standbilds weist darauf hin, daß dieser Herzog im Jahr 1221 Wien das Stadtrecht verlieh. Damit verbunden war das Stapelrecht für den Handel nach Ungarn, wodurch Wien einen großen wirtschaftlichen und kulturellen Aufschwung nahm. Denn am Hof des Herzogs Leopold sangen die Minnedichter Walther von der Vogelweide, der tanzfreudige Neidhart von Reuenthal und der begeisterte Huldiger erotischer Freuden, Ulrich von Liechtenstein. Zur Zeit Herzog Leopolds entstand an der Donau auch das berühmte »Nibelungenlied«, eine der größten episch-dramatischen Dichtungen des deutschen Sprachraumes.

Leopold der Glorreiche führte auch zahlreiche Feldzüge und kämpfte mit seinen Rittern sowohl gegen die ungläubigen Albigenser in Südfrankreich, gegen die Mauren in Spanien als auch gegen die Türken auf dem großen Kreuzzug, der ihn bis vor die Festung Akkon und an den Jordan führte.

Als einziger Habsburger steht unter der steinernen Prominenz auf dem Rathausplatz Herzog Rudolf IV. Er hat zwar nur kurze Zeit regiert (1358–1365), erwarb sich aber durch zwei bedeutende Leistungen (Gründung des Stephansdomes und der Wiener Universität) in der Geschichte den Beinamen »der Stifter«.

In einer Zeit, da eine sehr kritische, zielstrebige und auch aggressive junge Generation in unserer Gegenwart sehr oft mit den politischen Ansichten und dem Weltbild der älteren zusammenprallt, erscheint die Person dieses habsburgischen Herzogs besonders interessant. Denn Rudolf, der 1339 geboren wurde, war noch keine 24 Jahre, als er das kühne Wagnis begann, in seiner Herzogstadt Wien eine Universität anzustreben. Im Jahr seines allzu frühen Todes (1365) war es ihm tatsächlich vergönnt, dieses Ziel zu erreichen. Seit mehr als 600 Jahren hat sich diese Alma Mater Rudolfina zu einer der bedeutendsten Lehr- und Forschungsstätten der Welt entwickelt.

Aber Rudolf, von brennendem Ehrgeiz getrieben, wollte sich mit diesem Erfolg allein nicht bescheiden. Schon als Zwanzigjähriger war es ihm mit erstaunlicher politischer Schlauheit gelungen, mit dem berühmt-berüchtigten »Privilegium majus« im Jahr 1359 eine der kühnsten Urkundenfälschungen der Geschichte zu ermöglichen. Das Dokument enthielt noch viel größere Freiheitsrechte als das seines Vorfahren Heinrich Jasomirgott. Der Aufstieg Österreichs wurde dadurch so gefördert, daß selbst heute – trotz der erwiesenen Fälschungen! – die Wiener diesem Herzog Rudolf IV. nicht böse sind und ihn sogar stolz auf dem Rathausplatz präsentieren.

Wie könnten die Menschen der Donaustadt diesem so dynamischen jungen Mann gram sein, der auf seinem Siegelring »Felix Austria« – »Glückliches Österreich« – stehen hatte und ihnen überdies den großartigen Dom von St. Stephan als Vermächtnis hinterlassen hat! Rudolf der Stifter hat als zwanzigjähriger junger Mann im Jahre 1359 persönlich den Grundstein zum gotischen Langhaus des Domes gelegt und im selben Jahr auch den Bau des »Alten Steffls« beginnen lassen.

Von Herzog Rudolf wurde das erste Fürstenporträt Westeuropas auf Pergament gemalt. Es schmückte einst die Seitenwand neben einem der Altäre im Dom selbst und ist heute im Erzbischöflichen Dom- und Diözesanmuseum zu sehen. Bedeutend sind auch seine Verdienste um das »Haus Österreich« und damit um den Aufstieg der

Für Wiens 1883 von Dombaumeister Friedrich Schmidt vollendetes ›Neues Rathaus‹ war das Rathaus von Brüssel das Vorbild. Den 98 Meter hohen Turm krönt der sechs Meter hohe ›eiserne Rathausmann‹, ein Wahrzeichen der Stadt. Auf dem Rathausplatz stehen die ›acht steinernen Herren‹.

Habsburger zur Weltgeltung. So überließ ihm die Herzogin Margarete Maultasch im Jahre 1363 ihr Erbland Tirol, das seither mit Österreich verbunden ist. Als er anläßlich der Vermählung seines Bruders Leopold mit einer Tochter des damaligen Herrschers von Mailand dort weilte, starb dieser tatkräftige Habsburger in der Blüte seiner Jahre am 27. Juli 1365. Sein Leichnam wurde in eine Kuhhaut eingenäht, nach Wien überführt und ruht heute in

der Fürstengruft in den Katakomben zu St. Stephan.
Sehr weit spannt sich der Bogen der Geschichte, wenn sich uns der nächste der steinernen Herrn auf dem Rathausplatz vorstellt: »Gestatten Sie: Niklas Graf Salm, geboren 1459. Bei Lebzeiten war ich Feldhauptmann Kaiser Ferdinands I. und einer der Ahnherrn der heute noch weitverzweigten Familie der von Salm-Reifferscheid. Noch als fast siebzigjähriger Mann war ich oberster Feldherr Seiner Majestät Kaiser Karls V., in dessen riesigem Weltreich von Mexiko bis an die Donau bekanntlich die Sonne nie unterging. Mit siebzig Jahren mußte ich die schwerste Aufgabe meines Lebens erfüllen: Ich verteidigte Wien im Jahre 1529 siegreich gegen die Türken!«
In diesem Jahr belagerte Sultan Soliman der Prächtige neunzehn Tage lang vergeblich die Stadt. Den letzten Ansturm unternahmen die Angreifer an der Wiener Stadtmauer beim damaligen Kärntner Turm. Er stand dort, wo sich heute gegenüber der Oper das Haus Kärntner Straße Nr. 51 erhebt. Aber der alte Graf hielt mit seinen wenigen Soldaten stand, und an der Spitze der Wiener Bürgerkompanien kämpfte der Siebzigjährige im größten Kampfgewühl selbst wacker mit. Beim Sturm gegen den Kärntner Turm erlitt der greise Feldhauptmann seine Todeswunde, der er sieben Monate später erlag. Sein Grabdenkmal sahen wir auf einem anderen Spaziergang in der Votivkirche.
Viel schwerer hatte es hundertfünfundvierzig Jahre später sein »Berufskollege« bei der sechzig Tage dauernden Türken-Belagerung Wiens im Schicksalsjahr 1683: Ernst Rüdiger Graf Starhemberg. Im Jahre 1638 wurde er geboren, und bis zu seinem Tod im Jahr 1701 galt sein Leben dem kaiserlichen Militärdienst. Auch er steht als Retter Wiens aus höchster Gefahr hier auf dem Rathausplatz, so wie er im Leben war. Ernst, sehr würdig, aber dennoch – wie während der Belagerung – gekleidet als einfacher Soldat. In weiser Voraussicht hat Starhemberg, als er anno 1680

Stadtkommandant geworden war, die damals unzureichenden Befestigungen der Kaiserstadt erneuern und verbessern lassen – sie haben drei Jahre später ihre Bewährungsprobe bestanden. Noch heute zeigt man auf einer Dachgalerie neben dem Stephansturm hoch über den Dächern Wiens das historische »Starhemberg-Bankerl«. In bitteren Stunden saß dort der Stadtverteidiger Graf Starhemberg und spähte verzweifelt über das ungeheure Zeltlager der Türken rings um die Stadt hinweg nach dem ihm versprochenen Entsatzheer aus. Auch an jenem Tag, als er die historische Geheimbotschaft durch den geschickten Kundschafter Georg Kolschitzky zu dem mit diesem Heer heranrückenden Karl von Lothringen schmuggeln ließ: »Es ist allerhöchste Zeit, gnädiger Herr!«

Eine echt wienerische Gedankenverbindung läßt der steinerne Graf Starhemberg wach werden: Er ist indirekt der erste »Konzessionserteiler« für das Wiener Caféhaus geworden! Denn auf seine Befürwortung wurden dem tüchtigen Kolschitzky als zusätzliche Belohnung für seine Dienste im Türkenlager erbeutete Säcke mit vermeintlichem »Kamelfutter« zugesprochen. Es waren in Wahrheit ungebrannte Kaffeebohnen, von den türkischen Verpflegungsmannschaften bei der wilden Flucht zurückgelassen. Aus diesen Bohnen hat dann der die türkischen Bräuche des Kaffeetrinkens genau kennende Kolschitzky den Wienern zum erstenmal jenes Getränk bereitet und sehr lukrativ verkauft, ohne das heute noch ein Wiener »einfach nicht leben kann«!

Als gleichfalls in der Türkenzeit bedeutsamer Mann zeigt sich der »Nachbar« des tapferen Starhemberg: Leopold Graf Kolonitz durch seine Tracht und das Kreuz in der Hand als Bischof angedeutet. Auch er war, wie so viele bedeutende Männer in Wien, ein »Zugereister«, denn er hat im Jahr 1631 in Komorn in Ungarn das Licht der Welt erblickt. Aufrichtig betrauert von seinen Wienern, denen er jahrzehntelang ein ungemein volkstümlicher Oberhirte war, starb er 1707 in der Kaiserstadt. Unmittelbar nach der siegreich bestandenen Türkenbelagerung nahm Kolonitz sich vor allem der vielen Kinder an, die durch die Kämpfe, durch die Not und durch die furchtbaren Verwüstungen der Wiener Vorstädte zu Waisen geworden waren. Er wird deshalb mit Recht als »Vater der sozialen Fürsorge« angesehen, und es gereicht Wien zur Ehre, daß diese Stadt nicht nur ihren Rettern, sondern auch dem Betreuer ihrer Zukunft ein Denkmal setzte.

Nach der Bannung der Gefahr aus dem Osten entwickelte sich ein Gefühl überquellender Dankbarkeit an den Himmel für das wiedergewonnene Leben. Ihre architektonische Ausdrucksform wurde das Barock; der aus Graz nach Wien gekommene Baukünstler Johann Bernhard Fischer von Erlach wurde zum führenden Architekten dieses Baustils. Er hat das österreichische Barock gemeinsam mit anderen Künstlern jener Zeit zur Hochblüte dadurch geführt, daß er Wien solch erlesen schöne Kunstschätze gab, wie etwa die Karlskirche, zahlreiche Adelspaläste und prächtige Schlösser. Er war auch maßgeblich beteiligt an der Entwicklung der Wiener Hofburg, wobei das prachtvolle Gebäude der heutigen Nationalbibliothek zu nennen ist. Diese Leistung allein rechtfertigt es, auch dem großen Barockbaumeister Fischer von Erlach am Rathausplatz ein Denkmal zu setzen.

Der geniale Barockarchitekt hatte seine Lehrjahre zunächst in Graz und dann bei italienischen Meistern wie Giovanni Bernini und Carlo Fontana in Rom verbracht. Er entwarf das Denkmal der Pestsäule Am Graben in Wien, gestaltete das Innere des Grazer Mausoleums für Kaiser Ferdinand II., wirkte eine Zeit in Salzburg und stand dann von 1694 an in den Diensten des Kaisers. Fischer war der erste bürgerliche Künstler, der geadelt wurde, erreichte den Höhepunkt seiner Karriere im Jahre 1705, als Kaiser Josef I. ihn mit der Leitung des gesamten kaiserlichen Bauwesens betraute.

»Ein Fürst soll mit dem Schwerde und durch die Feder fechten . . .«, beginnt sehr beziehungsvoll der Spruch auf dem Giebel der Nationalbibliothek auf dem Josefsplatz. Ihr Baumeister, Fischer von Erlach, der in der Kaiserstadt Wien seine schönsten Architektenträume verwirklichen konnte, ließ einst sehr bewußt diese Worte setzen. Als solch ein »Fechter mit der Feder«, als ein Mann der Geisteswissenschaft also, ist der achte der steinernen Herrn auf dem Rathausplatz zu werten. Auch ihm war es beschieden, Träume um eine bessere, gerechtere Welt von morgen bei seinen Lebzeiten verwirklicht zu sehen. Es ist Josef Freiherr von Sonnenfels, einst hochgeachteter kaiserlicher Herr Hofrat und später weltberühmt gewordener Gelehrter und Strafrechtsreformer. Auch er kam einst als junger Mann nach Wien. Seine Wiege stand in Mähren, wo er in dem Städtchen Nikolsburg im Jahre 1732 zur Welt kam. Als Sohn des jüdischen Gelehrten Lipmann Perlin, der zum Christentum übertrat, wurde er an der Wiener Universität zu einem hervorragenden Fachmann der Staatswissenschaften ausgebildet. Sonnenfels war der erfolgreichste Vorkämpfer und Verfechter der Josefinischen Aufklärung in Österreich. Als Herausgeber seiner Wochenschrift »Der Mann ohne Vorurteil« führte er einen erfolgreichen Kampf gegen eine verzopfte und verbürokratisierte Welt. Als Strafrechtsreformer erwirkte er – nicht zuletzt in zahllosen ausführlichen Darlegungen vor Maria Theresia persönlich –, daß die berüchtigte »Peinliche Frage« (also die Folter) als angebliches Mittel der Wahrheitsfindung im ordentlichen Gerichtsverfahren abgeschafft wurde.
Josef Freiherr von Sonnenfels erfocht diesen Sieg mit dem Wort und mit der Feder. Er wurde auch einer der ersten Vorkämpfer der Gewerbefreiheit und baute dadurch entscheidend mit an Wien als Stadt »blühender Commerzien«. Das Bild seines Wirkens runden seine Leistungen auf schöngeistigem Gebiet. Er förderte die heute so be-

deutende Akademie der bildenden Künste als deren Präsident, und er war bestrebt, das echte Wiener Volkstheater vom »Hanswurst« mit seinen urwüchsigen Stegreifspielen zum echten Bühnenstil zu entwickeln. Und es war nicht zuletzt dieser Herr von Sonnenfels, dessen Einfluß es zu danken war, daß es zur Gründung des seither weltberühmt gewordenen Wiener Burgtheaters gekommen ist.

Acht Männer, acht Schicksale, acht geistige Welten – wir begegnen ihnen auf dem Platz vor dem Rathaus der heutigen Millionenstadt Wien. Letzten Endes vereinte sie alle immer eine Idee: Träume mit allen Kräften zu verwirklichen suchen. Ihr Ziel war es, für ihre Gegenwart etwas zu leisten, aus dem sich die Zukunft entfaltet. Jeder dieser acht steinernen Herrn tat dies auf seine Art. Wahrlich Grund genug, bei einem Spaziergang durch Wien auch ihnen unsere Reverenz zu erweisen ...

Vom Stephansplatz zur Oper

»Mitten in Wien steht der Stephansturm drin ...«, stellt ein Wiener Lied eine topographische Behauptung auf, die heute nicht mehr stimmt. Denn seit dem Abzug der alliierten Besatzungstruppen nach der zehnjährigen Besetzung als Folge des Zweiten Weltkriegs ist Wien seit 1955 durch zahlreiche neue Wohnviertel so gewachsen, daß der Stephansturm nicht mehr mitten in der Stadt steht. Vor allem seit der Eröffnung der neuen Schnellbahn, die Teile von Neu-Wien, wie etwa Liesing-Südstadt mit den sich mächtig ausbreitenden Wohnkolonien in Floridsdorf am Nordufer der Donau, verbindet, ist die Peripherie der Millionenstadt weit hinausgerückt. Auch in das Wiental westwärts, hinauf an die Hänge des Wienerwaldes und entlang der Donau, hat sich die vielbesungene Stadt unserer Träume im raschen Tempo weiter entfaltet.

Zentrum im übertragenen Sinn dieses Begriffes ist aber für Wien noch immer der Stephansplatz, der an der Stelle eines im Jahre 1720 aufgelassenen einstigen Friedhofes den Dom umgibt. Das Wiener Wahrzeichen zeigt sich, umgeben von dem vornehmen erzbischöflichen Palais (seine heutige Fassade wurde im Jahre 1716 gestaltet), dem gegenüberliegenden, mit seiner modernen Geschäftspassage ausgestatteten Bürohaus (das seinen Namen nach dem Wien sehr verbunden gewesenen amerikanischen Präsidenten Kennedy trägt) und einer Reihe anderer bedeutender Bauten. Die meisten von ihnen wurden nach den furchtbaren Zerstörungen durch den Zweiten Weltkrieg neu errichtet. Historisch sind jedoch das erhalten gebliebene Churhaus als Sitz des Domkapitels und einige Altwiener Häuser mit kleinen Verkaufsläden in der ein wenig stilleren Ecke des Platzes gegenüber dem Stephansturm. Auch das traditionsreiche Restaurant »Deutsches Haus« ist hier zu finden, das wir schon auf unserem Spaziergang zu Wiener Durchhäusern kennenlernten.

Auf dem Stephansplatz lassen sich manche Merkwürdigkeiten und »Geheimtips« für Besucher entdecken, die Wien nicht nur mit einem Reiseführer in der Hand durchstreifen wollen. Da zeigt zum Beispiel beim hohen Stand der Sommersonne gegen Mittag das hübsche Firmenzeichen über dem Geschäft einer altrenommierten Wiener

Kaffeefirma ein Schattenbild, das einem Scherenschnitt des amerikanischen Präsidenten Abraham Lincoln frappant ähnlich sieht. Oder da stehen wir vor dem erwähnten grauehrwürdigen Churhaus am Stephansplatz Nr. 3 gegenüber dem Südportal des Doms. Hier stand im Jahre 1237 die erste »Wiener Bürgerschule«, das älteste und bis zur Gründung der Universität im Jahre 1365 bedeutendste Lehrinstitut. Den Scholaren wurde hier die Kunst des Lesens, Schreibens und des Rechnens beigebracht. In späteren Jahrhunderten wurden hier jene Geistlichen ausgebildet, mit denen der Führer der Gegenreformation, Kardinal Khlesl, die österreichischen Erblande wieder katholisch machte. Der heutige Bau entstand in den Jahren 1738 bis 1740. Die Plastiken an den Portalen sind Allegorien der geistlichen Wissenschaften, der Kasuistik, der Lithurgie, der Bibelkunde und der Kirchengeschichte. Auch die Dombauhütte war hier zu finden mit der Wohnung des jeweiligen Dombaumeisters, und die Zunftlade der Steinmetze war hier aufbewahrt.
Als noch viel älter erweist sich das Deutschordenshaus unmittelbar hinter dem Dom; es geht zurück auf ein Kommendehaus, das der Deutsche Ritterorden bereits im Jahr 1220 anschließend an die alte Steinmetzhütte zu St. Stephan erbaut hatte. Im Laufe der Jahrhunderte immer wieder umgestaltet, hat es im Jahr 1725 sein heutiges Aussehen erhalten. In das Ordenshaus hineingebaut – es erstreckt sich mit seinen Trakten und Höfen bis hinüber zur benachbarten Singerstraße – ist die Deutschordenskirche. Dieses gotische Gotteshaus entstand um 1395, wurde dann nach 1720 barock ausgestaltet und zeigt sich heute als eine der originellsten Kirchen Wiens. Der Hochaltar ist ein Meisterwerk niederländischer Flügelaltarschnitzer aus dem 16. Jahrhundert. Das Kircheninnere, ein Beispiel der barocken Neugotik, ist mit den sogenannten »Aufschwörschildern« der Deutsch-Ordensritter und mit historischen Fahnen geschmückt. In dieser Kirche ist

ein Grabdenkmal aus dem Jahre 1515 für den berühmten Humanisten Cuspinian zu finden, der im Stephansdom bestattet ruht. Ein Marienbild, das Tobias Pock im Jahre 1668 schuf, schmückt den Hochaltar, umrahmt von den Schildern der Hochmeister dieses alten Ordens. Nach diesem »Hoch- und Deutschmeister« hatte auch das vor allem durch seinen schneidigen, von Wilhelm August Jurek 1893 komponierten Regimentsmarsch in der ganzen musikalischen Welt bekanntgewordene Wiener »Hausregiment« der alten kaiserlichen Armee, das »Infanterieregiment Hoch- und Deutschmeister Nr. 4«, seinen Namen. Ihm ist ein besonders eindrucksvolles Soldaten-Ehrendenkmal an der Wiener Ringstraße, unweit dem Gebäude der Wiener Börse, gewidmet.
Eine besondere Sehenswürdigkeit in diesem Deutschordenshaus ist jedoch die Schatzkammer des Ordens, die zahlreiche sehr seltene Kostbarkeiten und Dokumentationen aus der für Mitteleuropa so bedeutsam gewordenen Geschichte dieses Ritterordens zeigt.
Zurückgekehrt auf den Stephansplatz, wollen wir uns jetzt, wie das so bei einem längeren Spaziergang als angenehme Unterbrechung in Wien der Brauch ist, bei einer Schale Kaffee erholen. Wir tun dies am besten im Hochhauscafé im obersten Stockwerk des sogenannten Haashauses, das seinen Namen nach einer altrenommierten, hier seit vielen Jahrzehnten ansässigen Teppichfirma hat. Von dieser »Mokka-Oase« über den Dächern Wiens aus läßt sich die ganze Stattlichkeit des Domes überblikken, wobei vor allem der südliche Teil des mächtigen Steildaches wie zum Greifen nahe erscheint. In den Jahren des Wiederaufbaus nach dem Dombrand konnte dieses riesige Dach vor allem durch die freiwillige Mithilfe von Wiener Frauen als Dachdeckerinnen in überraschend kurzer Zeit in alter Schönheit wiedererstehen. Die Kosten dieser Arbeiten – sie gingen in die Millionen Schilling! – haben auch jene Österreicher aufgebracht, die da-

Den Bau der Wiener Oper schufen Eduard Van der Nüll und August Siccardsburg 1861 bis 1869 im Stil französischer Frührenaissance. Interessant die Perspektive aus der 1955 geschaffenen Fußgängerpassage unter der Opernkreuzung.

mals einen oder mehrere der buntglasierten Dachziegel zum Stückpreis von fünf Schilling spendeten.
Wir mögen uns in diesem Hochhauscafé auch daran erinnern, daß in dem heute verschwundenen Schlossergaßl zwischen dem Stephansplatz und dem Graben zu unseren Füßen sich Wiens erstes »Kaffeehaus« aus dem Jahre 1684 befunden hat. Denn hier hat in einem einfachen Gewölbe der uns schon bekannte Kundschafter Kolschitzky den Wienern zum erstenmal den seither zu einer von Wien untrennbaren Institution gewordenen »schwarzen Kaffee« ausgeschenkt.
Setzen wir jetzt gemütlich unseren Bummel durch die Kärntner Straße fort, sehen wir auf jenem Teil des Stephansplatzes, der nach alter Tradition Stock im Eisen-Platz heißt, in einer Marmornische eines der ältesten Wahrzeichen Wiens. Das elegante Eckhaus, dessen merkwürdiges Stiegenhaus an sich schon eine architektonische Sehenswürdigkeit ersten Ranges ist, zeigt sich als das nach einer amerikanischen Versicherungsgesellschaft benannte »Palais Equitable«. Der knorrige uralte, mit Nägeln beschlagene Rest eines Baumstammes in dieser Nische aber ist der »Stock im Eisen«.
Es gibt Forscher, die in diesem Holzstrunk den letzten Rest eines Baumes sehen aus jener Zeit, da vor Jahrhunderten der Wienerwald sich unmittelbar vor die Stadttore Wiens erstreckte. Andere Gelehrte behaupten, das benagelte Holzstück rühre vom einstigen Roßmarkt her, der in den Tagen des Mittelalters in der Nähe der damals noch kleinen Stephanskirche abgehalten worden war. Historisch nachweisbar ist, daß der Holzknorren einst von jedem wandernden Schlossergesellen bei dessen Abschied von Wien mit einem Nagel geschmückt wurde. Dieser Brauch verband sich mit dem Aberglauben, glücklich wiederzukehren in die Stadt einstweilen unerfüllt gebliebener Träume dieser jungen Handwerksburschen. Die Sage hat den »Stock im Eisen« umrankt mit geheim-

nisvollen Begebenheiten, bei denen der Teufel seine Hand im Spiel hatte, um die Liebe eines jungen Schlossers zur Tochter seines Meisters und um ein angeblich »unaufsperrbares Schloß«. Wir sehen es heute noch an dem mit einem breiten Eisenband in der Marmornische verankerten Holzstock, es ist in Wahrheit eine leere Blechhülse.

Vom Stock im Eisen-Platz aus wollen wir noch einen Blick in die hier abzweigende elegante Geschäftsstraße tun, die wir als den »Graben« kennenlernen. Tatsächlich war hier im frühen Mittelalter der Stadtgraben vor der Südwestfront der ältesten Stadtmauer Wiens zu finden. Noch vor dem Jahr 1200 wurde er zugeschüttet, war dann jahrhundertelang Marktplatz und entwickelte sich in der Zeit Maria Theresias um 1755 rasch zu einem eleganten Geschäftszentrum.

In der Mitte der breiten, Tag und Nacht vom modernen Großstadtverkehr stark frequentierten Geschäftsstraße erhebt sich ein anderes berühmtes Wahrzeichen Wiens. Es ist dies die in den Jahren 1682 bis 1692 geschaffene, in weißem Marmor gemeißelte Pestsäule. Sie wurde von Kaiser Leopold I. zum Dank für das Erlöschen der Pest von 1679 gestiftet, und viele namhafte Künstler jener Zeit haben sie gemeinsam gestaltet. So hat Johann Bernhard Fischer von Erlach den Sockel entworfen, von Ottavio Burnacini wurde der himmelan steigende Wolkenobelisk gemacht. Mathias Rauchmiller, Paul und Peter Strudel und Ignaz Bendel waren die ausführenden Bildhauer.

Besonders charakteristisch zeigt sich diese der Heiligen Dreifaltigkeit und den neun Chören der Engel gewidmete Säule durch die reiche bildhauerische Ausschmückung als typische Aussage der barocken Kunst.

Vom Graben blicken wir kurz in die erstaunlich »musische« Bräunerstraße hinein. Fast in jedem Haus begegnen wir hier dem Erinnern an bedeutsame Menschen in dieser Stadt der vielen Träume. Da wurde im Haus Nr. 3 am 7.

Dezember 1801 der große Satiriker und Dramatiker Johann Nestroy geboren, im Hause gegenüber, Nr. 4–6, lebte Friedrich Hebbel von 1848 bis zu seinem Tod im Jahre 1863. Der bedeutende deutsche Dramatiker des Wiener Burgtheaters schrieb hier »Gyges und sein Ring« und als sein reifstes Werk »Die Nibelungen«. Ein paar Schritte weiter – und wir erinnern uns vor dem alten Stadtpalais der kunstsinnigen Grafenfamilie Walterskirchen, daß Beethoven hier oft musizierte. Eine besondere Beziehung zu Wien als Stadt der vielen erfüllten, aber auch zerronnenen Träume besitzt das Haus Bräunerstraße Nr. 11. Österreichs größter Dramatiker Franz Grillparzer hatte hier von 1832 bis 1835 sein Heim und arbeitete hier an seinem berühmten philosophischen Schauspiel »Der Traum ein Leben«.
Echt wienerisch gesagt »um's Eck«, in der benachbarten Dorotheergasse Nr. 10, hat Grillparzer gleichfalls gewohnt und hier sein historisches Trauerspiel »König Ottokars Glück und Ende« geschrieben. Auch Peter Altenberg – er hieß mit seinem bürgerlichen Namen Richard Engländer – wohnte einst in der Dorotheergasse. Dieser durch und durch dem sorglos-heiteren Leben als Bohemien zugetane feinsinnige und zugleich scharfzüngige Novellist und Essayist in der Zeit zwischen den beiden Weltkriegen hat stets bestritten, in der Dorotheergasse zu wohnen. Er legte größten Wert darauf, dort zu »hausen«.
Die schmale, stille Dorotheergasse steht seit mehr als 200 Jahren zu den Wienern mit ihren Alltagssorgen in ganz besonderer Beziehung. Benannt ist sie nach einem einsti-

Die heutige elegante Hauptgeschäftsstraße der Wiener Innenstadt, die Kärntner Straße, war einst der Hauptverkehrsweg über Kärnten nach Triest. Urkunden von 1257 erwähnen sie schon als ›Strata Carinthianorum . Ein Kärntner-Straßen-Bummel ist heute ›komprimiertes Wien‹.

PAULUSSTUBE
1921
1961
PHOTO
GEVAERT
KINO
Foto City
TWA

gen Kloster der Dorotheer. Dieses ist im Bewußtsein der Stadt längst vergessen, lebt aber weiter in der Einrichtung des sogenannten »Dorotheum«, dem öffentlichen Versatzamt, von den Wienern verschämt-beschönigend »Tante Dorothee« geheißen. Für einen ist diese Pfandleihanstalt letzter Ausweg, um rasch zu einigem Bargeld zu kommen, für den anderen sind die Schauräume und Versteigerungshallen dieser Institution – sie besteht schon seit dem Jahre 1707! – Fundgruben für langgesuchte Kostbarkeiten oder auch willkommener Markt zum billigen Erwerb von Hausrat, Einrichtungsgegenständen oder Schmuckstücken.

Aber da hat diese schmale Gasse im Herzen der Wiener Innenstadt zwischen Stephansplatz und Oper auch ihre Bedeutung in der Musikgeschichte Wiens, ja in der Stellung Wiens als mit Recht vielbesungene Stadt der Lieder überhaupt. Denn Dorotheergasse Nr. 10 ist das Doblinger-Haus. Im Jahr 1876 erwarb von dem Verleger Doblinger der Musikverleger Bernhard Herzmansky diese Musikalienhandlung. Vor allem die unsterblich gewordenen Operetten der Meister Ziehrer, Lehár, Helmesberger, Leo Fall, Oscar Straus und Edmund Eysler haben durch diesen Verlag von hier aus ihren Weg in die Welt genommen. Im Barocksaal im ersten Stock wurde im Jahre 1924 das erste der Wiener Hauskonzerte »Bei Doblinger« veranstaltet, die seither immer wieder neue Künstler und ihre Werke, neue musikalische Träume aus Wien vorstellen.
An der Einmündung zum Graben aber zeigt die Dorotheergasse mit dem Haus Nr. 2 das heute älteste Gebäude dieser Geschäftsstraße. Es ist das elegant-vornehme Palais Bartalotti, das Lukas von Hildebrandt, der Schöpfer des weltberühmten Schlosses Belvedere, erbaute.
Unser Weg durch die Kärntner Straße führt jetzt zu einem Bummel entlang elegant dekorierter Schaufenster, vorbei an Konditoreien, Modesalons, Juwelieren, Lederwaren-

händlern, Boutiquen und Souvenir-Geschäften. Sie alle besitzen ihre eigene individuelle Note mit Wiener Chic, Charme und Kunstsinn. Es paßt zu solchem Flanieren und Goutieren, wenn ab und zu der Hauch eines verführerischen Parfüms vorbeischwebt und das dazugehörige schicke Complet oder aparte Sommerkleid daran erinnern, sich doch auch ein wenig andere Dinge in der Kärntner Straße anzusehen als nur die einladenden Schaufenster.

In Urkunden scheint diese weltbekannte Straße Wiens schon im Jahre 1257 als »Strata Carinthianorum« auf. Jahrhundertelang war sie sehr schmal und nur in sehr langsamem Tempo befahrbar, bis dann durch Umbauten im Jahre 1894 die heutige Straßenbreite ermöglicht wurde.

Überrascht entdecken wir in dieser vermeintlich nur höchstweltliche Dinge zeigenden Straße mitten zwischen Geschäftshäusern die kleine Malteserkirche. Um 1400 hatte man sie erbaut, ihre klassizistische Fassade von 1806 paßt gar nicht zu den benachbarten, geradezu mondänen Geschäftslokalen. Aber dennoch würden die Wiener dieses kleine Gotteshaus in dieser Straße nicht missen wollen. Die Kirche gehört zu der in der benachbarten Johannesgasse als Haus Nr. 2 noch bestehenden Wiener Kommende des souveränen Malteserordens, der aus dem Johanniterorden hervorgegangen ist. Dieser Stadtsitz der Ordensherren hat der Johannesgasse, in der sich noch viele andere alte Palais mit Adelswappen, wunderschönen Portalen und stillen Höfen finden, den Namen gegeben.

In der kleinen, ziemlich düsteren Kirche selbst begegnen wir mitten in der Weltstadt Wien des 20. Jahrhunderts gefesselten sarazenischen Seeräubern. Als eindrucksvoll gemeißelte Figuren tragen sie mit der Resignation des Gefangenen den im Jahr 1806 geschaffenen Sarkophag des einstigen Johanniter-Großmeisters Graf de la Valette.

Nach diesem Aristokraten ist die heutige Hauptstadt Maltas La Valetta mit der berühmten Marinefunkstation benannt. Besonders kostbar erscheint auf diesem Denkmal ein Reliefbild, das die Seeschlacht vor Malta zeigt.
Bei unserem Spaziergang zur Oper sind wir aus der Kärntner Straße beim Café Europa abgebogen, um auf dem angrenzenden Neuen Markt einen der schönsten Brunnen Wiens zu sehen. Die Wiener nennen ihn nur den »Donnerbrunnen« nach seinem Schöpfer, dem großen Barockbildhauer Georg Raphael Donner. Offiziell heißt das Kunstwerk »Providentiabrunnen« nach der Mittelfigur der Plastiken über dem weiten Marmorbecken. Sie symbolisiert die Tugend der »Fürsichtigkeit«, im krausen Latein der Barockzeit Providentia genannt (als höchste Weisheit einer klugen Stadtverwaltung).
Den Auftrag zur Schaffung eines »fürnehmen, klug gedachten und das Wasser als Quelle allen Lebens anzeigenden Brunnens« erteilte einst die Stadt Wien. Daß der Bildhauer Donner just die Flüsse Enns, March, Traun und Ybbs durch die auf dem Beckenrand liegenden Figuren als lebenspendende Gewässer symbolisierte und nicht etwa die Donau, ist immer noch ein Rätsel. Die Originalbrunnenfiguren, wie sie aus Donners Hand in dem von ihm bevorzugten Material des seidig glänzenden Bleigusses hervorgingen, befinden sich heute in der Plastikensammlung des Schlosses Belvedere. Denn die »Fürsichtigkeit« der Betreuer der Kunstschätze Wiens hat sie dadurch den schädlichen Witterungseinflüssen entzogen. Es sind aber auch die Bronzekopien auf dem »Donnerbrunnen« als echte Kunstwerke zu werten.
Die sittenstrenge Kaiserin Maria Theresia, Schöpferin der berühmt-berüchtigten Keuschheitskommission, nahm eines Tages an den nackten Bleifiguren Anstoß. Sie mußten abmontiert und im Materialdepot des Bürgerlichen Zeughauses aufbewahrt werden. Später sollten sie von dem Bildhauer J. M. Fischer eingeschmolzen werden, er

erkannte jedoch ihren Kunstwert und erwirkte im Jahr 1801 ihre Wiederaufstellung. Dann aber zeigten sich allmählich Witterungsschäden, die Originale kamen ins Barockmuseum, und 1873 wurden die Abgüsse, wie wir sie heute auf dem Brunnen sehen, geschaffen.
Meisterwerke der barocken Plastik zeigt zwischen Stephansplatz und Oper aber auch ein einzigartiges Museum, das zugleich die letzte Ruhestätte der Angehörigen des Kaisershauses Habsburg ist. Es ist die Kapuzinergruft, in deren Tiefen wir vom Neuen Markt aus in der Kapuzinerkirche hinabsteigen.
»Kaisergruft« kündet eine nüchterne, schmucklose Inschrift. Sie steht in völligem Gegensatz zu dem fast überladenen Prunk und Pomp, mit dem hier die Gruftgewölbe und die Sarkophage der einstigen Herrscher sich zeigen. Selbst kunstvoll gestaltete Totenschädel tragen noch die Kaiserkrone, um zu bekunden: »Selbst im Tode sind wir nicht den anderen Menschen gleich.«
Zweifellos als das größte Kunstwerk an dieser Stätte der Vergänglichkeit zeigt sich der hochbarock gestaltete Doppelsarkophag Maria Theresias und ihres Gemahls Franz Stefan von Lothringen. Der Bildhauer Balthasar Moll hat dieses Hauptwerk der Rokoko-Plastik gestaltet und stellte dabei die dereinstige Auferstehung der hier ruhenden Majestäten sehr wienerisch dar. Denn hier sehen wir das morgendliche Erwachen eines Paares in den Ehebetten, das sich mit dem überdies recht weltlichen Ausdruck in Gesicht und Haltung der Figuren an dieser Stätte des Todes eigenartig genug ausnimmt.
Welch ein Gegensatz zu diesem Prunkdenkmal der schlichte Metallsarg, in dem der Sohn dieses Paares, der allem Pomp stets abhold gewesene Kaiser Josef II., ruht. Oder wieviel Tragik umwittert hier die letzte Ruhestätte des zu Mayerling im Wienerwald durch Selbstmord geendeten Kronprinzen Rudolf! Sein kaiserlicher Vater Franz Josef wurde unweit von ihm bestattet. Dessen eigenartig

stilisierter Sarkophag läßt indirekt alle Wesenszüge dieses Herrschers im Greisenalter erkennen: gemessen, korrekt, aber unerbittlich gegen sich selbst in Erfüllung seiner Pflichten mit soldatischer Pünktlichkeit.

Sehr nachdenklich stehen wir in dieser Kaisergruft in den Tiefen unter dem lauten Großstadtleben vor dem Sarg mit der sterblichen Hülle jener Frau, die – es erscheint uns an dieser Stätte geradezu makaber! – selbst mehr als siebzig Jahre noch nach ihrer Ermordung in Genf als glückstrahlende, bildschöne »Sissy« auf den Fernsehschirmen und Operettenbühnen weiterlebt. Insgesamt birgt die Kapuzinergruft die Särge von 12 Kaisern, 15 Kaiserinnen und 135 anderen Mitgliedern des Kaiserhauses. Die einzige ihm nicht bei Lebzeiten angehörige Tote ist hier die im Jahre 1754 verstorbene Gräfin Fuchs. Sie war nicht nur die Erzieherin Maria Theresias, sondern betreute auch noch als alte Dame die Töchter dieser Herrscherin. Die Beisetzung der »Fuchsin« in der Kaisergruft bestimmte Maria Theresia mit der Verfügung: »War sie im Leben immer mit uns, warum soll sie nicht auch im Tode bei uns sein?«

Der Habsburger Kaiser Matthias, auf den auch die Entstehung des berühmten Sommerschlosses Schönbrunn zurückgeht, ließ diese Familiengruft anlegen. Er war ein eifriger Förderer der Gegenreformation, und nicht zuletzt durch seine glaubenseifrigen politischen Maßnahmen kam es während seiner Regierungszeit – er starb 1619 in Wien – zu Bauernaufständen in Oberösterreich. Die Geschichtsforscher führen auf die Politik Kaiser Matthias' auch den Ausbruch des halb Europa verwüstenden Dreißigjährigen Krieges im Jahr 1618 zurück. Die Zerwürfnisse mit seinem ihm später nachfolgenden Bruder Ferdinand II. hat Franz Grillparzer in seinem Drama »Ein Bruderzwist in Habsburg« dichterisch gestaltet.

Wir sind aus diesem Reich des Todes wieder emporgestiegen in den hellen Tag und in das laute, hektische Leben,

Das Prunkstück der Kapuzinergruft ist der von Balthasar Moll 1753 vollendete barocke Doppelsarkophag für Maria Theresia und ihren Gemahl Franz Stephan von Lothringen.

wie es sich auf dem Neuen Markt in der unmittelbaren Umgebung der Kaisergruft prägnant präsentiert. Da ragt Wiens erste Turmgarage mit den weiten Hallen ihrer Servicestation, da rollen in dichten Kolonnen die Autos zur Oper und zur Ringstraße hin. Als starker Kontrast dazu zeigt sich neben dem Eingang zur Kaisergruft überlebensgroß und in mitreißender Pose des begeisternden Predigers mit beschwörend erhobenem Kruzifix als Denkmal der Kapuzinerpater Marco d'Aviano. Als päpstlicher Legat und Feldprediger las er am 12. September 1683 vor der Entscheidungsschlacht bei der Türkenbelagerung Wiens die Feldmesse für das Entsatzheer. Auch während der Kämpfe wurde er, mit dem Kruzifix die Soldaten aufmunternd, mitten unter den stürmenden Truppen gesehen. Welch ein Platz der Gegensätze ist allein in diesem Stück Wien der Neue Markt! Vor zwei der großen eleganten Stadthotels dort drüben sind soeben wieder Reisegesellschaften eingetroffen, die Teilnehmer einer Rundfahrt steigen zu einer Führung in die ehrfurchtgebietende Welt der Kaisergruft. Ein junges Paar vor dem Schaufenster eines stadtbekannten Juweliers sucht die künftigen Eheringe aus. Ein kleines Kunstwerk für sich ist die handgeschmiedete Tor dieses Patrizierhauses, in dem als Gast dieser kunstsinnigen Juweliersfamilie der Liederkomponist Hugo Wolf so oft geweilt und hier zum erstenmal aus seinem »Spanischen Liederbuch« vorgespielt hatte. Wieder ein paar Schritte weiter und vor einer altrenommierten Wiener Delikatessenhandlung, die seit Generationen für die verwöhnten Gaumen der Feinschmecker dieser genießerischen Stadt sorgt, »gustieren« einige Herren und Damen eine Auswahl an Spezialitäten, die für das typisch wienerische »Nachtmahl« mit einigen Freunden zu Hause gerade das richtige wären. Eine kleine Schwäche vieler Wiener, welcher Josef Weinheber in einem launigen Gedicht »Der Phäake« in Wiener Mundart ein köstliches literarisches Denkmal gesetzt hat.

Längst ist die Zeit vergangen, als der »Neue Markt« – er ist seit 1234 urkundlich bekannt – noch unter dem Namen »Mehlmarkt« ein Begriff war. Nicht nur, daß hier betrügerische Verkäufer unter den Mehl- und Getreidehändlern zur Strafe an den Pranger gestellt wurden und in den Tagen Maria Theresias elegante Schlittenrundfahrten des Adels zu sehen waren. Sondern der »Mehlmarkt« hatte auch seine Bedeutung in der Entwicklung des Wiener Marionettentheaters und der Stegreifbühne des als »Hanswurst« auftretenden Volksschauspielers Stranitzky. Aus seinem Theater entwickelte sich später als Vorläufer des Wiener Operntheaters an der Ringstraße das alte Kärntnertor-Theater.
In die Kärntner Straße zurückgekehrt, kommen wir jetzt an dem in historischem »Kaisergelb« gehaltenen und mit schönen alten Balkongittern geschmückten Haus Nr. 41 vorbei. Es war einst ein Palais der ungeheuer reichen Fürsten Esterházy. Diese haben es sich wohl nie träumen lassen, daß hier einmal eines der bekanntesten Wiener Modehäuser seine eleganten Salons und vielbeschäftigten Werkstätten haben werde. Heute bewundern in den Schaufenstern die Wienerinnen Träume in Spitzen, Tüll, Goldbrokat und Silberlamé, die dieser Modekünstler hier als bezaubernde Abendkleider vorstellt.
Aber auch viele, die in der Stadt der vielen Träume das Glück am Spieltisch zu erhaschen hoffen, führt heute der Weg in dieses einstige Palais. Denn seit kurzem rollt hier in einem eleganten Cercle der Österreichischen Kasino AG die Glückskugel und ruft am grünen Spieltisch der Croupier: »Rien ne vas plus – Ihre Jetons, mein Herr!«
Ein paar Schritte noch, ein kurzes Verweilen an der Kreuzung der Philharmonikerstraße mit der Kärntner Straße, dann stehen wir bei der Wiener Staatsoper! Hier erhob sich einst bis zur Schleifung der Stadtbefestigungen im Jahre 1857 das alte Kärntnertor der anno 1552 erbauten Kärntnertor-Bastei. Es war eines der acht Stadttore und

mußte im Laufe der Jahrhunderte durch den stets lebhafter sich entwickelnden Verkehr nach dem Süden wiederholt umgebaut werden. Im Jahre 1808 wurde ein zweites, daneben liegendes Tor erforderlich, wodurch sich die erste »Einbahnregelung« für Wien ergab. Man verließ die Kaiserstadt durch das alte Tor, die Einfahrt war nur durch das »Neue Kärntnertor« möglich.

Gegenüber der hinteren Front des weltbekannten Bauwerks der Wiener Staatsoper begegnen wir einem Haus, dessen Name allein schon in allen fünf Kontinenten mit dem Begriff »Wien« verbunden ist. Es ist das Hotel Sacher. Nennt man diese gastliche Stätte, wird schon so viel wienerisches Flair verbreitet, wie es kein anderes Hotel für eine andere Stadt fertigbringt. Von der berühmten Sachertorte, der Spezialität dieses Hauses, bis zur beschwingten Operette mit dem wienerischen Namen »Die Sacher-Pepi«, von dem hier einst komponierten Ballett »Schlagobers« des Wahlwieners Richard Strauss bis zu dem feinsinnigen Wiener Lied »Exzellenz haben noch die Frau Sacher gekannt« gibt es allein schon kulinarisch und musikalisch Dinge zu berichten, die über den Rahmen dieses Kapitels weit hinausgehen würden.

Wer mehr von diesem »Sacher-Fluidum« spüren möchte, der mag durch die Halle dieses berühmten Hauses in die kleinen »Erinnerungskabinette« gehen, wo eine einmalige Fotoporträtsammlung der Prominenz aus aller Welt zu sehen ist, die im »Sacher« zu Gast war und es heute noch ist. Vom Staatsmann bis zur Operndiva, vom Stardirigenten bis zum Generaldirektor der Weltbank, vom gesuchten Chirurgen über Atomforscher, Erdölkönige, gefeierte Komponisten, Bestsellerautoren und alle nur erdenklichen gekrönten Häupter von weiland Kaiser Franz Josef bis zur schönen Königin Sirikit von Siam gab und gibt sich hier die Welt ein Rendezvous in Wien.

Das Hotel Sacher wurde 1876 für den Restaurateur Eduard Sacher erbaut. Es entwickelte sich als eine Art »Hei-

Im Hotel Sacher trifft sich seit Generationen ein elegantes Publikum bei Tafelspitz und Sachertorte. Das berühmte Hotel wurde 1876 für den Restaurateur Eduard Sacher erbaut.

ligtum und Mekka« des Adels der österreichisch-ungarischen Monarchie zu jener Vollkommenheit an kulinarischem Raffinement, auf die sich der Ruf des Hauses gründete. Diesem haben die dort erlebten galanten Abenteuer und empfindsamen Romanzen in den diskreten Chambres séparées keinen Abbruch getan. Aber auch sehr viel europäische Politik am Ende der Habsburger Monarchie und dann nach dem Entstehen der sogenannten »Nachfolgestaaten« Ungarn, Tschechoslowakei und Jugoslawien und nicht weniger eine sehr großzügige Wirtschaftspolitik – darunter praktisch auch die Erschließung der für Österreich in den letzten dreißig Jahren so bedeutsam gewordenen Erdölvorkommen vor den Toren Wiens am Rande des Marchfeldes – sind im »Sacher« gemacht, bestimmt und entschieden worden.
Wir notierten bei unserem Spaziergang vom Stephansplatz zur Oper noch eine Besonderheit. Drüben, unter den Arkaden der Oper, unweit vom Sacher, warten an so manchen Tagen geduldig – oft viele Stunden! – meist junge Leute aus aller Herren Ländern, um für einen Abend in der Wiener Oper einen billigen Platz im Stehparterre oder auf der vierten Galerie zu »ergattern«. Es ist das dankbarste, aber auch das kritischste Publikum, das da in diesem Stehparterre und noch mehr auf dem »Juchhe« (vierte Galerie) jeden Dirigenten, jeden Sänger genau wertet. Seine jubelnde Zustimmung oder auch enttäuschte Ablehnung wurden schon für so manchen Künstlertraum in Wien lebensbedeutend und werden es auch weiterhin sein.

Straße mit tausend Gesichtern

Zwischen dem Europaplatz beim Westbahnhof und der zum Burggarten an der Ringstraße führenden Babenbergerstraße zieht sie dahin und ist mit ihren Hunderten Geschäften aller Art und den großen Kaufhäusern eine richtige Schlagader der geschäftigen und auch geschäftstüchtigen Weltstadt Wien. Mit ihrem Namen »Mariahilfer Straße« heute ebenso ein europäischer Begriff wie etwa der Kurfürstendamm in Berlin, die Carnabystreet in London oder der Broadway in New York. Sie ist eine Straße für die große Leidenschaft sehr vieler Touristen: »Shopping.« Aber ebenso für die erbitterten Kämpfe der Wiener Damenwelt an den Wühltischen der Kaufhäuser bei den in dieser Stadt besonders amüsanten »Räumungsverkäufen«.

Die Behauptung, daß der vor allem dem fremden Gast etwas rätselhafte Bezirksname »Mariahilf« von einem Stoßgebet an solch einem umlagerten Wühltisch sich herleitet, ist natürlich ein wienerischer »Gspaß« (Scherz). Denn auch die ehemalige Vorstadt Mariahilf hat ihre urkundlich beglaubigte Geschichte. Lassen wir einmal ihr Werden und Wachsen an uns vorüberziehen – es gilt im wesentlichen für viele der einstigen Vorstädte.

Einst war hier eine nur ländliche Gegend mit Wiesengründen und Weingärten. Als ältester Name dieses Gebietes ist die Bezeichnung »im Schöff« überliefert, vermutlich ein Hinweis auf den übertragenen Begriff »Schöpfen« als steuerliche Abgabe für die Maische von Weinen, wovon Urkunden aus dem Jahr 1428 berichten. Nach der Türkenbelagerung von 1529 wurde in dieser Landschaft auf einer Anhöhe über dem Wiental die Siedlung »Windmühle« errichtet und auf der Liegenschaft des heutigen Hauses Windmühlgasse Nr. 10 das erste Haus des heutigen Stadtbezirks Mariahilf erbaut. Um das Jahr 1660 errichtete der Orden der Barnabiten hier ein bescheidenes hölzernes Kirchlein und ein Kloster. Der italienische Barnabitenmönch Don Cölestin Joanelli – er hat »seine« Gasse heute in Mariahilf zwischen der Gumpendorfer Straße und dem lebensbunten Naschmarkt – hat ein Muttergottesbild nach Wien gebracht und es dem Kirchlein gestiftet. Dieses Bild war eine getreue Kopie des von Lukas Cranach gemalten und in der als »Mariahilf«

Auf einem Teil der Einwölbung des Wienflusses wurde 1916 der früher bei der Karlskirche gelegene Naschmarkt errichtet. Er versorgt die Wiener mit Gemüse, Obst und Blumen.

bekannten Wallfahrtsstätte bei Passau verehrten Gnadenbildes.

Dieses fromme Bildnis im Barnabitenkloster brachte den Ordensbrüdern bald lebhaften Zustrom. Es entwickelte sich eine kleine Kolonie von Wirtshäusern und Raststätten für die immer zahlreicher ankommenden Wallfahrer »bei der Mariahülff«. Auch die Donauflößer pflegten nach

gutem Verkauf ihrer Holzladungen in Wien vor ihrer Heimreise nach Oberösterreich vor dem ihnen von Passau her vertrauten Marienbild andächtig zu danken und um eine gute Heimkehr zu beten. Als nach den Zerstörungen des Türkenjahres 1683 an Stelle der vernichteten Kapelle eine steinerne Kirche und ein größeres Barnabitenkollegium errichtet wurden, fand das Gnadenbild, das auf wunderbare Weise durch den Mesner Johann Schmauser gerettet worden war, hier seinen neuen Platz.
Der alte Name »im Schöff« war vergessen, als »Mariahilf« nahm die neue Vorstadt einen raschen Aufschwung, zumal sie an der großen Poststraße westwärts von Wien gelegen war, die nach Linz und Passau führte.
Die Mariahilfer Straße ist heute das Sorgenkind der Stadtplaner. Tausende Autos, die großen Reiseautobusse, der gesamte Verkehr zu dem für ganz Österreich bedeutsamen Wiener Westbahnhof – sie erfordern praktisch alle zwei Jahre eine gründliche Renovierung der Mariahilfer Straße. Bei solchen Arbeiten hat man sie auch als einen der ältesten Verkehrswege Wiens erkannt. Bei Kanalarbeiten vor dem Hause Nr. 50 stieß man auf die »Ur-Mariahilfer Straße«: ein erstaunlich guterhaltenes, etwa elf Meter breites Straßenband aus römischem Mörtelputz mit eingebettetem Donauschotter. Seltsam zu denken, daß dieser moderne Reisebus dort, der mit der Aufschrift »Wien–Salzburg« soeben an uns vorbeirollte, auf der gleichen Straße fährt, auf der einst die römischen Postwagen zwischen Vindobona (Wien) und Juvavum (Salzburg) dahingerumpelt sind.
In der Mariahilfer Straße einen Wiener nach dem Europaplatz zu fragen mag zu überraschenden Ergebnissen führen. Denn die Bewohner Wiens kennen ihn nur als die große »Gürtelkreuzung«, auf der unweit des Westbahnhofes die Schnellstraßen des sogenannten »Gürtels« die Mariahilfer Straße teilen. Er entstand, als nach der Schleifung der äußeren Befestigungsanlagen des »Linienwalls«

um Wien eine zweite Ringstraße um die Kaiserstadt angelegt wurde. Als wichtigste Verbindung von Westen her zum Stadtzentrum überquert ihn die Mariahilfer Straße, die sich mit tausend Gesichtern präsentieren kann: vom Ring her hinaus bis zum Anschluß an die Zufahrt zur Westautobahn Wien–Salzburg.
Der Stadtteil, der im Wiener Sprachgebrauch »in Mariahilf« heißt, wird besonders profiliert am Anfang der Straße durch den »Messepalast«. Dieses in seiner heutigen Bestimmung durchaus zu dieser geschäftigen Straße passende Bauwerk wurde in den Tagen Kaiser Karls VI. unweit vom äußeren Burgtor als Gebäude der kaiserlichen Hofstallungen erbaut. Die ersten Pläne im Jahr 1723 legte der große Barockmeister Johann Fischer von Erlach vor, sein Sohn Josef Emanuel hat mit geringen Abänderungen den Bau im Jahr 1725 vollendet. Die prächtigen Stallungen boten damals Platz für 600 Pferde. Erst in den Tagen des jungen Kaisers Franz Josef, nach 1850, wurden die Trakte an der Mariahilfer Straße selbst dazugebaut. Auch der hintere Trakt mit einer Winterreitschule entstand damals. Er beherbergte zuerst die kaiserliche Wagenburg, die jetzt im Schloß Schönbrunn gezeigt wird. Seit mehr als vierzig Jahren dient das weitläufige Gebäude, das unter Beibehaltung seines historischen Baucharakters im Inneren mehrfach umgestaltet wurde, der Wiener Internationalen Messe. Der Sitzungssaal dieser Institution ist die einstige Hofsattelkammer, der große Pferdestall für die Lipizzaner der einstigen kaiserlichen Prunkfahrzeuge wurde zum eleganten Vorführungssaal der großen Modepräsentationen und Pelzparaden der Wiener Messe, wobei zum Beispiel die belassenen marmornen Futterkrippen mit indirekter Beleuchtung als raffinierte architektonische Schmuckelemente dieses eleganten Rahmens genutzt wurden.
Vom Wühltisch bis zum Messepalast, von einem spätgotischen Madonnenbild bis zum mit Grünanlagen und

Der weite Platz unter Einbeziehung der Kreuzung der Gürtelstraße mit der Mariahilfer Straße vor dem Wiener Westbahnhof wurde als Europaplatz neu gestaltet. Dies geschah nach dem Wiederaufbau dieses im Zweiten Weltkrieg zerstörten bedeutendsten Bahnhofs Wiens in den Jahren 1950 bis 1954. Die nach der Schleifung des einstigen äußeren Befestigungs-

gürtels von Wien (Linienwall) geschaffene Gürtelstraße grenzt die früheren Vororte von den alten Innenbezirken ab. Sie ist die zweite Ringstraße Wiens. Die zwischen dem Gürtel und der Ringstraße um die Innere Stadt gelegenen einstigen Vorstädte wurden 1850 als Bezirke III bis IX eingemeindet. Die alten Radialstraßen sind heute wichtige Geschäftsstraßen.

Blumenbeeten modern gestalteten Europaplatz zeigt sich die Mariahilfer Straße mit schier zahllosen Gesichtern. Da steht etwa schräg gegenüber dem Messepalast vor einer Stiegenanlage in die zwei Stockwerke tiefer gelegene Rahlgasse der bezaubernd-anmutige Gänsemädchenbrunnen. Der Bildhauer Gasser hat ihn geschaffen, und seit 1886 steht hier diese schlanke, ranke, kleine Gänsehirtin. Sie kann sich noch gut erinnern, daß ein ihr benachbarter moderner Schuhsalon mit seinem Namen »Casa Piccola« eigentlich die Fortsetzung ist eines noch vor wenigen Jahren hier etablierten, sehr eleganten Kaffeehauses gleichen Namens. Dieser wiederum überlieferte die Erinnerung an das in der noch ländlichen Vorstadt Mariahilf gestandene kleine Caféhaus, das damals der Treffpunkt jener Offiziere der alten Habsburger Armee war, die aus den italienischen Provinzen der weiten Monarchie stammten.

Im »Casa Piccola« genoß man einen hübschen Blick hinein auf die noch mauerumgürtete alte Kaiserstadt. Sowohl durch die gebotenen Getränke als durch die italienischen Kellner fanden diese Offiziere in dem »Kleinen Haus« eine heimatliche Atmosphäre. Als im Jahr 1809 vor dem damals noch als Hofstallungen dienenden Messepalast die französischen Batterien aufgefahren waren, um von hier aus Wien sturmreif zu schießen, saß Napoleon an einem der Caféhaustische im »Casa Piccola« und leitete von hier aus die Bombardierung. Seit diesen Tagen kennt der Wiener Volksmund den Spottnamen »Caféhausstratege« für einen Mann, der alles dirigieren möchte, aber sich selbst weit vom Schuß hält.

Ein ganz anderes Gesicht wiederum zeigt die vielfältige Straße mit dem Haus Nr. 45. Recht altersgrau sieht dieser steinerne Methusalem aus, dessen Portal ein prächtig gemeißelter Hirsch als wunderschönes Altwiener Hauszeichen ziert. In den Höfen dahinter tut sich die wunderliche Welt bescheidener Verkaufsläden und Werkstätten kleiner Handwerker auf. Von ihnen aber dient so mancher als erstaunlicher Spezialist im Kunsthandwerk, im Goldschmiedefach oder als Erzeuger feinster Damenschuhe. In diesem »Hirschenhaus« hat der Drechslersohn und spätere Zuckerbäckerlehrling Raimann am 1. Juni 1790 das Licht der Welt erblickt, der als Ferdinand Raimund nicht nur als einer der größten Volksschauspieler, sondern auch als romantischer Dramatiker und feinsinniger Poet in die Literaturgeschichte eingegangen ist. Er hat mit seinen psychologisch hervorragend durchdachten Märchendramen, von denen »Der Bauer als Millionär« und der großartige »Verschwender« heute noch auf deutschsprachigen Bühnen (auch als Glanzleistungen des Wiener Burgtheaters) das Publikum begeistern, für immer Gültiges geschaffen. Der Drechslersohn aus der Mariahilfer Straße Nr. 45 schrieb das unsterbliche, wehmütig-philosophische Lied »Brüderlein fein . . .« ebenso wie das echt wienerisch überlegende »Hobellied«. In unserer an Auseinandersetzungen wirklich nicht armen Gegenwart könnte es vielen eine Lehre sein:

Da streiten sich die Leut' herum
Oft um den Wert des Glücks,
Der eine heißt den andern dumm,
Am End' weiß keiner nix.
Das ist der allerärmste Mann
Der andre viel zu reich,
Das Schicksal setzt den Hobel an
Und hobelt s' beide gleich.

Im »Hirschenhaus« in Mariahilf war Raimund auf die Welt gekommen, im Gasthof »Hirschenhaus« im niederösterreichischen Markt Pottenstein starb er am 5. September 1836 an den Folgen eines Selbstmordversuches. Der übersensible Dichter war von einem Hund gebissen worden und glaubte an Tollwut sterben zu müssen. Aus

Furcht vor diesem Ende hat Raimund zur Pistole gegriffen.
Schicksal in der Mariahilfer Straße – wir können ihm bei besinnlichem Spaziergang durch diese Straße in vielen Formen begegnen. Heute ist es echtes Wiener Großstadtleben, wenn wir hier elegante Frauen beim Einkaufsbummel sehen, wenn kleine Verkäuferinnen im weißen Arbeitsmantel vorbeihuschen, um in einem Espresso ihre Mittagspause zu machen, wenn die endlosen Kolonnen der Autos und Lieferwagen vorbeirollen. Und dann plötzlich wieder eine Begegnung mit einem solchen Schicksal, das sich in Mariahilf nach einem reichen Künstlerleben erfüllt hat – wir stehen vor der Mariahilfer Kirche vor dem prachtvollen Denkmal des großen österreichischen Symphonikers Joseph Haydn!
Man hat diesem Meister im Jahre 1887 dieses Standbild deshalb hier gesetzt, weil Haydn seinen noch an schöpferischen Einfällen so reichen Lebensabend in der alten Vorstadt Mariahilf verlebte. Es ist von dieser Kirche nicht weit in die Haydngasse, wo auf Nr. 19 noch immer das kleine bescheidene Vorstadthäuschen steht, das der Meister sich aus dem Erlös seiner Konzertreisen nach England im Jahr 1793 kaufte. Bis zu seinem Tod am 31. Mai 1809 hat der berühmte Komponist hier gelebt, hat hier seine großartigen Oratorien »Die Schöpfung« und »Die Jahreszeiten« geschrieben. Eine Autostunde von Wien entfernt steht in dem kleinen niederösterreichischen Dorf Rohrau das Bauernhaus, wo Haydn 1732 als Sohn eines kleinen Wagnermeisters geboren worden ist. Auch er war einer jener Menschen, die in einer Sternstunde ihr Lebensweg in die Stadt vieler Träume geführt hat, die dann auch die Träume des einstigen Sängerknaben Joseph Haydn erfüllte: mit seiner Musik die Menschen zu beglücken ...
Schicksal in der Mariahilfer Straße! Wir erleben es auch mit unvergeßlichen Eindrücken, wenn wir hier den Weg nehmen zum einstigen Thron der Habsburger! Nein, er

Das historische Throngestühl der Habsburger-Kaiser aus der Geheimen Ratsstube der Hofburg ist in der Bundessammlung alter Stilmöbel, Mariahilfer Straße Nr. 88, zu sehen.

steht nicht in der Hofburg oder etwa in ihrer berühmten Schatzkammer! Er findet sich auch nicht zu Schönbrunn oder im Schloß Belvedere. Habsburgs Thron steht heute im Hause Mariahilfer Straße Nr. 88, wo sich die Säle und Gemächer der »Bundessammlung alter Stilmöbel« auftun. Mit diesem ein wenig langweiligen Namen stellt sich ein Museum besonderer Art vor: Es sind Möbel und persönliche Erinnerungsstücke aus dem einstigen Kaiserhaus Österreich und seinen Schlössern. Hier können wir nicht nur in dem Originalschlafzimmer stehen, das Kaiser Franz I., der Schwiegervater Napoleons, als Witwer bewohnt hat. Da sehen wir auch sein Gärtnerwerkzeug, vom Spaten bis zur Sichel, das von den Händen dieses leidenschaftlichen Gärtners durch ehrliche Arbeit in seinem einstigen Schönbrunner Privatgarten ganz abgegriffen ist.

In einem anderen Gemach stehen wir im Spielzimmer des Türkenbesiegers Prinz Eugen von Savoyen, das aus dem im Zweiten Weltkrieg so schwer zerstörten Palais Schloßhof im Marchfeld bei Wien hierhergebracht wurde. Das Prunkstück: der riesige persische Vorhang, den der noch jugendliche Prinz sich einst aus dem Zelt eines türkischen Paschas holte. Und dann stehen wir vor dem unter einem purpurnen Baldachin auf schwer gewirktem Teppich errichteten mattgoldenen Throngestühl der Habsburger. Vor dem Kaiserthron das rot-weiße Seidenkissen, auf dem kniend der später in Sarajewo ermordete Thronfolger Franz Ferdinand in der geheimen Ratsstube der Wiener Hofburg seinen Schwur leisten mußte auf Verzicht aller kaiserlichen Rechte für seine künftige Gattin und seine Kinder. So geschehen am 28. Juni 1900! Und vierzehn Jahre später, am 28. Juni 1914, trafen ihn und seine Gemahlin die Mörderkugeln. Die Schüsse, die den Ersten Weltkrieg ausgelöst haben ...

Jüngster Zeuge des Schicksals Österreichs ist in diesem Hause Mariahilfer Straße Nr. 88 der schwere Barocktisch, auf dem im Schloß Belvedere am 15. Mai 1955 der österreichische Staatsvertrag unterzeichnet wurde. Das Dokument, mit dem die vier Großmächte, die USA, die Sowjetunion, Großbritannien und Frankreich, die volle Souveränität der Republik Österreich nach zehnjähriger Besetzung nach dem Zweiten Weltkrieg anerkannten. »Der Tisch unserer Freiheit« sagte in diesem Gemach der

uns begleitende Museumsbeamte leise und strich andächtig über die feinpolierte Tischplatte. Dann führte er uns weiter durch fünfzehn komplett eingerichtete Biedermeierzimmer voll Geschichte und Geschichten ...
Es ist jetzt Abend geworden, und die funkelnden, blitzenden, leuchtenden, lockenden Schaufenster tauchen die Mariahilfer Straße in ein Meer von Licht. Leuchtreklamen im bunten Spiel der Farben. Spiegelnde Reflexe auf Lack, Chrom und Windschutzscheiben der zu dieser Stunde besonders dichtgedrängt vorbeiziehenden Autos. Während der Vorweihnachtseinkaufszeit erstrahlt diese geschäftstüchtige Straße überdies noch unter einem Meer von Lichterbogen, und auf dem großen Platz vor dem Messepalast drängen sich Kinder und Erwachsene beim traditionellen Christkindlmarkt, einer typisch wienerischen Spezialität.
Dieser Christkindlmarkt ist jahrhundertealt. Er mußte schon sehr oft wandern in Wien, so als ob er selbst gleichsam auf Herbergsuche wäre. Er entwickelte sich im 15. Jahrhundert, stand zuerst auf dem Graben und mußte dann zu Anfang des 18. Jahrhunderts auf den historischen Platz Am Hof ausweichen. Nach dem Zweiten Weltkrieg hatte er vorübergehend seinen Standort auf dem Neubaugürtel beim Westbahnhof, bis schließlich der Platz vor dem Messepalast als die am besten geeignete Stätte für die bunte, verheißungsvolle, weihnachtsfrohe Budenstadt gefunden wurde.
Der Pulsschlag der Millionenstadt Wien zeigt in der abendlichen Mariahilfer Straße den Rhythmus der Welt im Atomzeitalter. Die Symphonie der Großstadt wird synkopiert durch den Takt von Hunderten von Motoren. Der Gedanke fasziniert, daß zum erstenmal in der Geschichte der Technik solch ein Explosionsmotor vor dem Hause Mariahilfer Straße Nr. 107 das Signal zum Aufbruch in die Welt des Autos gegeben hat. Denn hier stand die Werkstatt des zum Wahlwiener gewordenen Mecha-

nikers Siegfried Marcus aus Mecklenburg, der in Mariahilf im Jahre 1864 den ersten von einem Explosionsmotor betriebenen »automobilen Wagen« konstruiert und auch in Betrieb genommen hat.
Als dieser »Ahnherr« aller Autos damals zur Jungfernfahrt startete, mußte der Hausknecht des Herrn Marcus erst die Hinterräder des Karrens vom Boden heben, um den Motor in Gang zu setzen. Dann aber ging es in brausender Fahrt und mit einem Höllenlärm durch die Mariahilfer Straße dahin! Zum Schrecken und zur hellen Empörung der gesamten Nachbarschaft, die diesem üblen Ruhestörer sofort die Polizei auf den Hals hetzte. Seine weiteren Versuchsfahrten durfte dann Marcus nur weit außerhalb der Stadt auf dem damaligen Exerziergelände »Die Schmelz« machen. Dieses ist heute zum Großteil längst ein dichtverbauter Wiener Stadtteil. Der Herr Marcus aber galt in der ganzen Mariahilfer Straße als »stiller Narr«, wenn er mit seinem »automobilen Wagen« dahintrottete, vor dem er und sein treuer Hausknecht sich wie brave Zugpferde eingespannt hatten. Müßten heute in der Mariahilfer Straße alle Autos erst mit den Hinterrädern vom Boden abgehoben werden, damit – nun, dann wäre wahrscheinlich dieses besondere Stück Wien die Straße mit tausendundein Gesichtern ...
Daß aber auch hier Musik aus Wien ihre Gedenkstätte hat, mag uns vor dem Hause Mariahilfer Straße Nr. 65 in den Sinn kommen. Denn hier hat am 20. August 1827 Josef Strauß das Licht der Welt erblickt, einer der kongenialen Brüder des weltberühmten Walzerkönigs. Mit seinen Kompositionen, wie etwa »Delirienwalzer« oder »Dorfschwalben aus Österreich«, hat er das Seine beigetragen zur Unsterblichkeit der Melodien, mit denen die »Strauß-Dynastie« die Welt beschenkte.

Die als Begriff für Wien bekannte Mariahilfer Straße geht auf die alte Poststraße Wien – Linz zurück. Ihr Uranfang war eine Römerstraße, deren Reste vor rund 40 Jahren bei Umbauten gefunden wurden. Heute ist dieser bedeutende Straßenzug eines der größten Geschäftszentren. In den 120 Häusern von der Babenberger Straße bis zum Europaplatz sind über 500 Firmen, Geschäfte und auch die bedeutenden Groß-Warenhäuser der Stadt ansässig. Zur Weihnachtszeit erstrahlt die stets von pulsierendem Leben erfüllte Straße im Schmuck einer festlichen Beleuchtung vieler Tausender Glühlampen.

Die Kaiserschlösser

Zu den vielen Attributen Wiens als Donaustadt, Walzerstadt, Stadt der Lieder und in neuester Zeit Hauptstadt der Atombehörde gehört heute noch mit Recht der Begriff »Kaiserstadt«. Auch wenn seit mehr als einem halben Jahrhundert Österreich Republik ist und von dem einst

so berühmten »k. u. k.« nichts mehr geblieben ist außer Denkwürdigkeiten und prunkvollen Uniformen im Wiener Heeresmuseum und dem wohl niemals verklingenden Deutschmeistermarsch mit dem selbstbewußten Text und Finale: »Mir san vom k. und k. Infant'rie Regiment Hoch- und Deutschmeister Numero 4.«
Aber dennoch hat auch das republikanische Wien seine besonderen Beziehungen zur Kaiserzeit. Noch immer gibt es, als besonders schmackhaft und delikat qualifiziert, den »Kaiserschmarren« und das »Kaiserfleisch«, wozu auch die »Kaisersemmel« und der überaus wohlschmekkende »Kaiserbirn«-Likör gehören. Der Wiener Stadtplan zeigt die Kaiserstraße, die Kaisergartenstraße oder die Kaiserallee. Auch der Stadtteil Kaisermühlen, unweit der Donau, ist ein Begriff, und im Wiener Telefonbuch ist der Familienname Kaiser häufig zu finden.
Vor allem aber gibt es noch immer die prächtigen, von jedem Wiener wirklich geliebten Schlösser der Kaiser, an ihrer Spitze die Hofburg, das Schloß Schönbrunn und Schloß Belvedere. Jedes dieser drei bedeutsamen Bauwerke umschließt eine Welt für sich, jedes dieser drei Schlösser wird sorgsam gepflegt und klug genutzt. Dadurch wandelten sich die Schlösser der Kaiser zu Schlössern des Geistes, der da getragen wird vom Glauben an Österreich.
Die Hofburg präsentiert sich im Herzen Wiens mit ihren zahlreichen Bauwerken und Trakten als eine »Stadt in der Stadt«. Umrahmt von Burg- und Volksgarten sowie vom Heldenplatz, dem Ballhaus-, Michaeler- und Josefsplatz, ist die Wiener Hofburg mehr als 5000 Menschen in 18 Trakten, 2600 Räumen und 19 Höfen täglicher Arbeitsplatz. Unter ihnen finden sich Österreichs Bundespräsident als Staatsoberhaupt in seinen Amtsräumen im Leopoldinischen Trakt der »Burg« gegenüber dem Bundeskanzleramt mit seinen Beamten ebenso wie der jüngste Helfer in den Räumen des unterirdischen Fernheizwer-

kes, das wohl kaum jemand in den Tiefen des heute mehr als siebenhundertjährigen Kaiserschlosses vermutet. Zu diesen Menschen an Arbeitsplätzen in der Hofburg sind aber auch die Beamten der Nationalbibliothek zu zählen, die mit ihrer prachtvollen Architektur zusammen mit der Winterreitschule der Spanischen Hofreitschule den stilvollen Josefsplatz profiliert. Auch die Beamtenschaft des Bundesdenkmalamtes und die kleinen Verkäuferinnen in den Juweliergeschäften im Durchgang der Hofburg zwischen dem Inneren Burghof und dem Heldenplatz gehören zu den Wienern, die täglich in der Hofburg an der Arbeit sind.

Die Hofburg stammt aus verschiedenen Zeiten, von denen die unterschiedlichen Baustile der einzelnen Trakte erzählen können. Ihr Anfang war eine Herzogsburg noch in den Tagen des Babenbergers Leopold VI. außerhalb der damaligen Wiener Stadtmauer. Es dürfte eine gotische viertürmige Burg mit Wall und Graben gewesen sein. Bei der Stadterweiterung wurde sie in die Stadtmauer mit einbezogen, wodurch auch die Burganlagen in Kriegszeiten – so etwa bei der Belagerung durch den Ungarnkönig Matthias Corvinus im Jahre 1483, bei den beiden Türkenbelagerungen (1529 und 1683) und anno 1809 durch Napoleon – in Mitleidenschaft gezogen waren.

Nach den jüngsten Forschungen hat schon der erste Habsburger in Österreich, Kaiser Rudolf I., den heutigen »Schweizer Trakt« errichtet, der urkundlich im Jahr 1278 genannt wird. Die älteste Ansicht der Wiener Hofburg ist auf einem Gemälde in der berühmten Bildergalerie des uns schon bekannten Schottenstiftes zu sehen. Benannt wurde der Trakt nach der später hier untergebrachten Schweizergarde.

Von diesem historischen Trakt aus führt auch einer der Eingänge zu der weltberühmten Weltlichen und Geistlichen Schatzkammer der Hofburg. Die Schränke in diesen

mehrfach gesicherten Schauräumen sind zum Teil aus der Zeit Maria Theresias, als damals diese kostbaren Sammlungen neu aufgestellt wurden. Vor diesen Vitrinen der Weltlichen Schatzkammer umweht uns der Hauch der Jahrhunderte. Hier ist des Heiligen Römischen Reiches mehr als tausendjährige Kaiserkrone, einst gefertigt von Goldschmieden auf der Bodenseeinsel Mainau. Dort die mit kostbaren Edelsteinen gezierte habsburgische Hauskrone. Kaiser Franz I. hat sie nach Errichtung des Erbkaisertums Österreich im Jahre 1804 zur Krone dieser Monarchie erklärt. Ein dritter in Gold und Juwelen prangender Kopfschmuck für ein gekröntes Haupt erzählt auch in dieser Schatzkammer von einem Traum, der sich nie erfüllte. Es ist die vom türkischen Sultan einst dem gegen Habsburg rebellierenden Siebenbürger Fürsten Stephan Bocskay geschenkte Krone, dem das Schicksal Niederlage und Verzicht bestimmte.
Die ehrwürdigen Reichskleinodien der deutschen Kaiser, wie Reichsapfel, Zepter, Evangeliar und Schwert, sind hier in treuer Hut. Es ist seltsam, sich vorzustellen, daß dieses Reichsschwert noch dem greisen Kaiser Franz Josef vorangetragen wurde, wenn er in dem stattlichen Parlamentsgebäude an der Ringstraße mit einer Thronrede vor den versammelten Abgeordneten des alten Österreich von Polen bis Dalmatien und von Böhmen bis Vorarlberg die Session eröffnete. Die Ornate und Halsketten verschiedener Ritterorden, herrliche Krönungsmäntel und Heroldschabracken mit gold- und silberdurchwirkten Stickereien und feinziselierte Elfenbeinstäbe ergänzen den hier gezeigten Prunk.
Besonders bewundert wird in der Schatzkammer der einst Kaiserin Maria Theresia geschenkte Blumenstrauß aus herrlichsten Brillanten, Smaragden, Saphiren und Opalen, die goldene Wiege des Napoleon-Sohnes und Habsburger Enkels Herzog von Reichstadt und das mit aberhundert Perlen bestickte Taufkleidchen, das Maria The-

resia als neugeborenes Prinzeßchen trug. Dies und eine Fülle sakraler Kostbarkeiten in der Geistlichen Schatzkammer werden zu einem unvergeßlichen Erlebnis.
Die Hofburg beherbergt aber auch die erlesene Sammlung historischer Musikinstrumente, auf denen noch Beethoven, Mozart, Schubert und Johann Strauß musizierten; in dem in der »Neuen Burg« eingerichteten Völkerkundemuseum können wir eine Weltreise erleben von den Pharaonengräbern bis zu den Wundern Polynesiens.
Als besondere Kostbarkeit präsentiert sich in diesem Wiener Kaiserschloß die Hofburgkapelle. Unter Kaiser Friedrich III. wurde sie um 1449 neu errichtet, bis zum 19. Jahrhundert jedoch mehrmals umgestaltet. Von der einstigen gotischen Ausstattung haben sich an den Pfeilern 13 Holzstatuen erhalten, die der Bildhauer Niclas Gerhaerd van Leyden um 1470 bis 1480 geschaffen hat. In dieser Hofburgkapelle sind an Sonn- und Feiertagen in den Monaten Oktober bis Juni jeweils zur hier zelebrierten Messe um 9 Uhr 30 die berühmten Wiener Sängerknaben zu hören.
Aufs engste verbunden mit der Geschichte der Wiener Hofburg ist die der weltberühmten Spanischen Hofreitschule und ihrer prächtigen Lipizzaner. Als »des Kaisers weiße Pferde« sind sie heute ein Begriff in aller Welt und die eigentlichen Träger der traditionsreichen »Hohen Schule« der spanischen Reitkunst. Die wunderschönen Tiere haben heute wie seit Jahrhunderten ihre Stallungen in dem sogenannten »Stallburgtrakt«, der im Stil der Renaissance in den Jahren 1558 bis 1565 für den damaligen Thronfolger und späteren Kaiser Maximilian II. errichtet wurde. Der Innenhof dieser Stallburg – er ist heute von der Fußgängerpassage in der Reitschulgasse aus durch sehr hohe Fenster für jedermann zu sehen – ist der schönste Renaissance-Arkadenhof Wiens. Der hier stehende, erlesen schöne schmiedeeiserne Brunnen stammt aus dem Jahre 1675.

Seit den Tagen Kaiser Karls VI. zeigen die berühmten weißen Lipizzanerhengste der Spanischen Reitschule ihre Kunst in der Winterreitschule der Hofburg. Den ganz in Weiß gehaltenen Saal schuf Josef Emanuel Fischer von Erlach (1735).

Die Lipizzaner der Spanischen Reitschule zeigen ihre Kunst bei den Vorstellungen in der Winterreitschule der Wiener Hofburg. In diesem Trakt, der in den Jahren 1729 bis 1735 von Josef Emanuel Fischer von Erlach erbaut wurde, befinden sich auch der Kleine und der Große Redoutensaal. Einst waren sie Schauplatz rauschender höfischer Ballfeste der Kaiser, heute wird im Großen Redou-

tensaal während der Sommermonate dem Besucher Wiens beschwingtes Operetten- und Spielopertheater geboten.
Die Wiener Hofburg – sie präsentiert sich in ihrer Gesamtheit nicht nur als ein riesiges Freilichtmuseum der verschiedenen Epochen der Architektur. Sie macht uns nicht nur mit der Kunst gefeierter Barockbaumeister wie etwa Lucchesi, Domenico, Carlone und anderen bekannt. Sie weiß auch sehr beredt von der großen historischen Vergangenheit Wiens zu erzählen und dazu Hunderte von Anekdoten um die hier einst residierenden Habsburger Kaiser.
Da präsentiert sich, am eindrucksvollsten vom inneren Burghof aus gesehen, die elegante Fassade des sogenannten »Reichskanzleitraktes«. Es ist einer der wenigen Monumentalbauten Wiens, die durch das gemeinsame Schaffen des Belvedereschöpfers Lukas von Hildebrandt und des großen Barockbaumeisters Josef Emanuel Fischer von Erlach (der Sohn des berühmten Vaters!) entstanden. Die drei Portale sind mit Kolossalplastiken von Lorenzo Martielli geschmückt und verherrlichen die Taten des Herkules.
Das elegante Portal der Einfahrt in die Hofburg vom Michaelerplatz aus wurde nach den Plänen Fischers von Erlach erst nach Jahrhunderten ausgeführt. Denn erst zur Regierungszeit Kaiser Franz Josefs konnte sich ein Habsburger Herrscher wieder solcher Geldmittel erfreuen, daß die Vollendung der barock geplanten Hofburg verwirklicht werden konnte. Die immer wieder so viel bewunderte wahrhaft kaiserliche Kuppel dieser Burgeinfahrt in die berühmte Habsburger Residenz ist von dem heute so gut wie vergessenen Schloßhauptmann Ferdinand Kirschner im Jahre 1893 geschaffen worden. Damals wurden auch die beiden Monumentalbrunnen auf dem Michaelerplatz gemeißelt, die seither die schöngeschwungene Fassade dieses »Michaelertraktes« zu beiden Seiten

des mit dem Habsburger Wappen gekrönten Portales schmücken. Sie versinnbildlichen die Herrschaft zur See – die österreichisch-ungarische Monarchie besaß ja bis 1918 in der Adria auch eine beachtliche Kriegsmarine! – und die »Herrschaft zu Lande«. Beide Monumentalbrunnen wurden von den einst sehr gefeierten Wiener Bildhauern Rudolf Weyr und Edmund Hellmer geschaffen.
Eindrucksvoll ist es heute noch, die als Schauräume gezeigten Appartements der letzten Kaiser von Österreich in der Wiener Hofburg zu durchschreiten. Sie präsentieren sich in vornehmer, betont zurückhaltender Eleganz, geschmückt mit erlesenen Gemälden oder prächtigen Gobelins. Im einstigen Schlafgemach des alten Kaisers Franz Josef überrascht das schlichte, eiserne Soldatenbett inmitten all der kostbaren Gobelins, Brokatmöbel und Teppiche. Merkwürdig erscheint uns die Sprossenwand neben dem Schlafgemach der Kaiserin Elisabeth. Sie hatte dieses Zimmer als eine Art Turnsaal einrichten lassen, da sie stets auf ihre »Linie« sehr bedacht war und außer der täglichen Gymnastik auch noch recht eigenartige »Schönheitsmittel« praktizierte, wie Gesichtspackungen mit rohem Kalbfleisch zur Pflege des Teints oder Bäder in Eselsmilch für die Verjüngung der Haut.
Wahrhaft nobel aber präsentiert sich in einem der Säle als echtes Schaustück die prächtig gedeckte Hoftafel wie zu Zeiten des Kaisers. Da blinken im Licht der Kronleuchter kostbare Tafelaufsätze aus der gleichfalls zu besichtigenden Schausammlung der ehemaligen Hoftafel- und Silberkammer. Da funkeln feingeschliffene Gläser, blitzt schwersilbernes Besteck auf edlem Damast. Allein schon diese Tafel in der Wiener Hofburg ist ein faszinierendes Spiegelbild dessen, was einst kaiserlicher Prunk war mit der besonderen Note gepflegter Wiener Tischkultur.
Berühmt in aller Welt ist auch jener Trakt des Kaiserschlosses Hofburg, der seit den Tagen von Karl VI. die heute zur Österreichischen Nationalbibliothek geworde-

nen großartigen Büchersammlungen beherbergt. Ein besonderes Erlebnis wird der Besuch des Prunksaales, in dem der Barockmeister Daniel Gran als Deckenfresken eine Apotheose des kaiserlichen Bauherrn Karls VI. geschaffen hat. Mit Bildnissen und Statuen verschiedener habsburgischer Herrscher, mit den Prachtbänden der einst noch von Prinz Eugen gesammelten Privatbibliothek und den in ihrer Art einzigen Globen des italienischen Meisters Coronelli bietet dieser Prunksaal das Muster einer Barockbibliothek. Die gesamte Sammlung an Bücherschätzen und Manuskripten der Nationalbibliothek zählt heute rund 2,2 Millionen Druckwerke und Handschriften aller Art, zu denen noch die reichen Schätze an kartographischem Material, Partituren, die beträchtliche Porträtsammlung und eine Fülle von Musikwerken kommen.

Die heutigen Verwalter der Wiener Hofburg sind sehr stolz darauf, daß es – dank geschickter österreichischer Architekten – gelungen ist, unter Beibehaltung aller historischer und kunstgeschichtlicher Einzelheiten die Säle dieses Kaiserschlosses umzuwandeln in ein Zentrum der modernen Kongreßabwicklung. Zu diesen Räumen zählen der Große Zeremoniensaal der österreichischen Kaiser, die einstige Geheime Ratsstube, der Große Festsaal und auch jene Appartements, die nach einem besonderen Privileg des Kaisers der berühmte österreichische Feldmarschall Graf Radetzky jederzeit als Gast des Monarchen beliebig lang bewohnen durfte.

Durch wenige Handgriffe lassen sich heute diese historischen Räume in moderne Tagungssäle mit Simultananlagen, Fernsehkabinen und Pressefernschreibern verwandeln. Säle, in denen tagsüber etwa die Generalversammlung der Internationalen Atomenergie-Organisation ihre Sitzungen abhält, werden abends wieder die einstigen Kaisergemächer für festliche Repräsentation mit Tanz und Bankett.

Vor der »Neuen Burg« dieser Wiener Hofburg aber weitet sich der Heldenplatz mit den zwei großen Reiterstandbildern, die einst der bedeutende Erzgießer Anton Fernkorn gestaltet hat. Sie zeigen Prinz Eugen auf einem Lipizzaner in der charakteristischen Reitschulpose der sogenannten »Courbette« und auf einem edlen Neapolitaner, kühn die Fahne des Sieges schwingend, Erzherzog Karl von Österreich, den ersten Besieger Napoleons. Den Heldenplatz begrenzt zur Ringstraße hin das von Peter Nobile anno 1824 in seiner heutigen Form gestaltete »Burgtor«, das in Wahrheit das einzige noch erhaltene letzte Stadttor der Befestigungen um die alte Kaiserstadt Wien ist.

Das Lustschloß Schönbrunn wird oft als zweites Kaiserschloß in Wien, als »typisches Pendent zur Hofburg«, vorgestellt. Selten ist ein größerer Irrtum zum Klischee geworden. Denn um Schönbrunn zu verstehen, muß man sich immer wieder vor Augen halten: Es ist als Sommerresidenz gedacht, als luftiger, aber dennoch mit allem Raffinement einer hochentwickelten Hofhaltung gedachter »Séjour«, fern von der einst etwas düsteren Hofburg mit ihrem besonders strengen Zeremoniell und der steifen spanischen Etikette. Es ist bezeichnend, daß die eigentliche Schöpferin von Schloß Schönbrunn, wie wir es heute kennen, Maria Theresia, als sehr natürliche und herzenswarme Frau die strengsten Regeln der im Laufe der Jahrhunderte »eingefrorenen« Etikette sehr oft durch eine Verfügung einfach aufgehoben hat. Aber dennoch war auch noch in den Tagen Kaiser Franz Josefs offizielle Vorschrift, daß man sich vor dem Monarchen dreimal tief zu verbeugen hatte, wobei die Damen außerdem den sogenannten »Hofknicks« (tiefes Beugen des Knies mit gleichzeitigem Breiten der Röcke) auszuführen hatten. Auch beim Verlassen einer Audienz waren drei Verbeugungen zu machen, wobei man rückwärts schreitend der Tür zustrebte. Mitglieder der Kaiserfamilie und des höheren Adels stand nur eine halbe Verbeugung zu.

Schloß Schönbrunn wurde mit 1441 Zimmern und Sälen erbaut, darunter 390 Wohn- und Repräsentationsräumen und 149 Küchen. Nicht nur Maria Theresia, sondern auch Napoleons Schwiegervater Kaiser Franz I. und vor allem der hier 1830 geborene und 1916 gestorbene Kaiser Franz Josef I. haben als Bauherrn ihre ganze Liebe ihrem Schönbrunn gegeben. Namentlich in der Regierungszeit dieses letzteren Monarchen galt »Schönbrunn« als ein politischer Begriff in der Welt, als ein Symbol für das Haus Habsburg-Lothringen.
Der Anfang des Schlosses war eine kleine Mühle, aus der sich dann ein Jagdschlößchen entwickelte, das im Jahre 1619 in den Besitz Kaiser Matthias II. kam. Dieser entdeckte bei einer Jagd in dem weiten Waldgelände um das Schlößchen eine Quelle, bei der er angeblich ausrief: »Welch ein schöner Brunnen.« Nach dieser Überlieferung soll »Schönbrunn« seinen Namen erhalten haben. Tatsache ist, daß um diese Zeit jene Quelle gefaßt wurde, die heute noch in einer im Stil der Romantik gestalteten künstlichen Grotte mit der anmutig-fülligen Figur der Brunnennymphe Aegeria als »Schöner Brunnen« zu den historischen Sehenswürdigkeiten im Park des Schlosses zählt.
Das weitläufige Bauwerk wurde von Johann Fischer von Erlach entworfen, dem zu Ehren seines Kaisers ein noch großartigerer Palast als der des Sonnenkönigs von Versailles vor den Toren von Paris vorschwebte. Er sollte dort stehen, wo heute der elegante Ruhmestempel der sogenannten Gloriette vom Schönbrunner Berg auf Schloß und Stadt herniedergrüßt. Der Plan wurde abgeändert,

Als repräsentatives Gartenpalais für Prinz Eugen von Savoyen erbaute Lukas von Hildebrandt das Schloß Belvedere (vollendet 1723). Es enthält die Österreichische Galerie des 19. und 20. Jahrhunderts, im Unteren Belvedere das Barockmuseum.

das Schloß an den Ufern des Wien-Flusses gebaut, das dann der Hofarchitekt Maria Theresias, Nicolaus Pacassi, in den Jahren 1744 bis 1749 vollendete. Dieser mußte sogar ein Zwischengeschoß einschieben, da Maria Theresia mit ihrer besonders kinderreichen Familie – sie gebar sechzehn Nachkommen! – viel Platz benötigte. Denn jedes der kaiserlichen Kinder hatte ja nach dem damaligen Stil der Herrscher wieder eine eigene Hofhaltung.
Ein Besuch von Schloß Schönbrunn beginnt am besten bei einer Besichtigung der in der ehemaligen Winterreitschule in einem westlichen Nebentrakt gezeigten Wagenburg. Hier hat man mit sehr viel Liebe, kunsthistorischem Fachinteresse und nicht unbeträchtlichen Geldmitteln all die kaiserlichen Prunkwagen konserviert und zur Schau gestellt, die vom 17. bis in die Anfänge des 20. Jahrhunderts von den habsburgischen Herrschern benützt worden sind. Angesichts etwa der vergoldeten gläsernen Krönungskarosse im hochbarocken Stil – in ihr fuhren noch 1917 als letztes ungarisches Krönungspaar Kaiser Karl I. von Österreich und seine Gemahlin Zita, die Eltern Dr. Otto Habsburgs, zur Krönung durch die Straßen Budapests – oder des historischen Leibfiakercoupés des alten Kaisers Franz Josef wird Geschichte lebendig wie nirgend sonst in Wien. Galawagen von Kardinälen, die Reisekalesche Marie Louises für ihre Fahrt zu Napoleon nach Frankreich, Jagdkutschen, in denen gekrönte Häupter Politik machten – sie alle wissen hier von Prunk und Glanz, Höhepunkt und Vergänglichkeit der alten Kaiserstadt Wien zu erzählen.
Aber da wird auch unsere Stunde in den Gemächern von Schloß Schönbrunn zum unvergeßlichen Erlebnis. Denn Maria Theresia hat sich und ihrer Zeit mit so manchen dieser Gemächer ein einmaliges Denkmal gesetzt. Da stehen wir etwa im sogenannten »Millionenzimmer«. Es ist völlig in kostbarstem Rosenholz getäfelt und mit vergoldeten Holzarabesken geschmückt, die vorsorgliche

Hände zu Beginn des Zweiten Weltkrieges abmontiert und nach seinem Ende ebenso liebevoll wieder aufmontiert haben. Da sind die beiden chinesischen Salons mit erlesenen Kostbarkeiten asiatischer Kunst, und das Porzellankabinett flüstert Intimes aus der Vergangenheit einer galanten Zeit.
In dem eleganten »Vieux-lacque-Zimmer« können wir die Rokokotage nachempfinden, da der uns hier charmant von seinem Porträt zulächelnde Gemahl der Schloßherrin, Franz Stephan von Lothringen, als Finanzgenie mit der Sanierung und dann der gründlichen Fundierung der Staatsfinanzen Österreichs begann. Daß er dabei auch sehr geschickt für die gute Finanzierung des Hauses Habsburg-Lothringen am Werke war, ist durch viele Dokumente bewiesen. Ein paar Schritte weiter stehen wir im Spiegelsaal, in dem eines Tages des Jahres 1762 der sechsjährige Wunderknabe Mozart Maria Theresia vorspielte. Sein Vater Leopold schrieb über diesen Besuch an seine Frau: »Der Wolferl ist der Kayserin auf die Schoos gesprungen, sie um den Hals bekommen und rechtschaffen geküsst!« Man kann die kindliche Begeisterung des kleinen Besuchers verstehen, wenn man dann im Zeremoniensaal das von dem niederländischen Hofmaler Meytens geschaffene berühmte Gemälde Maria Theresias zu sehen bekommt ...
Ganz andere Impressionen in den Gemächern, in denen der im Schloß Schönbrunn am 21. November 1916, während des Ersten Weltkrieges, mit 86 Jahren hier verstorbene Franz Josef wohnte. Im Arbeitszimmer ein Beamtenschreibtisch und eine Aktenablage, die man heute dem jüngsten Angestellten in der Republik kaum ins Zimmer stellen würde, ohne dessen Mißfallen zu erregen. Erschütternd das hier in einem prunkvollen Rokokogemach mit bordeauxroten Brokatmöbeln noch nüchterner als in der Hofburg wirkende Soldatenbett, in dem dieser Herrscher seine Augen geschlossen hat. Nach

einem Leben, das ihm Schicksalsschläge brachte, wie die Hinrichtung seines Bruders, den Selbstmord des einzigen Sohnes, die Ermordung seiner Gemahlin, die Ermordung seines Thronfolgers. Das tragische Kennwort: »Mir bleibt doch nichts erspart!« wird uns angesichts dieses Soldatenbettes in dem sonst so heiteren Schloß Schönbrunn schwer bewußt.

Ein paar Gemächer weiter, und wir stehen vor jenem Bett, in dem Napoleon als Eroberer Wiens schlief und in dem Jahre später sein einziger Sohn, der Herzog von Reichstadt, mit 21 Jahren seiner schweren Lungenkrankheit erlag. Ein Lustschloß? Mit so viel Tragik? Mehr noch: Es wurde zu Habsburgs Schicksalsschloß. Denn im »Blauen Salon« unterzeichnete Österreichs letzter Kaiser, Karl I., am 11. November 1918 die Erklärung seines Verzichts auf Regierungsgeschäfte in Österreich. Das Ende einer siebenhundertjährigen Dynastie war gekommen . . .

Aber da ist auch das andere Schönbrunn! Mit seiner eleganten Spiegelgalerie, in der man förmlich den so beschwingten »Kaiserwalzer« von Johann Strauß bei so manch kaiserlichem Fest erklingen hört. Unvergessen der Blick auf das weite Blumenparkett, das in jedem Frühjahr mit 30000 Blütenpflanzen erneuert wird. Ein Erlebnis ganz besonderer Art ist im Sommer eine Abendführung durch das Schloß, wenn alles wie in einem Märchenschloß hell erleuchtet ist.

Die schon erwähnte Gloriette ist die Krönung des von parkartigen Waldungen eingefaßten »Schönbrunner Berges« gegenüber der breiten Südfront des Schlosses. Steinerne Quintessenz baukünstlerischer Aussage einer galanten Zeit, als repräsentativer Gartenpavillon für sommerliche Tanzvergnügungen oder auch abendliche Erholung im lauen Wind, der damals vom Tal des heute fast völlig eingewölbten Wien-Flusses bergan zog. Das Schloß und die Gloriette, die – aus der Ferne gesehen – in einem dämmernden Sommerabend wie ein Traumbild über dieser kaiserlichen Residenz zu schweben scheint, sind dem Wiener unserer Tage ein Sinnbild sonntäglicher Erholung.

Die Gesamtlänge des Parks im Zuge der Hauptallee beträgt rund 1250 Meter. Der Baumbestand zeigt Eichenmischwald im Hang- und Berggelände, Platanen und Aubäume (Pappeln) in dem ebenen Teil auf. Unvergessen die Stimmungen eines Herbsttages mit den buntflammenden Farben dieser Jahreszeit über den gestutzten Baumwänden zur Gloriette hin. Oder die Pracht der tiefrot glühenden Rosen in dem vornehm-stillen, einst nur dem Kaiser vorbehaltenen Kammergarten westlich vom Schloß, zu dem eine weiße Marmortreppe hinaufführt.

»Fülle der Formen, Blick in die Weite, Noblesse in Stuck und Marmor!« Das ist Schloß Belvedere, geschaffen von dem genialen Barockbaumeister Lukas von Hildebrandt. In vornehmem Weiß, flankiert von patinagrünen Kuppeln und umrahmt von der zu jeder Jahreszeit eindrucksvollen Schönheit eines streng gezügelten Parks! So thront dieses Schloß auf sanftem Hügel im Süden Wiens über dem sich breitenden Gewirr und Gewinkel der Dächer, Giebel und Türme jener Stadtbezirke, die einst innerhalb des Linienwalls der Festung Wien lagen. Heute sind sie längst vermählt mit den anderen Teilen der sich weithin ausbreitenden Weltstadt zwischen dem Kahlenberg und den Hügelwellen des Laaerberges südlich des weißen Schlosses.

Wenn auch niemals ein Habsburger Kaiser hier residierte, so ist Schloß Belvedere dennoch als drittes zu nennen, wenn man von Wiens Kaiserschlössern spricht. Denn jener Prinz Eugen von Savoyen, der sich diesen repräsentativen Landsitz im Grünen von seinem Kriegsgefährten, dem ursprünglichen Militäringenieur Lukas von Hildebrandt, erbauen ließ, galt in den letzten Jahrzehnten seines Lebens als »der heimliche Kaiser in Wien«.

Solch einen Gipfel der politischen, militärischen und

Das Südportal des Oberen Belvedere präsentiert sich als noble Schöpfung des Barock. Im roten Marmorsaal des Schlosses wurde am 15. Mai 1955 durch die vier Großmächte der österreichische Staatsvertrag unterzeichnet.

auch persönlichen Macht hatte dieser 1663 in Paris geborene und in seinem Heimatland Frankreich verlachte und unterschätzte Mann erreicht. Als begeisterter Kämpfer für die Christenheit einer der bedeutenden Staatsmänner und Heerführer der Geschichte, sah Eugen von Savoyen im Lauf eines langen Lebens all die Träume erfüllt. Seinen ersten mag er geträumt haben als junger Kornett im Entsatzheer von Wien am Vorabend der großen Türkenschlacht von 1683. 1697 führte er bereits den Oberbefehl im Türkenkrieg, siegte bei Zenta, schuf den Frieden von Karlowitz, der Österreich Ungarn und Siebenbürgen einbrachte, nahm 1717 Belgrad ein, eroberte für Österreich das Banat und das nördliche Serbien und siegte im Spanischen Erbfolgekrieg. Nicht umsonst liegt sein Schloß an jener Heerstraße, auf der die Türken vor Wien gezogen waren. Als alter Herr mag der Savoyer von der großen Altane der Nordfront des Schlosses manchmal sinnend hinübergeblickt haben zum Kahlenberg, an dessen Fuß er einst die Feuertaufe erhielt.

Wir erinnern uns bei diesem Blick über Wien, daß dieses einzigartige Panorama der große italienische Meister Canaletto auf seinem berühmten Bild festhielt: »Blick vom Belvedere«. Daß aber auch Jahrhunderte nach ihm, als das prächtige Schloß durch Kauf längst habsburgischer Besitz geworden war, ein anderer hochgestellter Schloßherr gedankenvoll auf Wien blickte. Einer, der Kaiser von Österreich geworden wäre, hätten ihn nicht am 28. Juni 1914 die Mörderkugeln in Sarajewo niedergestreckt! Erzherzog Franz Ferdinand von Österreich, 1863 in Graz geboren. Dieser künftige Kaiser residierte als letzter Habsburger seit 1894 in diesem Schloß, bereitete hier alle Pläne und Reformen für seinen künftigen Regierungsantritt vor, gruppierte um sich zahlreiche Männer, die geradezu die »Belvederepartei« waren. Als Gegenspieler zu den um den greisen Franz Josef in Schloß Schönbrunn regierenden Aristokraten und Politikern der »Schönbrunnpartei«.

Gewiß, es war dies alles weit über ein halbes Jahrhundert vor unserer Zeit, aber auch hier wurden Träume gesponnen, Probleme aufgerollt, soziale, wirtschaftliche und politische Fragen gestellt, die eine weltweite Bedeutung erlangten, deren letzte Konsequenzen das heutige Weltbild ergaben. Das jüngste Geschehen von historischer Bedeutung, die Unterzeichnung des österreichischen Staatsvertrages durch die vier Großmächte am 15. Mai 1955, hatte den prachtvollen Marmorsaal im Schloß Belvedere als

Schauplatz. Weshalb denn heute so viele Österreicher von diesem Prunkschloß des einstigen heimlichen Kaisers Prinz Eugen sprechen als vom »weißen Schloß unserer Freiheit«.

Die Innenausstattung des Oberen Belvedere, nach Entwürfen von Claude le Fort du Plessy ausgeführt, steht seinen Prunkfassaden nicht nach. Sala Terrena und das Treppenhaus sind ganz auf Weiß abgestimmt. Die Stukkaturen stammen von Satino Bussi, an den Wandgemälden arbeiteten u. a. Carlo Carlone, Gaetano Fanti, Jonas Drentwett, Giacomo del Po und der Neapolitaner Francesco Solimena. Im 18. Jahrhundert hat Hohenberg die Gartenfront geändert. Seit dem Ersten Weltkrieg enthält das Obere Belvedere die Österreichische Galerie des 19. und 20. Jahrhunderts. Die Sammlung zeigt die österreichische Kunstentwicklung vom Klassizismus bis zur Gegenwart. Besonders sei auf die Werke von Moritz von Schwind, Ferdinand Waldmüller, Anselm Feuerbach, Carl Schuch, Egger-Lienz, Gustav Klimt, Egon Schiele, Oskar Kokoschka und Herbert Boeckl hingewiesen. An der Ostseite des Ehrenhofes liegt der Kustodentrakt, in dem am 11. Oktober 1896 den großen österreichischen Symphoniker Anton Bruckner der Tod ereilte.

Das Untere Belvedere ist äußerst schlicht ausgeführt. Hier wohnte Prinz Eugen vorwiegend. Im Marmorsaal sind Fresken (1716) von Martin Altomonte: die Allegorie der päpstlichen Verleihung von Hut und Schwert an Prinz Eugen. Der Saal, einer der festlichsten Säle des Wiener Barock, ist in einem feierlichen Akkord von Rot, Braun, Gold und Weiß gehalten. Seit 1923 ist das Österreichische Barockmuseum mit Gemälden und Skulpturen des 18. Jahrhunderts hier errichtet.

Als Bauwerk und mit all den Kunstschätzen, die es birgt, ist das Belvedere der »wahre Tempel der Plastik und Malerei des Barockzeitalters in Österreich«. So nennen Kunstexperten das Schloß Belvedere mit seinen reichen

Das Sterbezimmer Kaiser Franz Josephs in Schönbrunn (Todestag 21. November 1916) beeindruckt jeden Besucher. Franz Joseph regierte 68 Jahre und wurde zum Symbol der ›guten alten Zeit‹. Seine von Pflicht diktierte soldatische Lebensweise läßt das schlichte Bett in dem prunkvollen Raum erkennen.

Deckenfresken, Scheinarchitekturen und dem in seiner Art grandiosen Treppenhaus in schneeweißem Stuck und kontrastreichen schmiedeeisernen Kunstschöpfungen. Diese Fürstenresidenz ist in ihrer Gesamtheit einer der vielen erfüllten Künstlerträume jener Epoche, da man von der Kaiserstadt Wien sprach als »Vienna gloriosa« . . .

Ein Abend im Schönbrunner Schloßtheater

Im festlichen Licht ladet an einem Sommerabend das noble Kaiserschloß Schönbrunn zum Besuch. In zartem Weißgold versprühen die Springbrunnen im weiten Ehrenhof ihre vom lauen Nachtwind leicht verwehten Wasserschleier. Aus den hohen Fenstern der einstigen kaiserlichen Gemächer – sie sind heute als Schauräume mit ihrer kostbaren Ausstattung und der Fülle historischer Impressionen ein unvergeßliches Erlebnis – strahlt heller Glanz. Auch die berühmte Spiegelgalerie, in der so oft Weltgeschichte gemacht wurde, auch in unseren Tagen, ist hell erleuchtet. Denn es findet soeben eine Abendführung statt – »top attraction« für Wiens Gäste aus aller Welt! Die Auffahrt der Autos jedoch vor einem der langgestreckten Seitentrakte gilt nicht diesem Ereignis. Sondern einer festlichen Premiere der Wiener Kammeroper in dem historischen Schönbrunner Schloßtheater, das in seiner Art einzig in der Welt ist ...

»Spectakel müssen sein – ohne dem kann man nicht hier bleiben in einer solchen Residenz!« Das war der Entschluß der eigentlichen Gestalterin von Schönbrunn, Kaiserin Maria Theresia, als sie in ihrem geliebten Sommerschloß dieses Theater 1741 bis 1749 von Johann Ferdinand von Hohenberg erbauen ließ. Am 28. August 1749 wurde es eröffnet und ist nun seit mehr als 220 Jahren eine Pflegestätte der Theaterkunst, die ein bedeutsames Wort des einstigen Wiener Hofburgtheater-Direktors Heinrich Laube immer aufs neue bestätigt: »Gäbe es nicht schon das Theater, die Österreicher würden es erfinden.«

Zum Spektakel und zur Erlustigung wurde einst dieses Schloßtheater für »allerhöchste Herrschaften« geschaffen. Aber es ist zum Schauplatz ebenso denkwürdiger Uraufführungen wie kulturgeschichtlich bedeutsamer Veranstaltungen geworden. Und es erscheint geradezu symbolisch, daß diese älteste Bühne in der Theaterstadt Wien heute die Probebühne für den jüngsten Nachwuchs auf den Brettern ist, welche die Welt bedeuten. Denn die künftigen Heldendarsteller, Salondamen, Heroinen und jugendlichen Liebhaber, denen vielleicht schon in fünf oder zehn Jahren überfüllte Theatersäle Europas zujubeln werden, halten ihre Proben als Schüler des Reinhardtse-

minars auf dieser traditionsreichen Bühne ab. Neues junges Künstlerleben in diesem alten Theater, das gerade dadurch zeitlos jung bleibt.
Die Reinhardtseminaristen haben ihre Akademie im nahen Cumberlandschloß in der Penziger Straße Nr. 9, wo seit 1940 das »Max-Reinhardt-Seminar« seinen Sitz hat. Es ist die Schauspielabteilung der Wiener Akademie für Musik und darstellende Kunst und geht auf die 1852 eingeführten »Kurse für Rezitation« zurück. Max Reinhardt, 1873 in Baden bei Wien geboren, 1943 in New York gestorben, Mitbegründer der Salzburger Festspiele und richtungweisender Regisseur, schuf sich hier 1929 eine vorbildlich gewordene Ausbildungsstätte junger Schauspieler, aus der u.a. Vilma Degischer, Judith Holzmeister, Inge Konradi, Fred Liewehr, Johanna Matz und Paula Wessely hervorgingen.
Während der Sommermonate bietet die Wiener Kammeroper im Schönbrunner Schloßtheater ihre Aufführungen. Auch hier hat sich eine Künstlergruppe zusammengefunden, die seit bald zwanzig Jahren stets auf Talentsuche in der ganzen Welt junge Sänger und Sängerinnen nicht nur ausbildet, sondern zu einem stets wachsenden Ensemble im besonderen Stil der Wiener Kammeroper formt. Opernkünstler mit internationalem Ruf haben an dieser Kammeroper begonnen. Musiker namhafter Wiener Orchester finden sich gern während der Sommermonate bereit, mit ihrem Können der Kammeroper zu dienen und damit der Musikstadt Wien. Denn wenn – bedingt durch die sommerlichen Ferien des künstlerischen und technischen Personals – die beiden großen Theater an der Ringstraße, Burgtheater und Staatsoper, geschlossen sind, dann sind es die Abende der Kammeroper im Schönbrunner Schloßtheater, die Wiener Musikkultur in bestem Stil erleben lassen.
Vor allem das klassische Singspiel und die komische Oper stehen auf dem Programm. Kleinere, intimere Werke, die

Das als Gästeschlößchen Maria Theresias erbaute ›Lothringer Haus‹ wurde 1867 zum Cumberland-Palais umgestaltet und ist seit 1940 Sitz des Max-Reinhardt-Seminars.

keinen allzugroßen, modernen Bühnenapparat erfordern, aber ausgezeichnete Stimmen und – wie jede barocke Spieloper – ausgeprägtes schauspielerisches Talent. Sie sind damit das richtige für dieses Schönbrunner Schloßtheater, das selbst ein echtes Kind jener Zeit ist.

Davon erzählt schon die – nach modernem Geschmack freilich ein wenig überladene – Rokoko-Ausstattung des Zuschauerraumes, die jedoch als Kunstwerk für sich gilt. Zwar ist all diese Pracht in Marmor und Stuck meist in Holz vorgetäuscht, aber selbst diese Holzveredelung, die meisterhafte Scheinarchitektur, die ebenso treffliche Scheinmarmorierung oder etwa die Decke des intim wir-

kenden Saales mit ihren verspielten Malereien erzählen beredt von Meistern, die ihre Kunst beherrschten. Mit Kariatyden, Schnörkeln und reichem Schnitzwerk hat man hier einst nicht gespart: wohl aber an den rechten Proportionen, wodurch allerdings der Raum eine eigenartige Wärme durch den Eindruck der Überfüllung erhält. Die Farbenkombinationen ergänzen einander auf das beste. Hingegen überraschen die Kontraste zwischen den vorgewölbten Ranglogen, die wie goldene Schwalbennester aussehen, gegen die etwas gedrängten Sitzreihen im Parkett und Parterre. Diese sind in sehr strengem, fast geometrischem Stil und in mattem Schwarz gehalten. Künstler unserer Tage haben den polizeilich vorgeschriebenen »Eisernen Vorhang« dem Stil des Hauses entsprechend bemalt.
Erstaunlich, wie sehr sich diese Zeitgenossen aus einem Wien, das heute die Hauptstadt der Atombehörde ist, einfühlen konnten in die Zeit des Hofarchitekten Hohenberg. Er war ein Künstler, der selbst mit Hand anlegte, als es galt, die große Loge gegenüber der Bühne für Kaiserin Maria Theresia möglichst prunkvoll zu gestalten. Allein diese Loge ist heute zur Kostbarkeit geworden. Denn seit in der Hölle des Zweiten Weltkrieges die Staatsoper am Ring und auch das Burgtheater gegenüber dem Neuen Rathaus völlig ausgebrannt waren, ist diese Loge in Wiens ältestem Theater die einzige noch erhaltene »Kaiserloge« in ganz Europa.
»Ein ganz magnifiques Theaterchen, Sire!« Dieses Urteil über das Theater gab am Tag nach der Besetzung des Schlosses Schönbrunn durch Napoleon im Jahre 1809 der französische General Turock ab, als er das Ergebnis einer gesamten Inspektion der Schloßanlage seinem Kaiser meldete. Napoleon war beeindruckt, ließ auf seine Kosten das kleine Bühnenhaus etwas renovieren und lud zur Wiedereröffnung am 31. Juli 1809 die höchste Gesellschaft von Wien zu Gast. Gespielt wurde an diesem

Abend »Phädra« von Racine, in der deutschen Bearbeitung von Schiller. Napoleon saß damals dort oben in dieser Hofloge, in der heute noch jeweils prominente Gäste ihren Ehrenplatz haben.
In den Jahren 1813/14 gab Ignaz Franz Castelli, repräsentativer Biedermeier-Dichter und Begründer der »Skizzen aus dem Wiener Alltag«, in diesen Räumen jeden Sonntag Vorstellungen mit Dilettanten, die er selbst leitete. Mitglieder des Burgtheaters traten zum erstenmal unter Franz I. auf. Am 14. Oktober 1814 und am 22. Jänner 1815 gingen hier vor Kaisern und Königen des Wiener Kongresses die Opern »Johann von Paris« und »Aschenbrödel« in phantastischen Inszenierungen über die Bühne.
Oft fanden in diesem Schloßtheater auch Wohltätigkeitsveranstaltungen des Hofes statt. So spielten am 5. Mai 1845 Mitglieder des Hochadels »Madame Barbe-Bleu« und »La peau du Lion« in französischer Sprache. Am 19. Oktober 1873 war Kaiser Wilhelm I. Ehrengast einer Festvorstellung. Bismarck, der seinen Kaiser begleitete, bewunderte die mitwirkende Burgschauspielerin Amalie Haizinger mit den Worten: »Donnerwetter, das ist mal ein graziles Persönchen!«
Im Jahre 1924 hat man durch eine Verkleinerung des Bühnenraumes diesen Theatersaal um ein Drittel erweitert. Dadurch springen einige Säulen vor, die das einst die Bühne begrenzende klassizistische Tempelvordach tragen, das ein reichgeschnitzter Doppeladler krönt.
Was hat dieser stattliche Wappenvogel hier nicht alles schon gesehen. Da war das erste Konzert des später so gefeierten Komponisten Luigi Cherubini! Da hat Franz Schuberts Freund, der Hofopernsänger Johann Michael Vogel, seine großartigen Baßarien hören lassen. Und vierundfünfzig Jahre nach Mozarts Tod wurde in diesem Saal eine der herrlichsten Kompositionen des Meisters uraufgeführt, die »Titus Ouverture«. An diesem Dirigentenpult hat Johann Strauß-Vater, der Begründer der berühm-

ten »Walzerdynastie«, auf besondere Einladung des Kaisers für die Wiener Gesellschaft ein Wohltätigkeitskonzert dirigiert, aus dessen Erlös das erste Blindenheim in Europa geschaffen wurde.

In diesem Theater traten aber auch nach der damaligen Sitte des kaiserlichen Hofes Prinzen und Prinzessinen bei Familienvorstellungen auf. Napoleons Sohn, der unglückliche Herzog von Reichstadt, hat auf dieser Bühne in der Rolle eines Sawojarden-Knaben seinen stolzen Großvater Kaiser Franz I. und dessen Gesellschaft begeistert, hat Racine und Corneille deklamiert. Marie-Antoinette, Königin von Frankreich, tanzte hier als kleine Primaballerina mit ihren Schwestern bei einem Geburtstagsfest ihrer Mutter Maria Theresia.

Die letzte »Familienaufführung« des Hauses Habsburg hat der alte Doppeladler am 1. Dezember 1908 auf dieser Bühne gesehen. Es war der Vortag des sechzigjährigen Regierungsjubiläums Franz Josef I., und mehr als vierzig Prinzen und Prinzessinnen des weitverzweigten Hauses Habsburg-Lothringen brachten auf dieser Bühne ein Huldigungsspiel in den verschiedensten Nationaltrachten des damaligen 56-Millionen-Reiches Österreich-Ungarn dar. Den Festprolog sprach Franz Josefs Lieblingstochter Erzherzogin Marie-Valerie. Nach ihr heißt heute noch der Schloßtrakt, in dem sich dieses bezaubernde Theaterchen befindet, »Valerietrakt«.

All das erleben und erlauschen wir beim Besuch einer Vorstellung der Wiener Kammeroper im Schönbrunner Schloßtheater. Es war eine bezaubernde Aufführung des »Barbier von Sevilla«. Junge Sänger, die noch keinen »Namen« haben, wie eine Sängerin, die mit ihrer Anmut und wienerischer Koketterie, ihrem perlenden Lachen und schelmischen Augenblitzen den ganzen Übermut und der feinen Ironie dieses Werkes um Liebe, Intrige, Torheit und fröhlicher List vollauf gerecht wurden, haben zwei Stunden lang bestes Wiener Theater erleben lassen.

In der Pause hörten wir im Foyer Englisch und Französisch, Holländisch, Italienisch und Dänisch. Zwei japanischen Ehepaaren und vier Russen – nach den Rosetten an ihrer Kleidung als Delegierte eines in Wien tagenden internationalen Kongresses zu erkennen – wurde von einer Wiener Studentin die Idee erklärt, die sich einst der Herr Hofarchitekt Hohenberg für dieses Foyer einfallen ließ, die »himmlische Lust an der Heiterkeit« den Gästen schon hier zu veranschaulichen. Sie präsentiert sich heute wie zu seiner Zeit. Die Wölbung der Decke ist mehrfach durchbrochen, und durch eine geschickte Scheinarchitektur strahlt im Licht der Wandleuchter und der Luster ein »zweiter Himmel« hernieder, in dessen seidiges Blau sich gemalte Vögel fröhlich emporschwingen. An sich schon eine Szenerie für das Theater, das die Österreicher bestimmt erfunden hätten, wenn es dieses nicht schon gegeben hätte, als einst eine Kaiserin zu Schönbrunn dekretierte: »Spectakel müssen sein!«

Wege der Zukunft – in Wien gebahnt

Wird heute in der Welt von Wien gesprochen, werden in erster Linie ehrende Beinamen wie »Theaterstadt«, »Stadt der Lieder« und andere erwähnt. Manchmal auch wird mit einem ein wenig sehnsüchtigen oder ein wenig wehmütigen Lächeln von der »Stadt meiner Träume« ge-

sprochen. Wiens Bedeutung jedoch als Stadt der großen Wegbereiter in die Zukunft, der Bahnbrecher für Wissenschaft und Technik – diese Stellung der Donaustadt im modernen Weltbild ist selbst nicht einmal den meisten Wienern richtig bewußt. Neigen sie doch dazu, sich selbst als vom Schicksal benachteiligt oder zumindest von der Mitwelt zurückgesetzt zu fühlen. Sie haben ein besonderes Talent zur Selbstironie und vor allem dazu, alles, was in anderen Ländern geleistet wird, hervorzuheben und dann – bisweilen durchaus nicht gelungene! – Kopien dieser Dinge zu versuchen.
Abgesehen von dem mitunter ein bißchen überheblichen Lokalpatriotismus auf dem Gebiet der Musik und der kulinarischen Genüsse, pflegen die Wiener bei anderen Leistungen ihr Licht unter den Scheffel zu stellen. Obwohl im Wiener Technischen Museum, unweit vom Schloß Schönbrunn, Erfindungen zu bewundern sind, die aus Wien ihren Siegeszug um die Welt angetreten haben. Sie haben geradezu das gesamte Transport- und Reisewesen, die Textilindustrie oder etwa die Reproduktion aller geistigen Aussagen revolutioniert.
Dieses Technische Museum für Industrie und Gewerbe wurde von 1909 bis 1913 erbaut. Vor ihm steht ein Exemplar einer »Kaplan-Turbine«, der ersten Wasserturbine mit verstellbaren Laufschaufeln. Viktor Kaplan, 1876 in Mürzzuschlag geboren und 1934 in Unterach am Attersee gestorben, wird mit diesem Modell seiner von ihm erfundenen Turbine vor dem Museum gleichsam stellvertretend für alle österreichischen Erfinder geehrt. So wie er mußten viele um Anerkennung kämpfen, und sehr viele Erfindungen, die heute im Museum stolz gezeigt werden, haben bei Lebzeiten ihrer Entdecker und Konstrukteure diesen meist nur Entbehrungen und sogar Verachtung als Lohn gebracht.
In diesem Technischen Museum steht auch das schon erwähnte erste mit einem Explosionsmotor betriebene

Auto der Welt. Wir sehen hier auch die erste von dem Tiroler Schneidergesellen Josef Madersperger um 1815 in Wien konstruierte Nähmaschine. Auch die erste moderne Schreibmaschine mit Druckbuchstaben ist hier ausgestellt. Peter Mitterhofer hat sie erfunden, in Wien vorgeführt und – keine Beachtung gefunden. Madersperger erhielt zwar Anerkennung, aber keine Mittel, um seine Erfindung kommerziell auswerten zu können. Er starb als armer Mann im städtischen Versorgungshaus in der Altwiener Vorstadt St. Marx und erhielt nur in einem billigen Schachtgrab – wie einst auch Mozart – einen heute vergessenen Platz zur ewigen Ruhe.

Sehr bedeutend sind im Technischen Museum auch andere Schaustücke, die Wien als Wirkungsstätte von Wegbereitern in die Zukunft zeigen. Da gibt es eine Prunkuhr aus dem Jahre 1555 mit einem Planetarium, da ist der berühmte Schreibautomat zu sehen, den im Jahre 1760 Ferdinand von Knaus ersonnen hat, daneben eine Rechenmaschine als der Vorläufer heutiger elektronischer Datenverarbeiter aus der Zeit Karls VI., des Vaters Maria Theresias.

Sehr nachdenklich werden wir vor den Modellen und Zeichnungen, nach denen der Forstadjunkt Josef Ressel in den Jahren 1812–1829 gearbeitet hat, bis er die Schiffsschraube erfunden hatte, welche dann die Revolutionierung und Modernisierung der Schiffahrt auf allen sieben Weltmeeren ermöglichte. Wir bewundern hier auch die erste Tischkamera von Wilhelm Voigtländer aus dem Jahre 1841, wir sehen die Entwürfe des Österreichers Negrelli zum Durchstich der Landenge von Suez aus dem Jahre 1847 – es war der zweiten Hälfte des 20. Jahrhunderts vorbehalten, jenen unseligen Krieg zu entfesseln, der in unserer so sehr vom Fortschritt begeisterten Gegenwart den damals geschaffenen Suezkanal versperrt hat . . .

Auch auf dem Gebiet der Luftfahrttechnik haben

Im Technischen Museum steht das historische Automobil, System ›S. Marcus‹, aus dem Jahre 1865. Marcus hat bereits ein Jahr vorher seinen ersten Benzin-Kraftwagen erfunden. Ein Marcus-Denkmal steht vor der Technischen Hochschule.

Österreicher in Wien ihren Beitrag zur Entwicklung des internationalen Verkehrswesens geleistet. So sehen wir in diesem erstaunlichen Museum das berühmte Gleitflugzeug, mit dem der Österreicher Otto Lilienthal im Jahr 1891 die Welt aufhorchen ließ, und auch das Original-Flugzeugmodell von Wilhelm Kreß ist hier zu sehen.

In dem weitläufigen Gebäude können wir aber auch in dem hier untergebrachten Postmuseum die Entwicklung der modernen Nachrichtenbeförderung seit den Tagen der Postwagen der Römer bis zur modernen Schnelluftpost mit Hilfe ferngesteuerter Postraketen genau verfolgen. Die heutige moderne Nachrichtenübermittlung durch drahtlose Telefonie wäre niemals möglich geworden ohne die Erfindung des österreichischen Postrates

Ingenieur Otto Nußbaumer, der als Erfinder der Radioröhre die drahtlose Übertragung von Schallwellen – sowohl durch Musik als auch durch die menschliche Stimme hervorgerufen – möglich machte.
Mit berechtigtem Stolz führen die Wiener Gäste ihrer Stadt aber auch gerne in das im Technischen Museum eingerichtete »Historische Musem der Österreichischen Eisenbahnen«. Denn hier werden nicht nur die Personenwagen der ersten Pferdeeisenbahn auf dem Kontinent (sie verkehrte zwischen Linz und Budweis) gezeigt. Hier steht auch die erste Lokomotive der Nordbahn aus dem Jahre 1841, und ein paar Schritte weiter in diesen Schauräumen erleben wir die kühne Konstruktion der ersten europäischen Hochgebirgsbahn. Ihr Schöpfer war der geniale Konstrukteur Karl von Ghega, der in den Jahren 1848 bis 1854 diese erste Gebirgsbahn über den Semmeringpaß gebaut hat.
Wegbereitern der Zukunft können wir in Wien aber auch auf so manchem Spaziergang begegnen. Da steht in einer kleinen Parkanlage an der Kreuzung der Spitalgasse mit der Währinger Straße – also im »Ärzteviertel« Wiens –, unweit der Universitätskliniken, ein schlichtes Denkmal. Es zeigt, in Bronze gegossen, Kopf und Oberkörper und die eigenartig ineinanderverschränkten Arme und eine anscheinend verkrüppelte Hand des einstigen Professors der Röntgenkunde an der Universität Wien, Dr. Guido Holzknecht. Er hat im Jahre 1931 für die Erforschung der Krebsbekämpfung durch Röntgenstrahlen sein Leben geopfert. Der Gelehrte hatte bei seiner Arbeit Verbrennungen an Händen und Armen durch die Strahlen erlitten, sein Werk aber dennoch bis zu seinem qualvollen Tod im Dienst der Wissenschaft fortgesetzt. Guido Holzknecht hat sich aber nicht vergeblich geopfert. Denn seine Forschungen waren der Anfang für die heute mögliche Rettung erkrankter Menschen bei rechtzeitiger Diagnose des Krebses. Sie waren aber auch die Grundlage

der modernen Schutzmaßnahmen bei allen Röntgenbehandlungen.
Gleichfalls wenig beachtet, erzählt im Wiener Rathauspark eine Marmorbüste auf einfachem Sockel von einem anderen Wegbereiter in die Zukunft. »Ernst Mach« steht nur unter dem grüblerischen, vollbärtigen Marmorantlitz zu lesen. Der Name ist heute dem Luftfahrttechniker ein Begriff. Denn dieser 1838 in Mähren geborene und dann in den Jahren 1895 bis 1901 an der Wiener Universität tätige Physiker, Psychologe und Philosoph berechnete bei seinen morgendlichen Spaziergängen im Rathauspark jene »Machsche Formel« der Relation von Schallgeschwindigkeit und Geschwindigkeit eines Körpers sowie die physikalische Meßwertgröße »1 Mach«. Ihre Anwendung ermöglicht heute Flugzeugen die Durchbrechung der sogenannten Schallmauer. Die Überschall-Personenflugzeuge von morgen sind bereits in der Konstruktion fertig und erprobt. Den Weg zur Reise schneller als der Schall durch den Luftraum aber hat der einsame, morgendliche Spaziergänger im Wiener Rathauspark einst geebnet ...
»Das andere Wien« – von ihm erzählen auch Büsten namhafter Forscher im Arkadenhof der Universität oder vor der Technischen Hochschule auf dem Karlsplatz. Hier tut sich gleichsam das »Goldene Buch« der wissenschaftlichen Leistungen in der Donaustadt auf. Da stehen wir in der Universität vor der Büste von Josef Skoda. Er stammte aus Pilsen in Böhmen und starb als berühmter Arzt 1881 in Wien. Skoda hat die ärztliche Diagnose auf eine neue Grundlage gestellt, indem er den pathologisch-anatomischen Befund dazu heranzog und auch die Perkussionsmethode (Krankheitserkennung durch Abklopfen des menschlichen Körpers) weiter ausbaute. Gemeinsam mit Professor Rokitansky, dem großen Lehrmeister der modernen Medizin, dem Dermatologen Hebra und anderen führenden Ärzten seiner Zeit entwickelte er die be-

rühmte »Wiener medizinische Schule« um die Mitte des 19. Jahrhunderts.
Im Ehrenhof der Wiener Universität blickt uns auch prüfend und – so wie bei Lebzeiten des Gelehrten – ein wenig finster das Antlitz des österreichischen Nobelpreisträgers Julius Wagner-Jauregg an. Als Entdecker der berühmten Malariatherapie zur Heilung der progressiven Paralyse hat er Tausenden von Menschen wieder den Weg gebahnt in ein gesundes, glückliches Leben. Zahlreiche Schüler dieses 1857 in der oberösterreichischen Stadt Wels geborenen und 1940 in Wien gestorbenen großen Arztes und Psychiaters sind heute noch an den Universitäten und Nervenheilanstalten aller fünf Kontinente tätig.
Der Nobelpreisträger und Entdecker der Blutgruppen, Karl Landsteiner, hat ebenfalls sein Ehrendenkmal in der Universität. Der 1868 in Wien geborene Arzt hat im Jahr 1907 gemeinsam mit Professor Müller auch die »Wassermannsche Reaktion« zur Bekämpfung der Syphilis und im Jahre 1940 zusammen mit Professor Wiener die Bedeutung des Rhesusfaktors entdeckt, der entscheidend ist für die Zeugung gesunder, lebensfähiger Kinder. Landsteiner wurde im Jahr 1922 nach New York an das Rokkefeller-Institute for Medical Research berufen.
Ihm an Bedeutung gleichzusetzen ist der Gynäkologe Ignaz Philipp Semmelweis, den die Geschichte der Medizin mit dem ehrenden Beinamen »Retter der Mütter« versehen hat. Denn Semmelweis entdeckte die Ursache des Kindbettfiebers, das vor seiner Entdeckung unzählige junge Frauen hinweggerafft hatte. Ein tragisches Schicksal wollte es, daß Semmelweis im Jahr 1865 in Wien an der gleichen Krankheit starb, die er zeit seines Lebens bekämpft hat: an einer Blutvergiftung. Das Andenken an diesen großen Frauenarzt ehrt Wien damit, daß seit vielen Jahren eine der größten Frauenkliniken und Entbindungsanstalten Wiens, die »Semmelweis-Klinik«, seinen Namen trägt.

Die Neue Universität an der Ringstraße erbaute 1883 Heinrich von Ferstel, gegründet aber wurde die Alma mater Rudolphina bereits 1365 von Rudolf dem Stifter. Gegenüber das Denkmal für den Bürgermeister Andreas Liebenberg.

Viele Seiten dieses »Goldenen Buches« der wissenschaftlichen Leistungen könnten weitere Namen weltberühmt gewordener Wiener Ärzte füllen, die entscheidende Wege zur Entwicklung der modernen Medizin gewiesen haben. So hat etwa Theodor Billroth (1829 bis 1894) als erster Chirurg die Mischnarkose angewendet und zum erstenmal die heute zur Selbstverständlichkeit gewordene »Magenresektion« bei der operativen Behandlung von Magenleiden gewagt. Ein anderer Chirurg, Anton Freiherr von Eiselsberg (1860–1939), war der Begründer der Nervenchirurgie. Er schuf auch die »Unfallstationen«, nach deren Muster heute alle Großstädte der Welt ärztliche Hilfsstationen zur Behandlung schwerverunglückter Menschen eingerichtet haben. Der Wiener Frauenarzt Ernst Wertheim (1864–1920) fand den Weg zur Rettung krebskranker Frauen durch die radikale Entfernung der Gebärmutter, der Kinderarzt Clemens Pirquet entdeckte die Allergien und wurde zu einem Bahnbrecher der modernen Ernährung der Kleinstkinder. Seine entscheidenste Leistung aber war der Sieg der Medizin über die Völkergeißel Tuberkulose! Denn durch die sogenannte Pirquetsche Tuberkulin-Hautreaktion ist vor allem bei Kindern eine verläßliche Frühdiagnose der furchtbaren Krankheit und durch das rechtzeitige Erkennen auch deren Heilung möglich.

Die großartigen Erfolge der Weltraumfahrt haben der Menschheit im letzten Drittel des 20. Jahrhunderts die Erkenntnis gebracht: Die Wege in die Zukunft führen auch in das All! Einer ihrer Bahnbrecher aber war ein Gelehrter, der heute zu Unrecht kaum mehr genannt wird. An die Stätte seines Wirkens führt uns ein Spaziergang auf den bekannten Wienerwald-Aussichtsberg, der seinen Namen von dem altösterreichischen Grafengeschlecht der Cobenzl herleitet. Denn diese Grafen hatten auf diesem Berg mit der prachtvollen Aussicht über die Stadt und die weithin nach Osten sich schwingende Donau einst ein feudales Schloß. Und hier wurde anno 1831 eines der Tore aufgestoßen am Weg in die Zukunft, die in den Sternen liegt. Denn auf dem Cobenzl in Wien begann die Weltraumforschung ...

Man schrieb das Jahr 1831. Der junge Privatgelehrte Carl Freiherr von Reichenbach war aus seiner rheinischen Heimat nach Wien gekommen, der Stadt seiner ganz persönlichen Träume. Der junge Mann wollte es zum Professor an der hochberühmten Universität der Kaiserstadt bringen. Es war ihm nicht vergönnt – sein Schicksal war vielmehr ein stets drängendes Suchen nach dem Unbekann-

ten. Der geniale Kopf erfand dabei das Paraffin und das Kreosot! Allein, auch die Nutzung dieser in Wien gemachten Erfindung hat nicht ihren Entdecker, sondern später andere reich gemacht. So war der Freiherr von Reichenbach mehr auf die Hilfe der Wissenschaft geneigter Mäzene angewiesen, und einer von diesen war Graf Philipp Cobenzl. Er richtete dem gelehrten Freund in dem Turm seines Sommerschlößchens auf dem Wienerwaldberg eine Studierstube ein – und hier begann der junge Forscher mit seinem Blick nach den Sternen ...
Gestützt auf astrologische Beobachtungen, auf meteorologische Messungen und komplizierte mathematische Berechnungen, suchte Reichenbach mit seinen Experimenten nach den Dingen »hinter dem Mond«. Die stets ein wenig spottlustigen Wiener nannten den Forscher alsbald mit einem mitleidigen Lächeln den »Zauberer vom Cobenzl«. Reichenbach aber ließ sich nicht beirren und kam nach monatelangen Arbeiten zu dem Schluß: Es muß aus dem Weltall eine Kraft auf die Erde einwirken! Er gab dieser Kraft den selbstersonnenen Namen »das Od«. Hundertfünf Jahre nach diesem Suchen des »Zauberers vom Cobenzl« wurde dem österreichischen Universitätsprofessor Dr. Viktor Franz Hess (1883–1964) der Nobelpreis für Physik für die von ihm entdeckte kosmische Ultrastrahlung aus dem Weltraum verliehen.
Der Traum des Herrn von Reichenbach auf dem Cobenzl aber hat sich schon erfüllt, als im gleichen Wien, auf das er so oft von seinem Turmstübchen herabgeblickt hat, im Jahr 1912 der damalige Assistent am Wiener Radium-Forschungsinstitut, Dr. Hess, die »Untersuchung der Absorbtion der Gammastrahlen des Radiums in der Luft« begann und – das vermutete »Od« entdeckte. Wir wissen heute, daß von ihm alles Leben auf unserer Erde abhängt. Denn ohne Einwirkung der kosmischen Strahlen – das ist experimentell bewiesen – gibt es keine Fruchtbarkeit. Weder Wein noch Wald, weder Korn noch Kind ...

Weitaus »irdischer« war die Entdeckung, die der gleichfalls in Wien einmal sein Glück suchende biedere Seifensieder Josef Weineck (1825–1919) aus dem Städtchen Stockerau bei Wien machte. Er fand das »Fetthärtungsverfahren«. Es war der Anfang der heute weltweiten und milliardenschweren kosmetischen Industrie mit all ihren Seifen, Cremes, Zahnpasten, Lippenstiften. Nicht zu vergessen die Margarine-Industrie! Aber auch hier waltete damals die berühmte Erfindertragik zum finanziellen Vorteil anderer. Im Technischen Museum in Wien hat heute auch Josef Weineck seinen Ehrenplatz mit Büste und Rezepten. Der kleine Seifensieder aus Stockerau ist in Wien zum Wegbereiter der chemischen Industrie für die Zukunft geworden.

Unter den Bahnbrechern der Technik, die vor der Wiener Technischen Hochschule ihre Ehrenbüsten haben, durfte einer einst nicht stehen, weil er kein Akademiker war, sondern nur ein bescheidener Forstadjunkt. Aber Wien hat den uns schon im Technischen Museum bekannt gewordenen Erfinder der Schiffsschraube, Josef Ressel, auf besondere Art gewürdigt: Man errichtete ihm ein eigenes, ungemein eindrucksvolles Denkmal in voller Lebensgröße in dem kleinen Park vor dieser Hochschule. Dort steht er heute, der bei Lebzeiten sich so schwer durchsetzende Erfinder, der in alten Akten über seine Schiffsschraube von einem Gutachter »ein Wirrkopf und Träumer« genannt wurde. Aber dennoch haben seine Träume in dem alten Kloster Mariabrunn draußen am Wienfluß im heutigen Wiener Gemeindebezirk Penzing ihre Verwirklichung gefunden. Auch dort steht in dem stillen Klostergarten ein Denkmal des dort damals beamtet gewesenen Forstmannes, der hier sein eigentliches Lebenswerk geschaffen hat. Von jedem vorbeifahrenden Zug auf der Strecke Salzburg–Wien aus ist dieses Denkmal zu sehen. Der Wienerwald reicht dort bei Mariabrunn der Großstadt die Hand, der langgestreckte gelbe Klosterbau mit dem kleinen Kirchlein bei der Fahrt nach Wien rechts von der Bahnstrecke ist nicht zu übersehen. Dann eilt der Zug weiter hinein in diese Stadt Wien, in der so viele Wege in die Zukunft bereitet wurden und auch heute in Laboratorien und stillen Arbeitszimmern weiter ausgebaut werden. Nach der Erkenntnis, daß manches von gestern heute die Brücke in das Morgen ist.

Fiakerfahrt in stille Gassen

Der Kutscher mit seinem graumelierten Kaiser-Franz-Josef-Bart und dem traditionellen steifen Hut ist ein Wiener Original. Wir haben ihn und sein »Zeugl«, wie ein offener Fiakerwagen nebst Bespannung auf gut Wienerisch heißt, beim Fiakerstandplatz im Schatten des »alten Steffl« aufgenommen. »Wohin darf ich die Herrschaften führen?

Über den Ring? Durch die Burg? Oder so ein bisserl zu stillen Gasserln und Platzerln?«
Wir haben uns für das »ein bisserl« entschieden. Und erlebten auf einer Fiakerfahrt sehr beschaulich, sehr gemütlich und sehr empfindsam ein Stück Wien, »dort, wo die alten Häuser stehen ...«
Wiener Fiakerpferde sind ein Muster an Disziplin, Klugheit und Geduld. Denn längst sind die Zeiten vorbei, da ein Wiener Fiaker sein »Zeugl« so recht »schießen« lassen konnte, womit flottester Trab und elegantes Dahinrollen auf freier Straße zu verstehen war. Heute müssen die braven Rappen, Schimmel oder »Füchseln« auf den leisesten Zuruf und Zügelzug reagieren und schön im Schritt bleiben, um sich im Großstadtverkehr behaupten zu können. Bei diesem gemütlichen Tempo bleiben sie auch, wenn es durch stillere Straßen geht. Denn ihr Kutscher will ja vom Bock aus den als »Fuhr« aufgenommenen Herrschaften alles recht anschaulich erklären. Und zu erzählen und zu schauen gibt es auf dieser Fahrt genug – sie führt von Wiens Römertagen bis zu den Weltkongressen der zweiten Hälfte des 20. Jahrhunderts.
Vom Stephansplatz fahren wir zunächst durch die Rotenturmstraße und den Lichtensteg auf den Hohen Markt. Die Rotenturmstraße hat ihren Namen vom ehemaligen »Roten Turm« der Stadtbefestigung erhalten, der urkundlich bereits 1288 erwähnt, aber 1511 neu erbaut wurde. Er stand ungefähr zwischen den heutigen Häusern Rotenturmstraße Nr. 26 und 31. Der Lichtensteg hingegen, in einer Urkunde von 1273 als »Lichter Steg« erwähnt, leitet seine Bezeichnung vom Lichteinfall aus dem Hohen Markt her.
Der Fiaker auf dem Kutschbock deutet mit der Peitsche zuerst nach rechts, dann schräg nach links: »Da, sehen Sie an dem Eckhaus vom Lichtensteg zum Hohen Markt das bunte Mosaik? Es stellt eines der Tore des römischen Militärkastells Vindobona dar, die Porta Dextra, also das

rechte Tor. Ein anderes Mosaik am Haus Nr. 11 bezeichnet die Residenz des römischen Kaisers Marc Aurel in Wien. Und dort drüben, bei dem neuen Bürohaus, Hoher Markt Nr. 3, ist der Abgang in das unterirdische Römermuseum. Da stehen Sie direkt auf einem Teil der Ruinen des römischen Vindobona.«

Im Mittelalter war der Hohe Markt mit seinen vielen Zunft- und vornehmen Bürgerhäusern das wichtigste Wirtschaftszentrum der Stadt. Seine breite Rechteckgestalt hat er wahrscheinlich im 13. Jahrhundert erhalten. Mitten in den täglichen Markt konnte aber auch das grausige Schauspiel von Hinrichtungen platzen, die bis 1706 hier vollzogen wurden. An der Stelle des heutigen Hauses Hoher Markt Nr. 4 stand im Mittelalter die bereits 1325 erwähnte Schranne, das Gerichtsgebäude, und noch bis 1839 wurden von seinem Balkon herab Gerichtsurteile verkündet.

Friedlicher läuft heute auf dem Hohen Markt ein anderes Schauspiel vor unseren Augen ab, bei dem wir zugleich Geschichtsunterricht erhalten. Es ist die Parade einer Reihe historischer Gestalten, die täglich beim Stundenschlag der großen Spieluhr dort drüben am Gebäude der »Anker«-Versicherungsgesellschaft vorbeiziehen. Diese »Ankeruhr«, 1911 bis 1917 von Franz Matsch geschaffen, deren dröhnendes Orgelspiel um zwölf Uhr mittags jegliche Geschäftsbesprechung in den umliegenden Bürohäusern unmöglich macht, ist einst aus einem Wunschtraum geboren worden ... Nämlich jener Leute, die noch mitten im Ersten Weltkrieg davon träumten, daß die Monarchie Österreich-Ungarn dieses verzweifelte Ringen mit seinen Hekatomben an Menschenopfern, seinem Hunger und Elend siegreich bestehen werde.

Die voreilig als Siegesdenkmal geschaffene Uhr blieb dann lange Jahre stumm. Bis die Zeit wieder Klärung brachte, daß die hier zwischen den Häusern Hoher Markt Nr. 10 und Nr. 11 gemessen vorüberziehenden Persön-

Nach der Firmung führt ein richtiger Wiener ›Göd‹ (Firmpate) seinen Firmling im Fiaker in den Prater. Aber auch Gäste Wiens lassen sich gern durch stille Gassen kutschieren.

lichkeiten – trotz verlorenem Weltkrieg – doch sehr markante für Österreichs Taten waren: Marc Aurel, Karl der Große, Babenberger-Herzog Leopold der Glorreiche und Theodora, seine byzantinische Gattin, Minnesänger Walther von der Vogelweide, Herzog Rudolf IV. von Habsburg, der Stifter des Stefansdomes, und Kaiser Maximilian I., »der letzte Ritter« mit dem Goldenen Vlies, sind hier zu sehen. Auch Wiens Bürgermeister anno 1683, Johann Andreas von Liebenberg, der Stadtverteidiger Graf Rüdiger von Starhemberg und Prinz Eugen, die drei Helden aus der Türkenzeit, sowie Maria Theresia mit ihrem Gemahl Franz I. und – Joseph Haydn zeigen sich auf dieser »Ankeruhr«.

Ein barockes Meisterwerk, der »Vermählungsbrunnen«, mit seinem von schlanken Säulen getragenen Baldachin schmückt die Mitte des Hohen Marktes, den heute fast durchweg moderne Geschäftshäuser profilieren. Dieser »Vermählungsbrunnen«, auch Josefsbrunnen genannt, geht auf ein Gelöbnis von Kaiser Leopold I. zurück, das er 1702 machte: Wenn sein Sohn, der spätere Kaiser Josef I, heil aus dem Spanischen Erbfolgekrieg zurückkomme und die Festung Landau einnähme, stifte er eine Gedenksäule. Um 1706 errichtete zunächst Johann Fischer von Erlach eine Josefssäule aus Holz. Fischers Sohn Joseph Emanuel stellte dann im Auftrag Karls VI. 1729 bis 1732 den jetzigen Brunnen her, der die Vermählung des heiligen Josef mit Maria darstellt. Die Figuren stammen von Antonio Corradini, das Becken des Brunnens von Lorenzo Mattielli.

Die nach dem Römerkaiser Marc Aurel benannte Straße – er starb in Wien – ist wieder eine Erinnerung an Vindobona. Aber schon rollen wir weiter durch die plötzlich sehr schmal werdende Wipplingerstraße. Vorher deutet der Kutscher noch links in die altertümliche Schultergasse hinein. »Dort, an der Ecke, in dem grauen Haus mit dem merkwürdigen Namen ›Zum schwarzen Stern‹ ist am 5. April 1723 der berühmte Fischer von Erlach gestorben; ab 1803 verbrachte Johann Nestroy hier seine Jugend. Und da, an der Fassade, sehen Sie diese wunderschön gemeißelten Barockengerln? Sie gehören zum alten Pförtchen der Katharinenkapelle in der einstigen Böhmischen Hofkanzlei, die da vor uns steht!«

Wir machen unseren Fiaker darauf aufmerksam, daß wir die Böhmische Hofkanzlei und das Alte Rathaus gegenüber bereits auf einem früheren Spaziergang sahen. »Links umi, Fritzerl!« ruft er deshalb nach leichtem Zungenschnalzen dem einen seiner Schimmel zu. Und schon biegen wir durch die schmale Fütterergasse aus der sehr lauten Wipplingerstraße ab in die Stille. Und diese Stille liegt wahrhaftig an einem Sommervormittag über dem sich hier weitenden Judenplatz mit seinen hohen, zum Teil sehr altertümlichen, ernsten Häusern. Er hat seinen

Sehr traditionsbetont sich gebend, wartet ein Wiener Fiaker-Original mit seinem ›Zeugl‹ beim Stephansdom auf eine ›Fuhr‹. Versteht sich, daß der Spitzname ›der Franz-Joseph‹ ist.

Namen 1437 nach dem Judenviertel im mittelalterlichen Wien bekommen. Bis 1421 hieß er »Schulhof« und war einst Mittelpunkt des Judenviertels mit Synagoge, Rabbihaus, Badestube und Judenschule. 1423–1437 hieß er

»Neuer Platz«. Manche der Häuser aus jener Zeit stehen mit ihren Grundfesten noch immer hier.
Wir lassen den Kutscher vor einer kleinen Gastwirtschaft halten, damit er seine im heißen Tag durstigen Pferde füttert und »wassert« und sich dann, selbstverständlich als unser Gast, im »Schanigarten« ein schäumendes »Krügerl« genehmigt. Ist unter diesem wienerischen Wort für »Krüglein« unbedingt nur ein Henkelglas mit einem halben Liter köstlichen Gerstensaftes zu verstehen, so besteht ein »Schanigarten« aus aneinandergeschobenen, grüngestrichenen Holzkistchen mit Oleanderbäumen oder auch Efeugerank um hohe Latten. Als Schattenspender vor einem Wiener Gasthaus nebst einigen Tischen und Stühlen auf dem Gehsteig laden sie ein, »sich ein bisserl zu restaurieren«.
»Schanigarten« heißt dieses improvisierte Grün deswegen, weil früher der »Schani« (altwienerische Form von »Johann« und häufiger Name der Kellnerlehrlinge) den »Garten« bei Schönwetter auf dem Gehsteig vor dem Wirtshaus aufstellen mußte.
Wir schlendern während des Kutschers Rast rund um diesen Judenplatz und durch seine schmalen Nebengassen. Da stehen wir zunächst vor dem Haus Nr. 2. »Zum großen Jordan« heißt dieses seit dem 15. Jahrhundert hier stehende Denkmal städtebaulicher Kultur. Sein Besitzer hieß Jörg Jordan. Als eine der kostbarsten Hausplastiken Wiens ist hier ein steingemeißeltes spätgotisches Relief zu sehen. Es zeigt die Taufe Christi im Jordan und dazu den heiligen Georg. Ein nur mehr schwer lesbarer lateinischer Text weist auf die schreckliche Judenverfolgung im Jahre 1421 hin, die dieses Viertel hart traf. Das Haus Nr. 8 mit seinem schlichten Portal ist mehr als ein Vierteljahrtausend alt – 1682 begann man es zu erbauen.
Hier steht auch das Haus der ehrbaren Wiener Schneiderinnung mit einem typisch wienerischen Gasthaus mit »Schanigarten«. Von ihm aus wandert unser Blick hin-

über zu einem kleinen, schmalen Geschäft am Eingang zur nicht weniger schmalen Kurrentgasse. Erzählt ihr Name von den einst hier amtierenden »Kurrenten«, die bereits zur Zeit Leopolds I. als Steueraufseher die Weinzehentabgabe überwachten, so kündet die blinkende Aufschrift »Vergolder« über dem kleinen Laden vom Handwerk der Kunst um Geschmeide, Schnitzwerk, antike Möbel und schön gerahmte Kupferstiche.
Es paßt gut in diese Idylle, daß Mozart hier 1790 die schönste Melodie zu seiner beschwingten Oper »Così fan tutte« ersonnen hat. Eine Gedenktafel am Eckhaus Judenplatz/Kurrentgasse erzählt davon. Das Gebäude selbst ist freilich viel jüngeren Datums, aber für das heutige Wien dennoch von besonderer Bedeutung. Fröhliche Jugend mit weißen Kochmützen und koketten Servierschürzchen, die soeben zur Mittagspause aus dem Haustor tollt, kann es bestätigen: Hier am Judenplatz, in diesem »Haus der Gastwirte«, wird der gastronomische Nachwuchs ausgebildet. Die künftigen Meister des Schnitzels und des Apfelstrudels, der Palatschinken und des Tafelspitz mit Apfelkren oder Schnittlauchsauce. Versteht sich, auch die kommenden Bereiterinnen echter Behaglichkeit an gastlicher Stätte in Wien.
Unser Fiaker »Franz Josef« ladet zur Weiterfahrt. Aber vorher machten wir noch einen Blick in die wunderlich gekrümmte Kurrentgasse, die zu dem Straßeneck Steindlgasse/Schulhof führt, wo das schmalste Haus von Wien zu entdecken ist. Erstaunlich die hohen Barock-und Biedermeier-Fassaden mit ihren blanken Fenstern, gewölbten Haustoren und manchem verschwiegenen Durchlaß in andere schmale Gäßchen.
Da duftet es köstlich aus einem Bäckerladen mit seinem gewölbten Verkaufslokal nach knusprigen Semmeln und frischem Brot. Hier holen aus der ganzen Umgebung echte Genießer des wienerischen Lebensstils – zu dem in der Millionenstadt heute die meisten Menschen leider

gar keine Zeit haben – noch immer die frischen Nußkipferln und Mohnbeugeln zu ihrem Jausenkaffee, der »so um vier, halb fünf am Nachmittag« genommen wird. Durch einen der benachbarten Höfe kommt man zu dem großen Notenmagazin des altansässigen Wiener Musikverlages Carl Haslinger, der von hier aus klingenden Frohsinn in alle Welt versendet.

Vor dem Haus Kurrentgasse Nr. 10 notierten wir noch den lustigen Hausnamen »Zum Ofenloch« und konnten uns dann fast nicht trennen von der schönen Barockfassade Kurrentgasse Nr. 3. Das Hausnummernschild an der Ecke Schulhof Nr. 4 erinnert an die schon erwähnte Judenschule, und in dem schmal-dunklen Hof verliert sich der Blick himmelan an gittergezierten Balkönchen, die auch irgendwo in Italien sein könnten. Das Nebenhaus (das ehemalige Palais Obizzi) am Schulhof beherbergt Wiens berühmtes Uhrenmuseum. Alle, die heute oft zu den wichtigsten Dingen »leider keine Zeit haben«, sollten hierher auf den Schulhof kommen! Denn hier gibt es Zeit! Zeit in allen Formen: vom »Nürnberger Eierlein« bis zur Kirchturmuhr, in Hunderten von Exemplaren der Zeitkünder aus allen Zeiten, seit der Mensch das Uhrwerk kennt. Vierzig Jahre lang hat ein bescheidener Professor für Physik und Mathematik, Rudolf Kaftan, im Land Uhren gesammelt: Sanduhren, Uhren aus Renaissance, Barock, Rokoko, Klassizismus und Biedermeier, Turm- und Spieluhren – fast alle ticken auf die Sekunde genau. Rund 3000 Objekte warten heute hier auf den Besucher, der sich Zeit für die Zeit nimmt ...

»Dort, wo die alten Häuser stehen ...« – dieser Vers aus dem bekannten Lied von Wien als Stadt unserer Träume kommt uns auf dieser Fiakerfahrt immer wieder in den Sinn. Durch die eigenartig schräg verlaufende Drahtgasse führt jetzt der Weg, und wieder deutet der Peitschenstiel zu einem bedeutsamen Haus. Es ist der alte »Ledererhof«, ehemals das Zunfthaus der Lederhändler und Gerber.

Das Uhrenmuseum am Schulhof mit 500 Jahren Zeitmessergeschichte war 1690 das Palais Obizzi. Mit seiner Architektur wirkt es selbst wie ein Standuhrkasten aus Alt-Wien.

Hinter jenem schmiedeeisernen Balkongitter dort oben befindet sich noch heute die Wohnung des einstigen Fürstlich-Esterházyischen Gutssekretärs Rosenbaum, der auf eine makabre Art in die Musikgeschichte einging. Er war der Mann, der als fanatischer Anhänger der einst vielumstrittenen Schädellehre des Wiener Universitätsprofessors Dr. Gall im Jahre 1809 in der Nacht nach der Beisetzung Joseph Haydns mit Hilfe des bestochenen Totengräbers das Haupt des Meisters vom Leichnam raubte. Rosenbaum wollte den Schädel des genialen Musikers genau studieren. Nach einer wahren Odyssee, die volle 145 Jahre währte, konnte Haydns Schädel erst im Jahre 1954 wieder mit den Gebeinen des Meisters in dessen Sarkophag in der Bergkirche zu Eisenstadt im Burgenland vereint werden.

Alte Häuser, alte Geschichten, aber mittendrin frohes pulsierendes Leben unserer Tage! Da fahren wir jetzt auf den weiten Platz Am Hof hinaus: Er ist einer der schönsten Plätze Wiens. In den Tiefen eines uralten Weinkellers, unter dem prächtigen Altwiener Patrizierhaus mit dem schönen Barock-Doppelerker und der Hausnummer 12, treffen einander abends Wiener Studenten mit ihren Mädchen, schallen Lachen und Gesang junger Stimmen bis auf die Straße. Gleich daneben auf Nr. 13, dezent und vornehm, das einstige Palais Collalto, wo der junge Mozart in Wien sein erstes öffentliches Konzert gab. Das »kaisergelb« gehaltene Palais wurde um 1671 erbaut, seine Hauptfassade wurde zwischen 1715 und 1725 erneuert. Im Napoleon-Jahre 1809 residierte hier der französische General Lefebvre.

Vor der ehemaligen Jesuitenkirche »Zu den Neun Chören der Engel« Am Hof machen wir halt. Himmelwärts deutet jetzt unser Fiaker: »Da – auf jedem Giebelabsatz steht einer der Dirigenten dieser himmlischen Chöre!« Tatsächlich, neun wunderschöne Engelfiguren sind der Schmuck auf dem Giebeldach dieses Gotteshauses. Zwischen 1386 und 1403 entstand hier eine gotische Karmeliterkirche, deren Inneres nach einem Brand Anfang des 17. Jahrhunderts barockisiert wurde. Von Carlo Carlone stammt die Prachtfassade aus dem Jahr 1662 mit vorgebauter Empore – ein Hauptwerk frühbarocker Architektur in Wien.

Die Kirche selbst war mehrmals Schauplatz historischer Ereignisse. Papst Pius VI. zelebrierte hier am Ostersonntag des Jahres 1782 die feierliche Messe. Seine Reise – die erste eines Papstes innerhalb von dreieinhalb Jahrhunderten in deutschsprachiges Land – galt Kaiser Josef II., den er von seinen Kirchenreformen abbringen wollte. Am 14. August 1804 ließ Kaiser Franz I. das österreichische Erbkaisertum von der Terrasse dieser Kirche proklamieren und am 6. August 1806 seinen Verzicht auf die deutsche Kaiserkrone des Heiligen Römischen Reiches verkünden.
Neben dieser an spanische Kathedralen erinnernden Kirche, die Weltgeschichte erlebte, stehen wir vor einem der großen Finanzpaläste Wiens. Es ist die Österreichische Länderbank. Eine Gedenktafel führt in ferne Zeiten zurück. Sie kündet, daß an dieser Stätte der Babenberger Herzog Friedrich II. um 1138 seine Burg errichten ließ, die bis 1220 Residenz war. Schon der Minnesänger Walther von der Vogelweide berichtete, daß er »am wonniglichen Hof zu Wien singen und sagen gelernt habe«.
Welch ein Platz, dieser »Hof«, wie ihn die Wiener kurz nennen! In seiner Mitte die bezaubernd schlanke Mariensäule mit der Madonna auf der Mondsichel. 1664 bis 1667 von Carlo Carlone und Balthasar Herold errichtet zum Dank für die Errettung Wiens vor den heranrückenden Schweden im Dreißigjährigen Krieg. Geharnischte Putten bekämpfen die Ungeheuer Pest, Krieg, Hunger und Ketzerei zu Füßen der auf einem Drachen stehenden Jungfrau. Schräg gegenüber der Mariensäule, gekrönt von einer pompösen Barockplastik, steht das einstige bürgerliche Zeughaus Am Hof Nr. 10. Hier haben sich die Wiener in den stürmischen Märztagen der Revolution von 1848 die Waffen geholt. Es stammt aus dem Jahre 1530; die Barockfassade erhielt es 1731/32. Heute ist der weitläufige Bau ein Teil der Wiener Feuerwehrzentrale, die in benachbarten, modernisierten Barockhäusern hinter

den mächtigen Garagentoren die Alarmbereitschaft hält. Dazwischen eingezwängt ein verspielt wirkendes Altwiener Bürgerhäuschen, das heute Sitz einer bekannten Sektkellerei ist.

Ein paar Schritte weiter präsentiert sich modernstes Wien. Wir bestaunen das riesige Zentralgebäude der Österreichischen Verbundgesellschaft, das »Nervenzentrum« der gesamten Energieversorgung des Landes aus Österreichs großen Wasserkraftwerken. Elektrischer Strom als »Weißes Gold«, gemünzt aus den Gletscherwässern der Silvretta in Vorarlberg, über Kaprun in den Tauern, aus den Fluten der Donau, aus den Flüssen der Steiermark ebenso wie aus jenen des Waldviertels, wird hier Am Hof gesteuert und auf ganz Österreich verteilt.

Auf diesem so vielgesichtigen Platz, wo die Kilowattmilliarden für Industriewerke und Millionen Glühlampen vom Bodensee bis zum Neusiedler See gelenkt werden, hat ein altrenommierter Wiener Wachszieher und Lebzelter sein Kerzengeschäft. Es floriert auch in den Tagen der Lichtreklamen, Scheinwerfer und Neonröhren. Denn es läßt sich nun einmal bei traulichem Kerzenlicht viel schöner und stimmungsvoller träumen. Von der Vergangenheit ebenso wie von der Zukunft, was durch viele junge Kundschaft bei diesem Wachszieher bestätigt erscheint.

Auch uns ist nach alldem mit unserem Fiaker Erschauten in stillen Gassen und Plätzen, auf denen es dennoch plötzlich so ungemein »aktuell« werden kann, nach einem besinnlichen Ausklang dieser Stunden zumute. Deshalb danken wir – versteht sich, mit entsprechendem Honorar – unserem Kutscher, der noch einmal die »Herrschaften« mit gezogenem Hut grüßt und dann zum Stephansplatz zurückfährt.

Wir aber haben nach einem Blick in die schmale Naglergasse mit ihren kleinen Läden, Spezialgeschäften und etlichen typisch wienerischen Gaststätten voller Originale den Weg in den ein wenig abfallenden Haarhof genommen, ein Verbindungsgäßchen zur Wallnerstraße. Hier winkt über einem Tor in schmiedeeisernem Kranz eine der kleinen, grünen Laternen, die dem Kundigen vermeldet: »Hier gibt es einen trefflichen Tropfen!« Da geht es über eine der ältesten Kellerstiegen der Wiener Altstadt steile siebenundzwanzig Stufen hinunter in weitläufige Gewölbe, über denen schützend das altehrwürdige Stadtpalais der Fürsten Esterházy sich erhebt. Auf glatter Bank am grünlackierten Tisch sitzt hier der Herr Hofrat neben dem Austräger einer kleinen Firma, der Herr Kommerzialrat unterhält sich bestens mit einem pensionierten Briefträger. Hier ist das richtige »Platzerl«, wo wir bei einem guten »Glaserl« diesen Tag nachklingen lassen.

Zwischen dem Judenplatz und der Leopoldstadt

In der Seitenstettengasse, unweit vom Fleischmarkt, verbirgt sich eine bauliche Kostbarkeit. Es ist der vor einiger Zeit restaurierte jüdische Tempel, der sich im Haus der Israelitischen Kultusgemeinde in der Seitenstettengasse Nr. 2–4 befindet. Der uns schon bekannte Biedermeier-Architekt Josef Kornhäusel hatte Haus und Synagoge

1824 bis 1826 geschaffen und damit ein Baudenkmal besonderer Eigenart hinterlassen. Eine Stunde in diesem Gotteshaus wird zur Begegnung mit Menschen und Schicksalen, die am Werden und Wesen Wiens bedeutenden Anteil hatten. Denn das Judentum war in seiner wechselvollen und tragischen Geschichte stets eng mit der Donaustadt verbunden. Nach den jüngsten Forschungen sogar schon seit den Tagen von Vindobona.

Kornhäusel mußte den jüdischen Tempel nach den damaligen Bauvorschriften »verstecken«. Das Gotteshaus durfte nicht an der Straße stehen, ist deshalb in den Hof eingebaut und nur durch eine kleine Vorhalle vom Hause zugänglich. Wir glauben uns tatsächlich in einer ganz anderen Kulturwelt, wenn wir in diesem prächtigen längsovalen Kuppelraum stehen. Auf ionischen Säulen sind die zwei Galerien eingebaut. Die Innenausstattung – sie hatte während der unheilvollen deutschen Besetzung besonders arg gelitten – ist mit vornehmen, aber zugleich schlichten Dekors im Stil des späten Empire geschmückt. Der ruhige, klare Raumeindruck, der eine geradezu alttestamentarische Würde ausstrahlt, wird noch verstärkt durch das durch die hohe Laterne der Kuppel einströmende Licht.

Es war ein langer und wahrhaftig bitterharter Weg, den Wiens Judenschaft zurücklegen mußte, bis sie als staatlich anerkannte Religionsgemeinschaft, als gleichberechtigte Konfession in der stets streng katholischen Kaiserstadt ein eigenes Gotteshaus bauen konnte, frei von allem Zwang, von aller Ausschaltung aus dem Zusammenleben mit der Wiener Bürgerschaft.

Bis in das Reich der Sage können wir zurückgehen, wenn wir über die ersten Juden auf österreichischem Boden etwas erfahren wollen: »859 Jahre und neun Monate nach der Sintflut kam am 12. Juni der Jude Abraham aus dem Land Theomanaria nach Österreich und gründete das erste Reich, dem er den Namen ›Judeisapta‹ gab. Seine vier

Tetrarchen saßen in Stockerau, Tulln, Korneuburg und Wien.« Diese Sage überliefert uns Leopold Stainreuter, Hofkaplan von Herzog Albrecht III. und Prior des Wiener Augustinerklosters, in seiner »Chronik der 95 Herrschaften«, einer österreichischen Landeschronik aus dem 14. Jahrhundert. Bestimmt waren mit den Römern bereits jüdische Händler und Kaufleute in das spätrömische Wien gekommen. Die ersten urkundlichen Quellen über ihre Tätigkeit stammen allerdings erst aus dem 11. und 12. Jahrhundert.

Zwischen Judenplatz und Leopoldstadt – innerhalb dieser Begrenzung müßten wir Spaziergänge unternehmen, wenn wir heute den Schicksalswegen der Wiener Juden nachspüren wollten. Dies mag schon deshalb nicht uninteressant sein, weil in den letzten hundert Jahren sehr bedeutende Juden als Forscher, Gelehrte, Literaten und Künstler an der geistigen Aussage Wiens entscheidend mitgestalteten. Es mögen hier nur Persönlichkeiten genannt sein wie Sigmund Freud als Begründer der Psychoanalyse, Herschel Neumann als Erforscher von Krankheiten des Mittelohres, der Reformator der Dermatologie Max Oppenheim oder Julius Tandler als Pionier der Radiumbehandlung bei anatomischen Deformationen.

Es sind Victor Adler und Otto Bauer zu nennen als maßgebende Führer der österreichischen Sozialdemokratie in der Ersten Republik sowie Dichter und Literaten wie Stefan Zweig, Arthur Schnitzler, Moritz Saphir, Daniel Spitzer, Franz Werfel, Franz Kafka, Peter Altenberg, Karl Kraus, Felix Salten und der Schöpfer der Salzburger Festspiele, Max Reinhardt, oder etwa der große Opernreformator Gustav Mahler. Sie alle haben Bedeutendes geschaffen. Von dem Rechtsgelehrten Hans Kelsen stammt die österreichische Bundesverfassung von 1920. Beschwingte, beglückende Musik aus Wien aber ließen Meister erklingen wie Oscar Straus und Leo Fall, Edmund

Die Judengasse führt vom Hohen Markt zur alten Ruprechtskirche, die vermutlich aus dem 8. Jahrhundert stammt. Nicht weit davon der Judenplatz, Zentrum des einstigen Ghettos.

Eysler, Emmerich Kálmán oder der Fiakerlied-Komponist Pick. Mochten viele dieser Männer nicht gebürtige Wiener gewesen sein, so ist ihnen doch die Stadt zur Wahlheimat geworden.

Vor ihnen aber waren im 19. Jahrhundert vor allem auf dem Gebiet der Finanzwirtschaft – und hier besonders zur Zeit der »Gründerjahre« – namhafte jüdische Bankiers in Wien tätig. Durch ihre Beratungen und Finanzierungen entstanden bedeutende Bauten, Industrieunternehmen und Wohlfahrtseinrichtungen. Es sei hier nur an die Geldbarone Königswarter, Wertheimstein, Arnstein, Todesco, Eskeles oder Pereira erinnert. Der alte Judenfriedhof in der Roßau zwischen der Glasergasse und der Seegasse weiß heute noch von diesen Familien zu erzählen.
Unbestritten führend jedoch war die Rolle, die durch viele Generationen die Familie des gleichfalls geadelten Bankiergeschlechtes Rothschild in Wien spielte. Nicht nur als Geldgeber – und dadurch auch als Wegbereiter – später maßgeblicher Persönlichkeiten, sondern auch als echte Mäzene und Förderer der Entwicklung Wiens trugen sich die Rothschilds in das goldene Buch der Stadt ein. Es war auch ein Mitglied dieser Familie, das den ersten Akt bürgerlicher Gleichstellung eines Juden durch die Gemeinde Wien erreichen konnte. Dies gelang Salomon Freiherrn von Rothschild, welcher der Stadt gegen Ende des 19. Jahrhunderts 340000 Gulden zu sehr günstigen Bedingungen borgte, damit die Straßenerweiterung zwischen dem Kohlmarkt und dem Graben durchgeführt werden konnte. In Anerkennung dafür wurde damals Herrn von Rothschild das Wiener Bürgerrecht verliehen.
Damit war ein bedeutsamer Meilenstein auf dem langen Weg zur Anerkennung der Wiener Judenschaft gesetzt. Er begann um das Jahr 1204, als in der heutigen Seitenstettengasse – schicksalhaft an der gleichen Stelle, wo sich heute der restaurierte Tempel erhebt – bereits eine Synagoge stand. Einige benachbarte Grundstücke gehörten einem Juden namens Schlom, der als Münzmeister Herzog Leopolds VI. gleichsam der damalige Finanzminister war und 1196 aus politischem Haß ermordet wurde. Am 1. Jänner 1234 erließ Herzog Friedrich der Streitbare ein

Judenschutzgesetz. 1244 wird bereits ein jüdischer Friedhof vor dem Kärntnertor (heute um Goethegasse und Opernring Nr. 10) erwähnt.
Die erste geschlossene Ansiedlung der Juden wird im Jahre 1294 im Bereich des heutigen Judenplatzes (früher »Schulhof«) genannt. Der Name »Schulhof« für einen kleinen benachbarten Platz daneben erinnert an die erste Judenschule in Wien, die als eine der bedeutendsten im deutschsprachigen Raum galt und bis 1421 hier bestand. Die ganze Ansiedlung war als Ghetto angelegt und umfaßte die heutigen Straßenzüge Schwertgasse, Färbergasse, Drahtgasse, Schulhof, Kurrentgasse und Jordangasse. Insgesamt gab es damals hier rund siebzig Häuser. Diese waren – wie dies im Orient üblich ist – so gebaut, daß Türen und Fenster sich gegen das Ghetto zu öffneten, die zur Stadt gerichteten Seiten sich aber nur als kahle Mauern präsentierten. Die Zufahrtsgassen waren durch Tore oder Sperrketten abgeschlossen. Am »Schulhof« standen auch das Haus des Rabbi und ein Judenspital.
Die Herzöge Albrecht II. und Otto der Fröhliche erließen am 20. Jänner 1338 neue Judenverordnungen. Aber nach einem Katastrophenjahr, in dem Wanderheuschrecken, Überschwemmungen, Erdbeben und die Beulenpest die habsburgischen Länder verwüsteten, setzte 1348/49 eine große Judenverfolgung ein, da man in dumpfem Aberglauben alle Schuld an dem Elend den Juden gab.
Im Frühsommer 1420 kam es erneut zu einer Vertreibung der Juden aus Wien. Das Judenviertel wurde aufgelassen. Die Ursache zu diesen Maßnahmen mochte darin liegen, daß es durch die Geld- und Zinsgeschäfte (von der katholischen Kirche gerade verboten) und die gesellschaftliche Absonderung der Juden sowie durch den religiösen Fanatismus vieler Wiener zu einem starken Antisemitismus gekommen war. Der damals herrschende Herzog Albrecht V. ließ die mittellosen Juden auf Schiffen nach Ungarn deportieren, die wohlhabenden wurden nach

Scheinprozessen, die zu den düstersten Kapiteln der Geschichte Wiens unter den Habsburgern zählen, zum Feuertod verurteilt. 92 Männer und 120 Frauen mußten auf der sogenannten »Gänsweid«, der heutigen Weißgerberlände am Donaukanal, ihr schreckliches Ende am Scheiterhaufen erleiden . . .

In späteren Jahren durften einige jüdische Kaufleute zurückkehren, und im Jahre 1517 legten die Wiener Juden in der Roßau den bereits erwähnten Friedhof an. 1528 erließ Ferdinand I. eine neue »Ordnung«, die den Juden die Gewerbeausübung und den Grundbesitzerwerb untersagte.

Nach dem Zusammenbruch deutscher Bankhäuser in Nürnberg und Augsburg, die auch den Wiener Kaiserhof mitfinanziert hatten, zog man in der zweiten Hälfte des 16. Jahrhunderts jüdische Handelsleute wieder als Finanzberater nach Wien. Sie waren als »hofbefreite« Juden am kaiserlichen Hof tätig. Allerdings mußten sie und ihre Familien nach dem »Judenpatent« vom 1. August 1551, das Kaiser Friedrich I. erlassen hatte, am Rock oder Kleid zur Kenntlichmachung einen Ring aus gelbem Tuch tragen. Unter dem Habsburger Kaiser Maximilian II. (1572) und auch unter Matthias (1614) wurden sie abermals ausgewiesen. Wieder war religiöser und wirtschaftlicher Fanatismus der Grund für diese Maßnahme. Aber Kaiser Ferdinand II. überließ den Juden 1620 den Vertrieb der Münzen, zwei Jahre später, 1622, erlaubte er ihnen sogar den Bau einer Synagoge auf dem damaligen Kienmarkt (heute Ruprechtsplatz) und erteilte ihnen das Recht zur Gründung einer eigenen Ansiedlung in Wien.

Am 5. August 1625 wurde den jüdischen Familien ein Teil des sogenannten »Unteren Werd« im heutigen Stadtbezirk Leopoldstadt als Wohnstätte zugewiesen. Aber nochmals mußten sie zum Wanderstab greifen: Am 28. Juli 1670 wurde das neue Ghetto der Judenstadt geräumt, wobei 138 Häuser den Juden abgekauft wurden. An Stelle

ihrer Synagoge wurde damals die heute noch stehende Leopoldskirche in der Großen Pfarrgasse erbaut. Aus der »Judenstadt« war die »Leopoldstadt« geworden.
1670 veranlaßte Bischof Kolonitz erneut die Judenaustreibung aus Wien, und nur gegen eine Summe von 4000 Gulden konnte damals der jüdische Friedhof in der Roßau gerettet werden. 1784 wurde er von der Donau überschwemmt, unter Josef II. gleich allen anderen Friedhöfen, die innerhalb der Linienwälle lagen, geschlossen. Bis 1876 lag dann der jüdische Friedhof gleich neben dem katholischen Allgemeinen Währinger Friedhof. Seither befindet sich die jüdische Begräbnisstätte auf dem Zentralfriedhof.
Es gibt wohl kaum einen zweiten Stadtteil Wiens, der durch ein bestimmtes Bevölkerungselement so prägnant gestaltet wurde wie die Leopoldstadt durch die Juden. Diese Entwicklung begann, als zunächst 250 jüdische Familien aus Niederösterreich und dem heutigen Burgenland anno 1675 die Erlaubnis erhielten, sich in Wien seßhaft zu machen. Sie siedelten sich unweit des einstigen Ghettos in der Leopoldstadt an, und rund 90 Jahre später – 1764 – wurde ihnen die Bildung einer eigenen Gemeinde gestattet. Das »Toleranzpatent« (1781) des aufgeklärten Reformkaisers Josef II. erschloß dem Wiener Judentum endgültig den Weg zu einem glanzvollen Aufstieg. Die Juden erhielten vor allem die Zulassung zu den öffentlichen Schulen und Ämtern und wurden von gewissen Lasten befreit. Allerdings mußten sie – viele gegen ihren Willen – deutsche Familiennamen annehmen. Dieser Aufstieg hatte eigentlich schon zur Zeit Maria Theresias begonnen, in deren Diensten getaufte Juden wiederholt hohe Beamtenstellen einnehmen konnten, wie etwa der sogar geadelte Freiherr von Sonnenfels. Er war, wenn wir uns erinnern, einer der großen Reformatoren des gesamten europäischen Strafrechtes und ein Bahnbrecher der neuen Wissenschaft der Soziologie.

Mit dem »Toleranzpatent« wurde zwar die Lage der Wiener Judenschaft verbessert, aber es dauerte abermals fast hundert Jahre, bis die Juden ein echter Teil der Wiener Bevölkerung geworden waren. Erst das Revolutionsjahr 1848 brachte die völlige Gleichstellung mit den anderen Bürgern des Staates. Diese späte Gleichstellung erklärt in vieler Hinsicht auch die jüdische Berufsstruktur, die sich bis zu diesem Zeitpunkt hauptsächlich auf den Handel, das Bank- und Finanzwesen erstreckte.
In erster Linie waren es zunächst Kaufleute, und hier besonders Textilhändler, gewesen, die über die Leopoldstadt hinaus auch dem Viertel um den Salzgries unweit des Donaukanals durch ihre Geschäfte und Engroslager die besondere Note gaben. Wurde offiziell von einem »Kaiviertel« als dem damals neu entstandenen Franz Josefs-Kai gesprochen, gab der Wiener Volksmund in seiner drastisch-fröhlichen Art mit dem ständigen kleinen Spritzer beißender Ironie den Straßenzügen zwischen dem Hohen Markt, dem Salzgries und dem Franz Josefs-Kai den bildhaften Namen »Fetzenviertel«. Hier waren auch zahlreiche Vertreter der einstigen deutsch-böhmischen Textilindustrie aus Brünn und Proßnitz, Böhmisch-Leipa, Rumburg und Reichenberg ansässig.
In der Leopoldstadt waren, vor allem in der Taborstraße und in der Praterstraße, bedeutende jüdische Firmen etabliert. Während in kleineren Seitengassen, wie etwa in der Weintraubengasse, der Schiffamtsgasse, in der Großen und Kleinen Mohrengasse, jene typischen Detailgeschäfte zu finden waren, in denen einst so mancher später prominent gewordene jüdische Großhändler und einflußreiche Mann an der Wiener Börse als kleiner »Commis« begonnen hatte.
War er aber einmal arriviert, dann zog er aus der Leopoldstadt in ein »Nobelviertel«, wo etwa im Währinger Cottage, im Hietzinger Villenbezirk oder auch in Döbling die Häuser sehr wohlhabender jüdischer Familien entstan-

den. Vielfach entwickelte sich dort ein reges gesellschaftliches Leben, wobei häufig Musiker, Literaten und andere Künstler Gäste in diesen zum Teil sehr berühmt gewordenen »Salons« waren. Einer der gesuchtesten und durch seine Einflußnahme auf das geistige Leben Wiens bedeutendsten Salons war jener der geistreichen Bankiersgattin Frau von Wertheimstein, deren Villa (1834/35) in der Döblinger Hauptstraße Nr. 96 besichtigt werden kann. Denn sie ist heute als »Döblinger Kulturzentrum« Schauplatz verschiedener künstlerischer Veranstaltungen im Sinn der einst hier Cercle haltenden Frau von Wertheimstein. Im Salon der 1907 verstorbenen Franziska von Wertheimstein trafen einander die führenden Geister aus Kunst und Wissenschaft.

Damals waren die Juden bereits längere Zeit führend am Geistesleben Wiens beteiligt gewesen. Auf vielen Gebieten war das jüdische Bürgertum den Adeligen als Mäzene gefolgt, wenn es galt, Maler, Bildhauer oder eine Musikvereinigung zu fördern. Stefan Zweig schreibt dazu in seiner »Welt von gestern«: ». . . und es war der Stolz, der Ehrgeiz gerade des jüdischen Bürgertums, daß es hier in erster Reihe mittun konnte, den Ruhm der Wiener Kultur im alten Glanz aufrechtzuerhalten. Unermeßlich ist der Anteil, den die jüdische Bourgeoisie auf diese Art an der Wiener Kultur genommen. Sie waren das eigentliche Publikum. Sie füllten die Theater, die Konzerte, sie kauften die Bücher, die Bilder. Sie besuchten die Ausstellungen und wurden mit ihrem beweglicheren, von Tradition weniger belasteten Verständnis überall die Vorkämpfer und Förderer alles Neuen.«

Es lohnt durchaus, auch im heutigen Wien Spaziergänge zwischen dem Judenplatz und der Leopoldstadt zu unternehmen. Freilich erinnert nur mehr wenig an die so bewegte Geschichte gerade dieser Stadtviertel und ihre Verbundenheit mit Schicksal und Entwicklung der Wiener Judenschaft. Die Jahre der deutschen Besetzung von 1938 bis 1945 haben mit der konsequenten brutalen Durchführung der Verfolgungs- und Vernichtungstaktik gegen das jüdische Volk auch die Judenschaft Wiens furchtbar dezimiert. Darüber hinaus wurde durch Schleifung von Denkmalen, Niederreißen von Synagogen und Bethäusern, Zerstörung von Friedhöfen in weitem Maße auch das historische Erinnern getroffen, von dem heute oft nur mehr das Jüdische Museum im zweiten Wiener Gemeindebezirk Kunde gibt.

Im letzten Drittel des 19. Jahrhunderts waren in Wien noch 22 Synagogen und Bethäuser errichtet worden. Sie alle wurden vor allem in der berüchtigten »Kristallnacht« vom 9. auf den 10. November 1938 zerstört. Bestehen blieb allein die Synagoge in der Seitenstettengasse. Gab es vor 1938 in Wien 203 000 Juden, so wurden 1945 nur mehr rund 5 000 gezählt.

Die Härte der ersten Nachkriegsjahre nach 1945, die zehnjährige alliierte Besetzung Wiens haben vor allem das kulturelle Leben, an dem die Juden so maßgeblich Anteil hatten, nur allmählich wieder aufleben lassen. Jene, die überlebten und zurückkehrten, fanden ein Wien vor, das nicht mehr die Stadt ihrer Träume war. Eine starke soziale Umschichtung, eine mehr dem Kommerziellen als dem Essentiellen zugewandte Kunstentwicklung, eine vielfach in ihren finanziellen Möglichkeiten ungemein behinderte Wissenschaft erforderten eine völlige Umstellung, um sich wieder richtig in das Wien von heute hineinzufinden.

Es machten auch diese Menschen in den ersten Wochen nach ihrer Heimkehr vor mehr als zwanzig Jahren pietätvolle Wege des Gedenkens und des Gelobens durch diese besonderen Stadtteile, die zwischen dem Judenplatz (auf dem sich heute wieder eine Judenschule befindet) und der Leopoldstadt liegen. Sie sorgten auch mit dafür, daß in einer kleinen Grünanlage, dort, wo sich der Salzgries in Richtung Donaukanal zum Morzinplatz weitet, ein er-

schütternd mahnendes Denkmal entstand. Es ist ein Gedenkstein, auf dem zu lesen steht, daß hier einst in Wiens dunkelsten Tagen während der deutschen Besetzung das berüchtigt gewordene »Hotel Metropol« stand. Als Häftlinge der deutschen Geheimen Staatspolizei fanden hier zahlreiche Wiener – die meisten unter ihnen waren Juden – einen qualvollen Tod oder wurden in die Vernichtungslager abtransportiert.
Mehr als ein Vierteljahrhundert hat die furchtbaren Wunden einer grausamen Zeit langsam vernarben lassen. In Wien sind auch heute wieder Juden als Bürger und als Mitgestalter an der Zukunft der Stadt in maßgeblichen Stellungen. Sie formen mit an der künstlerischen Aussage und dem geistigen Wollen Österreichs in der zweiten Hälfte des zwanzigsten Jahrhunderts. Sie sind sich aber auch ihrer Aufgabe als Träger der Tradition der Juden Wiens bewußt, die den harten Weg vom Ghetto-Bewohner auf dem mittelalterlichen Judenplatz zum freien und gleichberechtigten Staatsbürger in der Leopoldstadt unbeirrt gingen . . .

»In diesem Hause ...«

Nicht zu Unrecht sagt man den Wienern den Hang nach, konservativer zu leben und zu handeln als andere Großstädter in Europa. Diese Mentalität zeigt sich nicht nur in der Pflege verschiedener Traditionen, sondern auch in einer gewissen stolzen Freude über die buntbewegte Ver-

gangenheit ihrer Stadt. Es hat sich aus diesem Interesse an der Überlieferung, an dem ständigen Erinnern an bedeutsames Geschehen eine Spezialität Wiens entwickelt, die ihresgleichen suchen mag: Wien ist die Weltstadt, die vermutlich die meisten Gedenktafeln aufzuweisen hat.
Weit spannt sich da der Bogen von den Wirkensstätten berühmter Musiker, Dichter und Denker bis zu den Kuriositäten, wie etwa die Gefangennahme des englischen Königs Richard Löwenherz, von der wir heute im Schaufenster eines Wäschegeschäftes erfahren, oder Josef Stalins Aufenthalt als bescheidener Untermieter in einem Wohnhaus unweit des Kaiserschlosses Schönbrunn. Wien ist eben auch eine Stadt der Gedenktafeln! »In diesem Hause ...« beginnen die meisten solcher Inschriften, die dann berichten, wer hier lebte, starb, komponierte, dichtete oder forschte, etwas stiftete, erfand, konstruierte, entdeckte oder dieses Haus überhaupt nur mit seinem Besuch beehrte. Letzteres steht noch da und dort auf Gedenktafeln an öffentlichen Instituten, Krankenhäusern oder Stiftungen zu lesen, die an die Anwesenheit Kaiser Franz Josefs und seiner Gemahlin Elisabeth bei einstigen Eröffnungen erinnern.
Was jedoch der Monarchie recht war, ist auch der Republik billig. Daher kann der Besucher Wiens vor allem an neuen Bauten der Stadt nicht nur den Namen des jeweiligen Bürgermeisters im Erbauungsjahr erfahren, sondern man hat auch die in diesem Fall zuständigen Herrn Stadträte nicht vergessen. Auch die ausführenden Architekten und Baumeister sind namentlich angeführt. Anderswo erfährt man genau, unter welchem Bundeskanzler bombenbeschädigte Wohnhäuser aus Wiederaufbaumitteln wiederhergestellt wurden. Aber auch Finanzminister und Sozialminister, Gewerkschaftspräsidenten, Bezirksvorsteher, Kardinäle, diverse Kuratoren und selbst ehrwürdige Klosterfrauen als Direktorinnen von Mädchenschulen werden der Nachwelt auf solchen Gedenktafeln

überliefert. Erinnerungen an historische Begebenheiten und alte Wahrzeichen der Stätte heutiger Neubauten sind an den Fassaden in oft künstlerisch sehr hochwertiger Mosaikarbeit verewigt und haben damit die oft ein wenig strenge Flächengestaltung moderner Baukünstler belebt.

In einer Stadt wie Wien sind vor allem die Gedenktafeln an den Stätten des Wirkens der großen Musiker von Gluck und Mozart bis Johann Strauß und Carl Michael Ziehrer selbstverständlich. An der Spitze stehen hier unbestritten Ludwig van Beethoven und Franz Schubert. Brachte es doch Beethoven als unruhiger Feuergeist auf 31 verschiedene Wohnanschriften, während Schubert zwar nie eine eigene Wohnung besessen hat, dafür aber unter 33 Adressen jeweils als Gast bei Freunden oder Wohltätern oder bei Eltern und Geschwistern zu finden war.

Auch die bedeutenden Dichter von Grillparzer über Raimund, Nestroy, Wildgans, Weinheber, Zweig, Schnitzler, Werfel bis zu Broch oder Musil sind auf Gedenktafeln verewigt. Und das, obwohl gerade die Kunst der bildlichen Darstellung zu allen Zeiten in Wien blühte und vor allem in jüngster Zeit wieder Weltruf erhielt. Auch wenn die phantastischen Träume des Pinsels und Zeichenstiftes von einem Ernst Fuchs, Lehmden, Wolfgang Hutter, Hundertwasser, Hrdlička und vor allem auch Oskar Kokoschka manchmal so kühn und ineinander verfließend sind, daß man fast nach einem Traumdeuter verlangen könnte.

Dem großen Erforscher der Traumwelt und Wegweiser in die Seele der Menschen setzte Wien nur eine erstaunlich bescheidene Gedenktafel. Obwohl dieser Professor Dr. med. Sigmund Freud mit der von ihm in Wien begründeten Psychoanalyse die wundersame Welt unserer Träume, Sehnsüchte, Wünsche und Begierden den Schlüssel zum richtigen Verstehen menschlichen Verhaltens geliefert hatte. An diesen Gelehrten, der anderswo schon längst sein Denkmal hätte, erinnert nur eine schlichte Tafel an der Stätte seines Wirkens im Hause Berggasse Nr. 23 im Stadtteil Alsergrund.

Gleichfalls recht bescheiden im Vergleich zur Bedeutung des Geehrten erscheint in dem einstigen Donaudörfchen Eßling, das heute zum Wiener Stadtbezirk Donaustadt gehört, die Gedenktafel am Geburtshaus Raphael Donners. Als Sohn eines kleinen Dorfzimmermannes wurde hier der Künstler geboren, dessen unvergleichlich schöne Plastiken nicht nur Wien, sondern auch berühmte Kirchen und Paläste Österreichs schmücken, wie etwa den Dom zu Gurk in Kärnten oder das prächtige Schloß Mirabell in Salzburg.

Erzählt uns im Stadtteil Nußdorf ein Reliefporträt Franz Lehárs an seinem 1932 erworbenen Wiener Künstlerheim in der Hackhofergasse Nr. 18 von dem Schöpfer der »Lustigen Witwe« und zahlloser anderer beschwingter Werke aus der »silbernen« Ära der Wiener Operette, so kündet sein Pendant von dem interessanten Theaterdirektor im alten Wien, Emanuel Schikaneder. Er war – lange vor Lehár, nämlich 1802 – hier einst der Hausherr und ließ dieses bauen. Das Geld dafür hatte er mit dem von ihm erbauten und geleiteten »Theater an der Wien« und vor allem mit den Aufführungen von Mozarts herrlicher »Zauberflöte« verdient, deren Libretto von Schikaneder stammt.

Das ehrwürdige Theater steht heute noch im Stadtteil Mariahilf und wurde vor einigen Jahren nach gründlicher Restaurierung und Modernisierung der Bühneneinrichtungen und Garderoben wiedereröffnet. Es ist heute das älteste Theater Wiens, aber immer noch eine der meistbespielten Bühnen. Freilich, Herr Schikaneder würde sich wundern, daß in unseren Tagen hier weniger die klassische Oper, als vor allem das moderne Musical zu Wort kommt. Wegbereiter dafür war eigentlich Franz Lehár.

Mit feinem Lächeln erinnert er sich auf seiner Gedenktafel daran. Denn sein Welterfolg »Die lustige Witwe« begann mit ihrer Uraufführung am 28. Dezember 1905 im alten Theater an der Wien. Sie leitete damit die allmähliche Wandlung der klassischen Operette eines Strauß und Offenbach zum rhythmisch-zündenden Musical unserer Tage ein.
In der Schönlaterngasse, unweit des Viertels um die »Alte Universität«, erzählt am Hause Nr. 7a eine Gedenktafel vom Leben und Schaffen des romantischen Komponisten

Franz Schuberts Leichnam wurde in der Margaretener Kirche, Schönbrunner Straße 52, eingesegnet. Der Tote trug die Kutte eines Einsiedlers, sein Haupt einen Lorbeerkranz.

empfindsamer Klavierkonzerte Robert Schumann während seiner Zeit in Wien. So manches Mal mag des Meisters berühmte »Träumerei« aus diesem schmalen Fenster dort oben in die stille Gasse erklungen sein. Schumann war es auch, der die in einem Archiv ruhende C-Dur-Symphonie Franz Schuberts entdeckte und aufführen ließ. Und der Gedanke fasziniert, daß in diesem ein wenig ernsten Altwiener Haus Schumann seine große, Fröhlichkeit sprühende Humoreske op. 20 schrieb ...

Die Gedenktafelstadt Wien ist stets bemüht gewesen, auch gelegentlichen Besuchern ein kleines Denkmal zu setzen, wenn diese während ihres Aufenthaltes Bedeutsames taten. Es beweist etwa der Hinweis an dem eleganten »Hotel Imperial« an der Ringstraße, daß Richard Wagner »in diesem Hause« an der Partitur seiner ersten Wiener Lohengrin-Aufführung gearbeitet hat. In der Altwiener Vorstadtvilla, Hadikgasse Nr. 72, unweit der Stadtbahnstation Hietzing, erfahren wir zu einem Bildnisrelief des Meisters: »In diesem Haus schuf Richard Wagner zu der trübsten Zeit seines Lebens an seinem sonnigsten Werk, an der Oper ›Die Meistersinger von Nürnberg‹.« So geschehen in den Jahren 1863–64, nachdem Wagner schon bei einem früheren Wiener Aufenthalt das Szenarium zu diesem seinem Lieblingswerk entworfen hatte.

Mit der dritten Erinnerung an Wagner auf einer Wiener Gedenktafel könnten wir den Reigen der Kuriositäten und Merkwürdigkeiten in der gedenkfreudigen Weltstadt eröffnen. Denn am Hause Thaliastraße Nr. 1, im 16. Bezirk Ottakring – einem in der Geschichte der Arbeiterbewegung in Wien sehr denkwürdigen Volksbezirk –, steht zu lesen, daß hier Wagners »Tannhäuser« zum erstenmal in Wien aufgeführt wurde. Also nicht etwa in der Oper an der Ringstraße, sondern in einem hier einst gestandenen hölzernen Sommertheater, dessen geschäftstüchtiger Direktor Hoffmann es wagte, »dieses verrückte Werk« den kritischen Wienern zu bieten.

Trotz des Erfolges wurde am nächsten Tag »Der Scharfrichter von Amsterdam« gespielt. Dann riskierte Hoffmann wieder den »Tannhäuser«, dem tags darauf das bestimmt sehr ergreifende Volksstück »Die Brunnenmacherstochter von Matzleinsdorf« folgte. Dabei wurzelt der »Tannhäuser« nach der historischen Herkunft der

Gestalt seiner Titelrolle im uralten Wiener Volkstum! Die jüngste Theaterforschung wies nach, daß der gefeierte Sieger im Sängerkrieg auf der Wartburg, der als Minnesänger bekannt gewesene Landedelmann Thanhuser, im Gebiet des heutigen Wiener Industriebezirkes Inzersdorf-Vösendorf im äußersten Süden der Millionenstadt sein kleines Landgut hatte.

Erstaunlich, wie sich vor Gedenktafeln in Wien die Bogen spannen können aus fernster Vergangenheit in unsere Tage! Dies kann auch die eigenartige Inschriftentafel bestätigen, die wir im Stadtteil Erdberg (3. Bezirk) im Flur des Hauses Erdbergerstraße Nr. 41, gegenüber der Straßenecke zur Apostelgasse, entdecken. Vorbei an einer kleinen Schaufensterpassage eines hier befindlichen Wäschegeschäftes mit Badehandtüchern, Geschirrtüchern und Bettwäsche muß man zu ihr vordringen.

Dann aber steht in diesem Hausflur zu lesen: »An dieser Stelle stand das Jägerhaus (Rüdenhaus), in welchem im Jahre 1192 Richard I., König von England, durch Leopold von Österreich gefangengenommen und von da nach Schloß Dürnstein an der Donau gebracht wurde.« Hier also hatte den so stolzen König Richard Löwenherz, der einst im Heiligen Land vor der Festung Akkon in Übermut die Fahne der mit ihm verbündeten Kreuzfahrer aus Österreich in den Staub gezogen haben soll, auf seiner heimlichen Rückreise das Schicksal ereilt! Romantische Sage, die im romantischen Städtchen Dürnstein mit allem Eifer des Tourismus weitergepflegt wird, ist in diesem Vorstadthaus plötzlich historische Tatsache.

Mit einem Teil des beträchtlichen Lösegeldes, das damals die Engländer für ihren König bezahlen mußten, wurde die erste Stadterweiterung Wiens im Mittelalter finanziert. Vor allem wurde jene Mauer errichtet, welche die damals noch kleine Stephanskirche in den Stadtbereich einbezog.

Nicht weniger kurios findet jeder, der sie zu entdecken

weiß, eine andere Gedenktafel für eine auch schon historisch gewordene Persönlichkeit der Weltgeschichte. Sie erzählt am Haus Schönbrunner Schloßstraße Nr. 30 dem erstaunten Besucher, daß »in diesem Hause im Jahre 1913 Josef Stalin wohnte und das Werk: ›Der Marxismus und die nationale Frage‹ schrieb«. Er war als Revolutionär nach Wien geflohen. Es dürfte wohl die einzige Gedenktafel für den Diktator in der westlichen Welt sein.

Die Leidenschaft Wiens für Gedenktafeln, Erinnerungsinschriften und Denkmale sorgte auch dafür, daß genau überliefert steht, wo Franz Grillparzer speiste (in der Altwiener Gaststätte »Zu den drei Hacken« in der Singerstraße), wo Kaiserin Elisabeth zu verweilen geruhte (Gedenkstein auf dem Kahlenberg hinter einem Gebüsch unweit des Aufganges zur großen Aussichtsterrasse), wo der Ottakringer Bach vor seiner Regulierung seinen Weg zur Donau nahm (Gedenktafel an der Ecke Strauchgasse im 1. Bezirk) oder wo »Weiland Se. Kais. Hoheit, der durchl. Herr Erzherzog Franz Karl zur Jagd in den hiesigen Gebirgen einzutreffen pflegte« (Linzerstraße 422).

Der finnische Komponist Jean Sibelius ist in der Wiedner Hauptstraße bei der Waaggasse geehrt. Der tschechische Komponist Antonin Dvořák wohnte in derselben Straße in einem kleinen Hotel unweit der Staatsoper, und der Textdichter des »Rosenkavaliers« und der »Salome«, Hugo von Hofmannsthal, hat laut Gedenktafel in der Salesianergasse im 3. Bezirk das Licht der Welt erblickt. Albert Schweitzer wohnte 1909 im Haus Florianigasse Nr. 8a (Ecke Schlösselgasse) in der Josefstadt.

Erfahren wir in einer ausführlichen Sgraffito-Inschrift an einem modernen Wohnblock auf dem Hohen Markt ausführlich von den hier einst tätig gewesenen Einhebern der Weinsteuer im Mittelalter, so wird nichts gesagt zu der Porträtbüste Max Reinhardts an der Fassade des Theaters in der Josefstadt, obwohl doch er der eigentliche künstlerische Begründer der Salzburger Festspiele war.

Hingegen gibt es eine stattliche Reihe von Gedenktafeln, die Freundesrunden verschiedener Komponisten mittelmäßiger Wiener Lieder gestiftet haben. Wobei vielleicht die originellste an einem Hause in der Brunnengasse in Ottakring zu entdecken ist. Hier wird festgehalten, daß der erst kürzlich verstorbene Kapellmeister Viktor Korze »in diesem Hause« die typisch wienerische Redensart »Geh', Peperl, plausch net« als Ausdruck des spöttischen Bezweifelns einer Mitteilung in Musik gesetzt hat.
Wirklich, der ausgeprägte Hang zur Individualität des Wieners zeigt sich auch in der Auswahl der Personen, die durch in Stein gemeißelte Gedenkworte weiterleben sollen im Bewußtsein dieser Stadt. Immer wieder umstritten aber ist eine bedeutsame Gedenktafel auf dem Michaelerplatz an dem Geschäftshaus, das der gefeierte Architekt Adolf Loos an der Ecke zur Herrengasse hin erbaute. Sie berichtet, daß an dieser Stelle am 13. März 1848 der Oberfeuerwerker der kaiserlichen Artillerie, Johann Pollett, sich weigerte, sein Geschütz gegen die vor der Hofburg demonstrierenden Arbeiter und Studenten abzufeuern. Eine Befehlsverweigerung, durch die sinnloses Blutvergießen verhindert wurde, eine Besonnenheit, durch die wahrscheinlich die Hofburg damals gerettet wurde. Denn die Wiener hätten nach der sinnlosen Artilleriesalve unweigerlich das Kaiserschloß gestürmt.
In die Hunderte gehen im weiten Häusermeer Wiens all diese Tafeln und Gedenkworte, die beredt erzählen, was sich »in diesem Hause« begeben hatte, das des Gedenkens wert ist. Es sind keineswegs nur historisch und kulturell bedeutsame Dinge gewesen. Sondern auch so manches, was eben einer bestimmten Gruppe von Nachfahren der Würdigung wert erschien. Oft auch als neues Mosaiksteinchen in dem faszinierend bunten Bild einer Stadt, in der immer wieder Neues geleistet, erdacht, vollbracht oder auch zunächst nur erträumt wird. Bis die Stunde der Erfüllung schlägt oder aber auch die der Enttäuschung.

Ein Lied aus Wien ...

Der Himmel hängt voller Geigen, und leise, ganz leise, zieht durch den Raum die selige Weise vom Walzertraum, wozu noch in einem Heurigengarten die Schrammeln beteuern: »Heut' kommen d' Engerln auf Urlaub nach Wien!« Das ist so ungefähr die Klischeevorstellung vom

»Lied aus Wien«, das singend und klingend, fröhlichkeitsbringend und herzensbezwingend ins Gemüt geht. Vor allem dann, wenn es bei einem Glaserl Wein ein blondes Mizzerl oder ein alter Herr Kanzleirat – die junge Dame mit viel Schmalz, der alte Herr mit mühsam verhaltener Rührung – singen. In Grinzing, in Sievering oder draußen in Gumpoldskirchen!

Aber um das »Lied aus Wien« ist es im Grunde ganz anders bestellt. Es ist Musik, die nie verklingt und als eine Melodie aus Wien einst hinauszog in die Welt, die sie heute als kostbares Gut aller Menschen kennt. Da ist die lange Reihe der vermeintlichen »deutschen Volkslieder« von »Ich hört' ein Bächlein rauschen« bis zu »Das Wandern ist des Müllers Lust«, von »So leb denn wohl, du stilles Haus« bis »Am Brunnen vor dem Tore«. In Wahrheit sind sie alle Lieder aus Wien! Die meisten geboren aus der gesegneten Landschaft zwischen den Hängen des Wienerwaldes und der Donau, die heute Stadtteile von Wien geworden sind. Und die sich dennoch die Schönheit der Natur bewahrten, die auch einen der schönsten Choräle aus Wien erklingen ließ: »Die Himmel rühmen des Ewigen Ehre.«

Wahrlich, es ist »die Allmacht Gottes in der Natur«, die wir auf Spaziergängen empfinden unterwegs zu Stätten, die uns das Lied aus Wien schenkten. Der Wahlwiener Ludwig van Beethoven komponierte diesen Lobgesang auf die Schöpfung und zur Ehre des Ewigen im einstigen Vorort Heiligenstadt, der heute zum Wiener Stadtbezirk Döbling gehört. Welch eine Vorstellung, daß der Meister damals schon völlig ertaubt war, als er diesen so harmoniereichen Choral geschaffen!

Den Spuren Beethovens nachzuspüren, hieße fast ganz Wien kennenlernen. Denn der große Komponist war ein ruheloser Wanderer, war dauernd auf Wohnungssuche. Von seinem ersten Quartier in der Alserstraße Nr. 30, das er, als 22jähriger im Jahre 1792 nach Wien gekommen,

bezog, bis zum Sterbehaus in der Schwarzspanierstraße Nr. 15, wo er am 26. März 1827 verschied. Im Jahre 1803 wohnte Beethoven in der Döblinger Hauptstraße Nr. 92, wo er die »Eroica« vollendete. In den Jahren 1804/05 finden wir ihn in der Linken Wienzeile Nr. 6 und im Hause Mölkerbastei Nr. 8. In dieser Wohnung mit dem prächtigen Ausblick über die Basteien hinaus bis zum Wienerwald wurde die Oper »Fidelio« in die heute gespielte Fassung gebracht; sie wurde am 20. November 1805 im historischen Theater an der Wien uraufgeführt.
Auch in Wiens Vorstädten ist so manches »Lied aus Wien« ersonnen worden, da auch dort viele Beethovenhäuser heute noch von des Meisters verschiedenen Wohnungen erzählen. So etwa in der Grinzinger Straße Nr. 64, wo der stets ein wenig reizbare und menschenscheue Beethoven zur gleichen Zeit wie Franz Grillparzer und dessen Mutter als Sommergast wohnte. Am Pfarrplatz in Heiligenstadt Nr. 2 entstand Beethovens »Pastorale«, auch in der benachbarten Kahlenberger Straße Nr. 26 und im Hause Probusgasse Nr. 6, wo das erschütternde »Heiligenstädter Testament« verfaßt wurde, hat Beethoven gewohnt. Er, der große Naturfreund und Landschaftsgenießer, schrieb in einem seiner Aufzeichnungsbücher: »Hier, von dieser Natur umgeben, sitze ich oft stundenlang, und meine Sinne schwelgen im Anblick der Natur. Niemand kann diese Landschaft so lieben wie ich.«
In dem heute noch stehenden alten Glacishaus Trautsohngasse Nr. 2, unweit vom Parlament an der Ringstraße, arbeitete Beethoven an seiner »Missa solemnis«, in der Altwiener Villa Hetzendorfer Straße Nr. 75a, im heutigen Stadtteil Meidling, begann der Meister mit seiner »Neunten Symphonie«, die er in den Jahren 1823/24 in der Ungargasse Nr. 5, im heutigen 3. Wiener Gemeindebezirk, vollendete.
Lieder aus Wien – wie viele von ihnen hat in der Donau-

stadt Mozart geschrieben, nachdem er auch – vor allem durch seine Eheschließung mit der Constanze Weber – zum Wahlwiener geworden war. Im Gegensatz zu Beethoven aber komponierte dieser Musiker geradezu mit Vorliebe in seinen Wohnungen in schmalen hohen Gassen der Wiener Altstadt. Es ist schwer, sich vorzustellen, daß etwa das bezaubernde Verabschiedungslied des fröhlichen Figaro an den Pagen Cherubin in der ernst-grauen Schulerstraße hinter St. Stephan ersonnen wurde. Aber tatsächlich wohnte hier Mozart in dem Hause Schulerstraße Nr. 8 (Eingang Domgasse Nr. 5), als er »Die Hochzeit des Figaro« komponierte.
Nicht nur das bekannte Vogelfängerlied des Papageno in Mozarts »Zauberflöte« wurde als Lied aus Wien mit ganz geringen Abweichungen zu dem bekannten deutschen Volkslied »Üb immer Treu und Redlichkeit«, sondern auch die Melodie »Klinge kleines Glockenspiel« findet sich vielfach als Kinderlied wieder. In der Währinger Straße Nr. 26 hingegen schrieb Mozart in den Jahren 1788 bis 1790 an seiner Oper »Così fan tutte« und an seiner »Zauberflöte«, und wenige Tage vor seinem allzu frühen Tod am 5. Dezember 1791 arbeitete der begnadete Künstler in seinem letzten Wohnhaus in der Rauhensteingasse.
Die drängende Zeit hat vor einigen Jahren auch die letzte Erinnerung an Mozarts Sterbehaus in dieser Gasse verschwinden lassen. Die Hinterfront eines modernen Geschäftshauses in der Kärntner Straße steht heute an seiner Stelle. Zur selben Zeit wurde auch das altehrwürdige »Frühwirth-Haus« neben der prächtigen Karlskirche demoliert – es war ein ausgewohntes, baufällig gewordenes Altwiener Zinshaus. Franz Schubert hat einst dort in kläglichsten Wohnverhältnissen als bescheidener Untermieter bei einem Ölverschleißer seine herrlichen »Mignon-Lieder« geschrieben. Auch eines von ihnen gilt heute als Volkslied: »Kennst du das Land, wo die Zitro-

nen blüh'n?« Sehr empfindsam und eindrucksvoll hingegen lebt die Erinnerung an den Liederfürsten Franz Schubert weiter mit dem kürzlich von der Stadt Wien restaurierten Altwiener Vorstadthaus Nußdorfer Straße Nr. 54 im Stadtbezirk Alsergrund. Es ist die Stätte, wo der Schöpfer so vieler herrlicher Lieder aus Wien als Sohn eines bescheidenen Schullehrers im Jahr 1797 in einem fensterlosen Nebenraum der Küche »das Licht der Welt« erblickte, wie dies in offiziellen Biographien so poetisch gesagt wird.

Schuberts Vaterhaus zeigt sich jetzt wieder, ganz im Stil seiner Zeit restauriert, mit dem ungemein idyllischen, von offenen Holzbalkonen umsäumten Hof, in dem der kleine Franz die ersten Kindheitseindrücke in sich aufnahm. Fast ländlich-bäuerisch mutet uns dieser »Schubert-Hof« an, in dem in einer Sternenstunde in Wien ein Leben begann, das eigentlich ein einziges Träumen, Suchen und Sehnen war. Es ist – trotz Schuberts überreichem und in seiner Art einmaligem musikalischem Schaffen – unvollendet geblieben. So, wie seine ergreifend schöne h-Moll-Symphonie, die »Unvollendete«, mit dem innigen Cellosolo. Schubert hat sie in den Jahren 1822/23 im Haus seines Freundes Franz von Schober im historischen »Göttweiger-Hof« in der Spiegelgasse Nr. 9 in der Wiener Innenstadt komponiert. Der Wiener Hofoperndirektor Johann Herbeck hat Jahre später bei einem Kaufmann in der Inneren Stadt einige Dinge des täglichen Bedarfes eingekauft und seine Ware, in Altpapier verpackt, nach Hause getragen. Wie staunte der Herr Direktor, als er dann beim Auspacken entdeckte, daß dieses »Käsepapier« die Urschrift der Schubertschen, so lange verschollen gewesenen h-Moll-Symphonie war.

In Schuberts Sterbezimmer, im Haus Kettenbrückengasse Nr. 6 im Stadtteil Margareten, aber hören wir, daß hier der junge Meister kurz vor seinem Tod als 31jähriger auch ein vermeintliches Volkslied schrieb. In ihm klingt

die ganze Tragik seiner innerlichen Einsamkeit auf: »Das Meer erglänzte weit hinaus, im letzten Abendscheine ...« Es täuschen auch die oft so romantisch und zugleich familiär empfundenen »Schubertiaden«, wie Moritz Schwind uns eine in seiner berühmten Zeichnung hinterlassen hat, nicht darüber hinweg, daß Franz Schubert selbst in diesen Freundeskreisen meist sehr bescheiden – und einsam – am Klavier saß. Sein Freund und Liederinterpret Vogl munterte ihn einmal auf: »Sie sind zuwenig Komödiant, zuwenig Scharlatan! Sie verschwenden Ihre schönen Gedanken, ohne sie breitzuschlagen.«
In den Sommermonaten wohnte Schubert meist in einem der Vororte Wiens. So auch damals, als er in einem alten Wirtshausgarten – heute steht hier im Stadtteil Währing, Kutschkergasse, das Haus Nr. 44 – nach dem Gedicht von Shakespeare sein Ständchen »Horch, horch, die Lerch' im Ätherblau« komponierte. Es spricht beredt von dem ganzen Lebensstil des sehr bohèmienhaften jungen Musikus, daß er dieses nach seinem Tode weltberühmt gewordene »Ständchen« damals auf der Rückseite einer »Speisenkarte« zu Papier brachte. Und wieder war in einem sommerlichen Garten ein Lied aus Wien geboren.
Sogar als Patient im Allgemeinen Wiener Krankenhaus auf der Alser Straße – Schubert wurde hier wegen einer fiebrigen Erkrankung behandelt – hat der so fruchtbare Komponist unsterbliche Lieder ersonnen. Auf seinem Krankenbett schrieb er einige Lieder aus dem Zyklus »Die schöne Müllerin«. Gleichfalls im 9. Stadtbezirk, in der Säulengasse Nr. 3, hat er als eines seiner schönsten Werke nach Goethes Worten die Ballade »Der Erlkönig« geschrieben. Schubert wohnte dort im Jahre 1801, als er als Schulgehilfe an der Seite seines als Schullehrer wirkenden Vaters tätig war.
Ein anderer Liederkomponist, der das Liederbe Schuberts weiterführte, war Hugo Wolf, der 1860 in Windischgrätz in der Südsteiermark auf die Welt kam und als junger

Zuschauerraum der Wiener Oper. Sie wurde am 25. Mai 1869 mit Mozarts ›Don Giovanni‹ eröffnet, nach ihrem Wiederaufbau am 5. November 1955 mit Beethovens ›Fidelio‹.

Mann 1884 nach Wien zog, um als Musikkritiker beim »Wiener Salonblatt« zu schreiben. 1896/97 wohnte er in der Schwindgasse Nr. 3. Genial nachempfunden, vertonte er Gedichte von Goethe, Mörike und Eichendorff und wies dem Lied ganz neue Wege. Sein »Italienisches Liederbuch« schrieb er in dem heute noch stehenden Gartenhäuschen in der Billrothstraße Nr. 68, wo ihm 1885 und 1888 bis 1894 sein Gönner, der bekannte Juwelier der Wiener Gesellschaft, Köchert, Unterkunft gewährte.

Auch dieses Gartenidyll um die Köchert-Villa ist somit ein Stück Wiener Musikgeschichte ...
Behutsam gestrichene Geigen, ein sanftes Cello, eine sekundierende Bratsche – in Wien Viola genannt – spielen im matt erhellten, festlichen Konzertsaal eines alten Wiener Adelspalais ein Streichquartett. Die Zuhörer genießen mit geschlossenen Augen den Wohlklang der Akkorde, manche stützen sinnend den Kopf in die Hände. Manche blicken über die vier Musikanten hinweg in eine unbestimmte Ferne. Konzert in einem Wiener Musikpalais!
Es ist ein Kunstgenuß besonderer Art. Denn solch ein Abend läßt die Harmonie der Schönheit barocker Innenarchitektur mit der Musik berühmter Meister zu einem unvergeßlichen Eindruck werden. Vor allem während der Sommermonate laden einstige Adelsresidenzen zu stilvollen Kammerkonzerten ein, wie das vornehme Palais Lobkowitz unweit der Staatsoper. Es wurde 1685–1687 vermutlich von Giovanni Tencala erbaut, 1709–11 fügte Johann Bernhard Fischer von Erlach das Hauptportal hinzu. Der prachtvolle, sehr intime Festsaal wurde in der ersten Hälfte des 18. Jahrhunderts umgestaltet; im Deckenfresko wird das Motiv der Allegorie der Künste dargestellt. 1807 dirigierte hier Beethoven zum erstenmal seine Dritte Sinfonie. Das Barockpalais der einflußreichen Lobkowitz war vor allem während des Wiener Kongresses Schauplatz großer Feste. Seit 1945 ist das traditionsreiche Haus Sitz des Französischen Kulturinstituts.
Solch ein »Musikpalais« ist auch auf dem Josefsplatz das Palais Palffy mit seiner schlichten Renaissancefassade (um 1575). Daneben steht das Palais Pallavicini, das 1783/84 von Ferdinand von Hohenberg als würdiger Abschluß des Josefsplatzes als erster Bau in rein klassizistischen Formen in Wien geschaffen wurde. Kammerkonzerte sind auch im eleganten Stadtpalais des Fürsten

Schwarzenberg am Rennweg zu hören. Nach Plänen von Lukas von Hildebrandt wurde es 1704 fertiggestellt und mit geringen Veränderungen von Fischer von Erlach Vater und Sohn 1728 vollendet. Nach schweren Bombenschäden im Zweiten Weltkrieg wurde der prächtige Adelssitz in alter Schönheit wiederhergestellt.

Auch das Palais des einstigen russischen Fürsten Rasumofsky, in dessen kleinem Konzertsaal Beethoven so manches seiner Werke als Gast des Fürsten zum erstenmal einem Kreis kunstsinniger Kenner bot, ist mitunter Schauplatz eines Palaiskonzerts. Auch dieses bedeutsame Bauwerk wurde 1944 schwer bombenbeschädigt, aber in den Jahren 1949–1951 völlig restauriert.

Bei diesen Palaiskonzerten begegnen wir oft dem Lied aus Wien, das zum Volkslied geworden war. Da hören wir das anmutige »Forellenquintett« Schuberts – und entsinnen uns ferner Kindheitstage, als wir in der Schule lernten: »In einem Bächlein helle . . . die muntere Forelle . . .« Wenige Tage später läßt uns ein Streichquartett von Joseph Haydn aufhorchen. Denn da klingt in diesem »Kaiserquartett« ein von den vier Musikern empfindsam angestimmtes Andante auf: »Gott erhalte Franz den Kaiser . . .« Die alte österreichische »Volkshymne«, die Haydn als Huldigung für den damals 29jährigen Kaiser Franz I. im Jahr 1797 komponierte, welche durch die Einfachheit ihrer Melodie wirklich zum Lied des Volkes wurde. In Haydns letztem Wohnhaus, in der Haydngasse Nr. 19 im Stadtteil Mariahilf, können wir heute neben vielen Erinnerungen an den Meister die erste Ausgabe dieser »Volkshymne« sehen. Auch ein echtes Lied aus Wien, das aber durch eine tragische Verkettung politischer Ereignisse später mit dem Text des deutschen Dichters Hoffmann von Fallersleben zum »Deutschlandlied« wurde und heute die Nationalhymne der Bundesrepublik Deutschland ist. Österreichs Bundeshymne hingegen besingt mit einer feierlichen Melodie von Mozart die Hei-

mat mit den Worten der österreichischen Dichterin Paula von Preradovic: »Land der Berge, Land am Strome«.
Der eilige Rhythmus des auch in Wien sehr betriebsam gewordenen Werktages läßt uns oft nicht die Muße, die Treue dieser Stadt zur so sehr geliebten Musik zu bekunden. Aber wenn wieder ein junger Sommer gekommen ist und zur Eröffnung der Wiener Festwochen zu den pianissimo einsetzenden Klängen des Donauwalzers vor einer festlichen Menschenmenge das Wiener Rathaus in milchweißem und goldhellem Licht aufstrahlt, dann wird die ganze Stadt an der Donau eine einzige große Bestätigung für den weltweiten Begriff: »Ein Lied aus Wien«. Dann werden sie wieder erzählt, die »G'schichten aus dem Wienerwald« bis »Drunt' in der Lobau«. Aber da erklingen auch wieder Andante, Adagio, Allegro . . .
Auf der breiten Treppe vor dem Schloß Belvedere stehen Wiener Buben und Mädel mit ihrer Lehrerin. Weit geht hier der Blick über diese vieltürmige Stadt all der Tradition »con variationi«, wie man es musikalisch ausdrükken müßte. Grün ist der Rasen vor der Schloßterrasse, grün die Patina der Kuppeln, blau der Frühsommerhimmel, und zartrosa erblüht duften die ersten Rosen. Die Kinder singen dreistimmig voll Lebenslust vor einem Publikum zufälliger Spaziergänger: »Wie ist doch die Erde so schön . . .« Denn in diesen Tagen der Festwochen singt Wiens Jugend in den Parks und vor den steinernen Kulissen ihrer Vaterstadt. Die hellen Stimmen erschallen auf Plätzen und Promenaden ebenso, wie sie das Echo von den stattlichen Wohnblocks mit den blankgeputzten Fenstern wiedergibt. Sie singen von der Sonne, von der Arbeit, vom Wandern, vom Donaustrom und vom Stephansdom und schildern ihr Erlebnis Heimat in Klängen, die gleichfalls die Empfindung vermitteln: Andante, Adagio, Allegro.
Voll Anmut schwingt sich die Serenade zum Himmel einer Frühsommernacht in Wien. Sie mag auf dem alten

Pfarrplatz in Heiligenstadt vor einem der berühmten einstigen Wohnhäuser Beethovens erklingen, im Burggarten, unweit der Staatsoper, oder in einer der vielen anderen Parkanlagen – sie läßt die andächtig auf Klappstühlen und Holzbänken lauschenden alltagsmüden Großstadtmenschen die Schönheit des Liedes aus Wien erleben. Denn es ist nicht wahr, daß »musica viva«, die lebende Musik, in Wien nur mehr der Name einer musikalisch tätigen kulturellen Organisation ist. Diese »musica viva« tragen die singenden Buben und Mädel in all den Stadtbezirken ebenso im Herzen wie andächtige Menschen bei den Konzerten geistlicher Musik in weihrauchduftenden Kirchen, aus denen festlicher Kerzenschimmer leuchtet. Oder eben die dankbaren Zuhörer bei einer Wiener Festwochenserenade.
Eine kleine Verkehrsumleitung, weißbehandschuhte Polizisten, die in Wien noch immer »Wachleute« genannt werden. Etliche Buben im Dauerlauf, vollbesetzte Fenster in allen Stockwerken der Häuser der Umgebung. Mädchen in bunten, feschen Sommerkleidern. Offene Monteursblusen, ins Genick geschobene Straßenbahnermützen, Mütter mit Kinderwagen, Pensionisten mit schattenspendenden Strohhüten, fleißig fotografierende Touristen – Platzkonzert in einem Außenbezirk während der Wiener Festwochen! Ein Hüne, mit mächtiger Kapellmeisterschärpe um die breite Brust geschlungen, ragt wie ein Fels in der Brandung. Jetzt hebt er den Tambourstock. Posaunen, Hörner, Trompeten, Baßtuba und Bombardon blitzen golden flirrend hoch. Dazwischen auf dem ebenholzschwarzen Grund die silbrigen Punkte der Klarinettenklappen. Der Tambour wirbelt das »Einschlagen«, die große Trommel und die in Wien so lautmalerisch »Tschinellen« genannten Becken geben den Rhythmus an: »Tempo di marcia«. Und dann schmettert es selbstbewußt und fröhlich los, Johann Schrammels mitreißender Marsch: »Wien bleibt Wien!« Und alle ringsum erken-

nen, daß in solch einem Augenblick ihr Lebenstempo Allegro ist ...
Aber auch das Adagio lebt weiter. Wir erlebten es bei einem Sextett draußen im Stadtteil Simmering, im großen asphaltierten Hof eines überwiegend von Arbeiterfamilien bewohnten Siedlungsblocks. Zwei Schlosser, ein Gaswerkarbeiter, ein betagter Oberlehrer, ein »Hausmeister« und ein pensionierter Buchhalter saßen auf wackeligen Sesseln vor alten Klappulten und spielten ein Sextett, das der Gaswerkarbeiter komponiert hatte. Für ihre Nachbarn, für die Leute aus den umliegenden Straßen und Gassen. Dieses »Hofkonzert« war weder im offiziellen Festwochenführer noch auf den Wiener Plakatwänden angekündigt. Nur bei der Milchfrau und in dem kleinen Tabakladen an der Ecke – in Wien nur unter dem Begriff »Trafik« bekannt – hatte es sich herumgesprochen: Heute abend spielen sie da drüben im Dreierhof.
Und beim Adagio mit all der Innigkeit eines Liedes aus Wien wischte sich die Frau des Gaswerkarbeiters hinter dem Küchenfenster heimlich die Augen ...

Bei Wiens letztem Stadtturm

Wie viele alte Herrn, liebt Wiens letzter Stadtturm die stille Zurückgezogenheit, in der es sich nach einem erfüllten Leben so beschaulich sinnieren und wohl auch ein bißchen träumen läßt: »Ja, seinerzeit, zu meiner Zeit . . .« Die ist bei diesem uralten Wiener freilich schon sehr, sehr lange vorbei. Damals im mittelalterlichen Wien war die ganze, noch sehr kleine Stadt mit Mauern umgürtet und mit solchen vierkantigen Türmen bewehrt, wie dieser steinalte Turm in einem verborgenen Hof hinter dem Fleischmarkt im Herzen der Wiener Altstadt einer ist. Er ist der letzte seines Zeichens und als merkwürdiges Baudenkmal aus den Tagen der Gotik heute noch wohlerhalten – und sogar noch bewohnt!

Wiens letzten Stadtturm zu entdecken, ist nicht ganz einfach. Vom Stephansplatz kommend, spazieren wir zunächst durch die Rotenturmstraße in Richtung Donaukanal. Dann biegen wir zum Fleischmarkt rechts ab und kommen in jene Straße, wo sich im wahrsten Sinne des Wortes »zwei Kulturkreise schneiden«. Denn hier stellt sich sehr eindrucksvoll Europas Südosten vor mit Dokumentationen der alten byzantinischen Kultur. Hier steht eine der berühmtesten Gaststätten Wiens. Sie heißt seit alters her »Griechenbeisel«. Und hier biegt ein ganz schmales, krummes Gäßchen ab, das, an einem Stiegenabgang zum Donaukanal vorbei, wieder hinausführt in die Rotenturmstraße. Dieses Gäßchen ist die Griechengasse, wo sich im Hof des Hauses Nr. 7 Wiens letzter Stadtturm erhebt. Welch ein Kontrast! Vor wenigen Minuten noch die lärmerfüllte, geschäftige Rotenturmstraße und hier die Begegnung mit einer Zeit, da am Stadttor die Wächter jeden Reisenden nach dem Woher und Wohin befragten, als dort unten am Donaukanal noch die Obst- und Weinschiffe aus der Wachau landeten. Denn damals war dieser heutige, zum Donaukanal regulierte Donauarm noch der Hauptstrom, den die Römer schon als Danuvius gekannt hatten ...

Wann der steinalte Turm erbaut wurde, hat die Forschung bis heute nicht ermitteln können. Aber der Baustil und vor allem das charakteristische Steildach legitimieren ihn als Zeitgenossen der Tage, da solche festen Türme – auch die benachbarte Rotenturmstraße erzählt ja von einem solchen Turm – die Stadt gegen die Donau hin geschützt hatten. Offiziell gilt das wunderliche Bauwerk als »Wohnturm«. Es gehört zu den vielen verborgenen Merkwürdigkeiten der Weltstadt Wien, daß auch Menschen unserer Tage hier ihre Wohnräume haben. Mit elektrischem Licht, Telefon, mit Rundfunk und anderem selbstverständlichen Wohnkomfort. Die unteren Geschosse sind zum Teil Magazinräume des benachbarten »Griechenbeisels«, zu dessen vielverwickeltem, steinaltem Gebäudekomplex dieser Wohnturm eigentlich gehört. Ständige Mieter sind auch die alljährlich wiederkommenden Schwalben, die hart unter dem Giebel ihre Nester haben.

Der Hof des Hauses Griechengasse Nr. 7 selbst ist ganz schmal und schmucklos. Das Haus mag aus dem 18. Jahrhundert sein, was an den Fenstersimsen und mancher baulichen Besonderheit zu erkennen ist. In der kleinen Einfahrt ist noch ein alter Hausbrunnen zu sehen, der freilich längst außer Betrieb ist, seit Wien seine berühmte Hochquellen-Wasserleitung besitzt, die von den Alpenausläufern Schneeberg und sogar vom Hochschwab in der Steiermark quer durch Niederösterreich Hochgebirgswasser in die riesige Stadt bringt. Das alte Haus mit dem Wohnturm profiliert mit den anderen, auch recht betagten Nachbarn dieses ganze »Grätzl«. Mit welchem Wort der Wiener gern mit einem liebevollen Unterton engster Verbundenheit das besondere Stück eines Stadtteiles bezeichnet. Ein typisch wienerisches Wort, das wie viele andere auch den slawischen Anteil an Wesen und Entwicklung der so europäischen Weltstadt Wien erkennen läßt. Denn in diesem »Grätzl« steckt das slawische »Gradez« als Begriff für »Burg«, wie das auch Städte wie Belgrad, Stalingrad oder Leningrad bekunden. Auch die steirische Landeshauptstadt Graz hieß in alten Zeiten »Grätz«. Der alte Stadtturm ist noch älter als dieser Name. Er erinnert sich auch genau an die Verzweiflung der Wiener, als anno

1866 die Schreckensnachricht der furchtbaren Niederlage der österreichischen Armee bei der böhmischen Stadt Königgrätz eintraf und die siegreichen Preußen in Eilmärschen gegen die Kaiserstadt vorrückten. Er entsinnt sich auch noch sehr genau jenes rücksichtslosen Generals Fürst Windischgrätz, der nach der blutig niedergeschlagenen Revolution von 1848 das rebellische Wien für den damals achtzehnjährigen Kaiser Franz Josef erobert hatte.
Aber der alte Turm weiß auch noch sehr gut, wie großartig das Feuerwerk war. Und der Jubel in ganz Wien, als im Jahr 1717 eine Reiterstafette den Bericht brachte, daß im Kampf gegen die Türken der Volksliebling Prinz Eugen von Savoyen »... kunnt dem Kaiser wiederum kriegen Stadt und Festung Belgrad«. Damals ist nach der Einnahme von Belgrad unter den als Pioniersoldaten kämpfenden Bergwerksknappen des Kärntner Städtchens Bleiburg das bekannte Soldatenlied entstanden: »Prinz Eugenius, der edle Ritter ...« Als schneidigen Defiliermarsch der altösterreichischen Dragonerregimenter hören es heute jeden Sommer Tausende Gäste Wiens bei einem der Platzkonzerte in den Parkanlagen während der Wiener Festwochen. Nicht etwa von einer Militärmusik gespielt, sondern von einer Blaskapelle der Wiener Gaswerke oder der Elektrizitätswerke, der Feuerwehr oder der hervorragenden Wiener Polizeimusik. Selbstverständlich ist dieser Prinz-Eugen-Marsch auch eine Glanznummer der weltbekannt gewordenen Traditionskapelle der altösterreichischen Militärmusik, der Hoch- und Deutschmeister Nr. 4, vom Volk kurz »Deutschmeister« genannt. Die alles versöhnende Musik läßt aber neben dem Siegesmarsch von Belgrad auch den Marsch des einstigen Dragonerregimentes des Fürsten Windischgrätz aufklingen ...
Gedanken und Überlegungen um dieses so wienerische »Grätzl«, um den steinalten Stadtturm in der Griechengasse Nr. 7 – wir könnten sie noch lange weiter anstellen.

Aber wir sind jetzt, durch das schmale Gäßchen zurückgehend, in das Haus Griechengasse Nr. 9 eingetreten – und stehen fasziniert in einem echten Altwiener Hof. So wie ihn zahllose Lieder über diese Stadt aus »der guten alten Zeit« besingen. Wie ihn sich Menschen in aller Welt – angeregt durch Filme und Operetten – vorstellen, wenn sie von Wien hören, der »Stadt meiner Träume«. Es ist der Haushof des »Griechenbeisels«, dessen Lokaleingang sich um die Ecke an der Hauptfassade dieses hier seit den Tagen des Mittelalters stehenden Hauses am Fleischmarkt Nr. 11 befindet. Wir steigen die wunderliche, schmale Wendeltreppe hinauf, die zu einer der für solche Altwienerhöfe typischen »Pawlatschen« führt. Darunter versteht man in Wien einen offenen Balkon mit einem Bretterboden und einer schmiedeeisernen Geländerbrüstung, der – oft in mehreren Stockwerken übereinander – den Hof eines solchen Hauses umrahmt. Der Zugang zu den einzelnen Wohnungen ist meist von ihm aus möglich. Auch diese »Pawlatschen« ist ein slawischer »Einwanderer«. Denn mit dem Wort »Pavlac« bezeichnet der Tscheche ein Brett, einen offenen Gang, und im übertragenen Sinn auch eine aus Brettern gebaute Bühne, das Pawlatschentheater.

Welch ein Blick von dieser »Pawlatschen« in das trauliche Winkelwerk, auf diese Dächer, in die von Grün umrankten Fenster und Geländer! Liebevoll wird dieses Stück Natur hier inmitten der Steine gepflegt, und Jahr für Jahr dankt es schöner und reicher den Menschen im »Griechenbeisel-Haus« diese Fürsorge. Noch stimmungsvoller aber zeigt sich diese innige Beziehung an der Fassade des historischen Hauses selbst: Seit Menschengedenken rankt sich ein mächtiger Efeustamm fast bis unter das Dach, schwingt sich im Sommer ein freundlicher Bogen bunt blühender Blumen über die gastlich ladende Inschrift über dem traulichen Wirtshauseingang: »Reichenberger Griechenbeisel.« Mit diesem kontrastreichen Namen aber wird die ganze erstaunliche Vergangenheit nicht nur dieses Hauses, sondern dieses ganzen »Grätzls« lebendig. Am schönsten könnte sie aber gewiß die hier am Eck in Stockwerkshöhe fröhlich grüßende holzgeschnitzte Figur erzählen, die sich als wohlgelungenes Konterfei eines der originellsten Wiener erweist, die jemals diese Stadt besungen haben. Seine Melodie, mit der er sich selbst und seine Philosophie singend vorzustellen pflegte, ist nicht weniger weltbekannt geworden als etwa der Donauwalzer oder das Lied von der Stadt unserer Träume: »O du lieber Augustin ...«

Die neueste Forschung weiß vom fröhlichen Sänger und Dudelsackpfeifer, daß er Marx Augustin hieß und als Sohn eines Wiener Bierwirtes im Jahr 1643 in der einstigen Vorstadt Erdberg das Licht dieser Welt erblickt hatte. In vielen Gaststätten sang er den Wienern seine kecken Liedchen und spielte ihnen zum Wein auf. Bis ihn – wir zitieren hier das Original-Totenprotokoll – »am 10. Octobris anno 1705 im Eßlerischen Hause auf der Landstraßen (heute der 3. Gemeindebezirk) beim Wain der Tod ereilet hat«. Worauf man den fröhlichen Sänger auf dem damaligen Friedhof des Vorstadtklosters St. Nikolai begrub.

Über Augustins einstige Grabstätte rollen heute die Züge der Wiener Straßenbahn. Und von allen den Gaststätten, wo er einst seine Lieder gesungen, steht nur mehr dieses »Reichenberger Griechenbeisel«. Zu seiner Zeit hieß es »Zum roten Dachl« – siehe da, dieses kleine rote Dach ist auch heute noch über einem Seiteneingang in das Haus zu entdecken! Das Lokal war primitiv, eine Zeitlang auch geradezu verrufen. Bis seine große Blütezeit begann, bedingt durch die Nachbarschaft des mächtigen, altersgrauen Gebäudes, das durch einen Schwibbogen am Anfang der Griechengasse mit dem »Roten Dachl« heute noch verbunden ist.

Denn dieses Haus, in dem heute die gleichfalls schon

Das Restaurant ›Griechenbeisel‹, eines der ältesten Gaststätten Wiens. Griechische Kaufleute, böhmische Tuchhändler und vielleicht auch der liebe Augustin waren Stammkunden.

historisch gewordene Gaststätte »Marhold« – seit alters her geschätzt wegen ihrer Rindfleischspezialitäten – sich befindet, war einst eine Karawanserei! Jawohl, eine richtige Karawanserei der orientalischen und vor allem auch der griechischen Kaufleute, die ihre Waren in langen Karawanen vom Orient her und durch den Balkan die Donau stromauf bis in den Großumschlagplatz Wien schafften. Ihre Endstation und zugleich ihr Hauptquartier in Wien aber war dieser altersgraue Hof. Da gab es die großen Lagerräume für griechische Weine und orientalische Tabake. Da waren die Magazine für die feinen Spezereien, für Rosenöl und Feigen und für die heute noch von Wien aus durch ganz Europa gehandelten herrlichen orientalischen Teppiche.

Zum Stammlokal der Griechen aber wurde das benachbarte »Beisel«, das heute noch ihren Namen trägt. Es darf hier noch einmal erklärt sein, daß unter einem »Beisel« in Wien auch heute noch allgemein ein kleines, gemütliches Gasthaus verstanden wird, mit viel Lokalkolorit und guten freundschaftlichen Beziehungen zwischen dem Wirt und seinen Stammgästen.

Aber nicht nur die Griechen waren beim »Roten Dachl« ständig zu Gast. Zu ihnen gesellten sich auch die aus der nordböhmischen Stadt Reichenberg nach Wien kommenden Tuchhändler. Denn Reichenberger Tuch und Leinwand aus dem benachbarten Städtchen Rumburg nahmen jahrhundertelang ihren Weg über Wien in die Länder Südosteuropas. So wurde in diesem steinalten Gasthaus auf dem Fleischmarkt aus dieser Begegnung der Menschen und Handelsleute aus Mitteleuropa und dem Südosten der heute manchen Besucher Wiens seltsam anmutende Name »Reichenberger Griechenbeisel«. Das Haus selbst aber ist in Urkunden aus dem Jahre 1447 – also noch vor der Entdeckung Amerikas durch Columbus – als »Leuthaus« genannt, wo ein »Leutgeb« (ein sehr altertümliches Wort für den Begriff »Wirt«) Bier und Wein den Leuten gab. Und heute noch können wir in den vielwinkelig ineinander geschachtelten, treulich gewölbten Stuben und Zimmerchen dieses gastlichen Hauses dem Lauf dieser Welt bei einem Glas Wein oder schäumenden Bieres nachsinnen. Durch mehr als ein halbes Jahrtausend . . .

Die Überlegung ist faszinierend, daß diese Gewölbe hier standhielten! Standhielten all den dramatischen und mit-

unter sehr kriegerischen Ereignissen von den Tagen, da im Mittelalter noch nicht einmal die Habsburger in der Hofburg residierten, über den Dreißigjährigen Krieg, die Türkennot, die Franzosenkriege bis zum Zweiten Weltkrieg mit seinen auf Wien so verheerenden Luftangriffen. Alles hat das unerschütterliche »Griechenbeisel« überdauert. In einer der gemütlichen Stuben sehen wir das wohl merkwürdigste »Gästebuch« Europas. Es präsentiert sich als eine unglaubliche Sammlung von Autogrammen bekannter Persönlichkeiten, die seit mehr als 150 Jahren als Besucher im »Griechenbeisel« gemütlich saßen. Nur trugen sich diese Damen und Herrn nicht in ein Buch ein, ihre Unterschrift prangt vielmehr an der weißgetünchten, schöngewölbten – Zimmerdecke! Es ist der vielbestaunte »Unterschriften-Plafond«, auf dem man in Kunterbunt so ziemlich alles an Prominenz ablesen kann, die hier einmal auf ein gutes Glas Wein eingekehrt war. Der Operettenkomponist Paul Abraham hat sich neben dem deutschen Luftfahrtpionier Graf Zeppelin verewigt, der schwedische Weltreisende Sven Hedin neben dem französischen Filmstar Jean Marais, Richard Wagner signierte neben Mark Twain, und selbstverständlich geben sich auf dieser Zimmerdecke die Größen von Staatsoper und Burgtheater, von Film und Sport aus der ganzen Welt ein Stelldichein. Besonders reizvoll ist es, daß der Stratosphärenforscher Professor Piccard neben dem unvergessenen Komiker Hans Moser steht. Aber auch die Unterschriften von Johann Strauß, Franz Schubert und selbst Ludwig van Beethoven fehlen nicht.
Lesen wir aber die Unterschrift des großen österreichischen Dramatikers Franz Grillparzer an dieser Zimmerdecke, dann bezweifeln wir mit Recht ihre Echtheit. Denn der stets sehr reservierte und erst als älterer Herr »prominent« gewordene Dichter war wohl kaum jemals zu bewegen, die dafür vorgesehene besondere Leiter zu besteigen, um sich auf diesem »Unterschriftenplafond«

zu verewigen. Tatsächlich sind sehr viele dieser Autogramme ausgezeichnete Faksimile, die aus dem Originalgästebuch auf die Zimmerdecke übertragen wurden. Allerdings haben sehr viele Künstler – dieses heitere Völkchen hat ja immer für extravagante Scherze etwas übrig – persönlich ihren Namenszug an die Deckengewölbe geschrieben. So etwa der stets humorige Wiener Operettenkomponist Edmund Eysler mit dem Bemerken: »Hab' ich so oft in meinem Leben einen Wechsel unterschrieben, warum soll ich nicht auch einmal einen Plafond unterschreiben?«

Was sich doch in der Nachbarschaft von Wiens letztem Stadtturm alles entdecken läßt! Da stehen wir jetzt neben dem »Griechenbeisel« vor der wunderschönen, in ihrer fremdländischen Architektur geheimnisvoll feierlichen Griechischen (nichtunierten) Kirche auf dem Fleischmarkt Nr. 13. Der steinreiche griechische Baron Sina, wohlhabender Handelsmann zu Wien, ließ sie von Theophil Hansen, Erbauer des Wiener Parlaments, für seine Glaubensgenossen 1858–1861 durch einen Vorbau in byzantisierenden Formen erweitern, nachdem Peter Mollner schon 1782–1787 die Kirche errichtet hatte. Schon Hansens Vorbau mit den vornehmen Säulen und den Verzierungen in Mattgold und Marmor führt uns in die eigenartige Welt der Ostkirche. Erleben wir hier sonntags einen feierlichen Gottesdienst, wird dies eine besondere Stunde. Die klangschönen Choräle der fremden Liturgie, der geheimnisvolle, goldene Kerzenlichtschimmer hinter den verschlossenen, aber mit prächtigem Schnitzwerk durchbrochenen Portalen des Presbyteriums und die Gemälde von Carl Rahl geben ihr die ganz eigene Note. Würdig blicken in den hohen Raum die mit tiefer Innigkeit gemalten Ikonenbildnisse auf die Gläubigen herab.

Eine zweite Griechische (nichtunierte) Kirche, dem heiligen Georg geweiht, steht in der Griechengasse Nr. 5. Sie stammt aus dem Jahr 1803, im Jahr 1898 außen verändert.

Die Ikonen im flachgedeckten, saalartigen Raum und im Vorraum stammen aus dem 18. und 19. Jahrhundert.
Die Griechische (unierte) Kirche der heiligen Barbara steht in der nahen Postgasse Nr. 10; bis 1772 war sie eine Jesuitenkirche und stammt aus der Mitte des 17. Jahrhunderts. Die romanisierende Fassade schuf Paul Sprenger im Jahr 1852.
Dieses Stück Südosteuropa auf dem Fleischmarkt hat mit dem stattlichen Bauwerk Fleischmarkt Nr. 19 einen gleichfalls sehr ehrwürdigen Nachbarn in nächster Umgebung. Es ist das einstige Laurentiuskloster, das noch aus dem Jahre 1305 stammt und heute Sitz des Wiener Hauptpostamtes ist. Als anno 1783 die letzten Mönche hier auszogen, nahmen sie alles mit, nur ihre toten Brüder nicht. Diese blieben in der tiefen Gruft bestattet, auf der wir heute stehen, wenn wir auf der Wiener Hauptpost noch schnell einen Luftpostbrief aufgeben oder unsere Telefonrechnung bezahlen. Das Leben geht eben weiter, wovon auch das neue, moderne Bürohaus kündet, in dem an der Ecke zur Rotenturmstraße hin Handel und Geschäft blühen, in diesem Zentrum merkantilen Schaffens schon seit Tagen, da Wiens letzter Stadtturm errichtet wurde.

Rund um den Karlsplatz

Er ist für die nächsten Jahre Wiens neueste, modernste und kühnste Attraktion. Er läßt vom weltberühmten Neujahrskonzert der Wiener Philharmoniker bis zum größten Bauvorhaben der Weltstadt Wien im 20. Jahrhundert Schauspiele erleben, die jedem unvergeßlich bleiben.

Er spannt den großartigen Bogen der Kunst vom prächtigen Barock über die Epoche des typisch aus Wien geborenen »Jugendstils« bis zum »Phantastischen Realismus« unserer Tage. Er ist wieder einmal in seiner langen Geschichte im Blickfeld der Wiener und all ihrer Freunde, dieser unglaubliche, zahllose Probleme aufwerfende Karlsplatz. Für die Stadtväter, die das Wagnis des Baus einer Untergrundbahn mit dem Hauptverkehrsknotenpunkt Karlsplatz in dieser Stadt der jahrhundertealten Keller, weitverzweigten Kanäle, unterirdisch zur Donau eilenden Wienerwaldbäche und selbst vulkanischer Schwierigkeiten in größeren Tiefen begonnen haben, bleibt er auf Jahre hinaus das große Sorgenkind.
Für die Wiener Steuerzahler, aber noch mehr für die Wiener Autofahrer ein täglicher Verdruß, über den nur hinwegtrösten kann: »Wir haben schließlich auch einmal die sehr problematisch gewesene Schleifung der Stadtmauern und Basteien und die Schaffung der Ringstraße gemeistert. Wir haben die ungemein kostspielig gewesene Stadtbahn mit ihren Tunnels und Mauern entlang des Wienflusses und ihren gewaltigen Hochbauten entlang des Gürtels geschafft. Und überhaupt unser Wien nach dem Zweiten Weltkrieg mit den schweren Zerstörungen wiedererstehen lassen. Na, da werden wir doch diese ›Remasuri‹ mit der U-Bahn auch noch derpacken!« Wozu Nichtwienern erklärt sein darf, daß unter dem Begriff »Remasuri«, der sich von dem italienischen Wort »rammassare« für ansammeln oder anhäufeln herleitet, jede Art lärmender, tumultuöser Unterhaltung oder fast chaotischer Betriebsamkeit zu verstehen ist, kurzum: Wirbel, turbulente Situation. Mit dem Zeitwort »derpacken« aber meinen die Leute der Donaustadt das Bewältigen einer schwierigen Arbeit durch kräftiges Zupacken. Denn auch das können die Wiener sehr gut, obwohl man ihnen gerne nachsagt, daß sie bei der Arbeit bisweilen nicht zu eifrig seien ...

Ungemein schaulustig, wie seit alters her die Bewohner Wiens sind, verfolgen sie täglich die Arbeit der modernen Baumaschinen in der riesigen Baugrube mit ihren geheimnisvollen Stollen, Schächten, Abstauungen des hier unterirdisch vorbeiziehenden Wienflusses. Aussichtspunkt dafür ist die gewaltige, über breite Treppen zu erreichende Brücke über den völlig aufgewühlten Teil des Karlsplatzes, in dessen Tiefen die U-Bahn zu wachsen beginnt. Wie alles Neue bei den Wienern rasch seinen Spitznamen hat, so heißt auch diese Brückenanlage mit einem eigens für Zuschauer ausgebauten Aussichtsplateau »Bellevue-Brücke«, in tiefer Bedeutung eben – »Schöne Aussicht . . .«
Auch wir halten auf einem Spaziergang zu der rasch berühmt gewordenen Großbaustelle einen Rundblick über diesen Karlsplatz, der mit seinen Bauten in seinem ganzen Wesen zu Wien gehört wie der »alte Steffl« oder das Riesenrad. Prächtig profiliert ihn noch immer die wunderschöne Karlskirche, die mit ihrer hohen Kuppel, den beiden so charakteristischen, fast minarettartigen Triumphsäulen und den zwei niederen Glockentürmen über weit gewölbten Durchgängen ihresgleichen nicht kennt.
Sie gilt als der bedeutendste Barockbau Wiens und ist wahrscheinlich das berühmteste Werk des genialen Johann Bernhard Fischer von Erlach. Was er von 1716 bis 1723 nicht hat vollenden können, wurde unter Leitung seines Sohnes Joseph Emanuel 1723 bis 1739 glücklich zu Ende geführt. Das Gelübde Kaiser Karls VI., zum Dank für das Erlöschen der Pest im Jahre 1713 eine Kirche zu

Das schönste Meisterwerk der beiden Fischer von Erlach, die Karlskirche, geht auf das Pestgelübde Kaiser Karls VI. 1713 zurück. Dieser bedeutendste barocke Kirchenbau Wiens wurde 1739 vollendet. Er stand damals hoch über dem Steilrand des Wientals. Die 33 Meter hohen Triumphsäulen zeigen Szenen aus dem Leben des hl. Karl-Borromäus.

Ehren des Pestpatrones, des heiligen Borromäus, zu stiften, hat diesen grandiosen Barockbau werden lassen. Daher zeigen auch die beiden den Trajanssäulen in Rom nachempfundenen und den Säulenportikus flankierenden Triumphsäulen, in breitem Bandrelief (1724–30) gemeißelt, Szenen aus der Lebensgeschichte des Pestheiligen, der bei Lebzeiten Bischof von Mailand und Retter Hunderter Pestkranker gewesen war.
Diese Reliefbänder stammen von Johann Christoph Mader.
Zwei Engelsstatuen mit Kreuz und eherner Schlange symbolisieren an den Aufgängen zu der großen Freitreppe vor dem mächtigen Gotteshaus das Alte und das Neue Testament. Über der Freitreppe baut sich ein gewaltiger Säulenportikus auf. Im Giebel der Säulenhalle ist in einem Relief von Giovanni Stanetti das Erlöschen der Pest in Wien dargestellt. Die lateinische Inschrift unterhalb besagt: »Ich erfülle mein Gelübde im Angesicht derer, die Gott fürchten« (21. Psalm). Im Kircheninneren fasziniert die helle Klarheit des vornehm ovalen »Kirchensaales«, dessen Kuppelgewölbe herrliche Fresken berühmter Barockmeiser wie Michael Rottmayr, Daniel Gran und Martin Altomonte schmücken. Dem Schöpfer all dieser Schönheit können wir im linken Oratorium der Karlskirche unseren Dank sagen, denn dort blickt uns on einem Ölgemälde herab Johann Bernhard Fischer von Erlach an.
Als einst Kaiser Karl – wie die schon zitierte lateinische Inschrift über dem Kirchenportal kündet – »das Gelübde erfüllte«, thronte die Kirche auf ihrem Hügel noch unmittelbar am Uferhang des Wienflusses. Sie war als Blickpunkt der zu verlängernden Herrengasse und Augustinerstraße gedacht, die heute noch die Innenstadt durchqueren. Die bauliche Entwicklung Wiens mit der Regulierung des Wienflusses und dem Entstehen zahlloser Bauten hat dieses Bild verschwinden lassen. Zum wieder-

holten Male hat sich das Antlitz des ganzen Platzes gewandelt, seit Wien seinen Weg von der mauerumgürteten »Haupt- und Residenzstadt« zur Großstadt ging. Heute ist unmittelbarer Nachbar des Barockjuwels das stattliche Hauptgebäude der Technischen Hochschule, 1816–1818 nach Plänen der kaiserlichen Hofbaudirektion erbaut, mit ihrem patinagrünen Dach und den Büsten berühmter Architekten und Techniker als Schmuckreihe in ihrem schmalen Vorgarten. Anschließend daran leuchtet durch das Grün des nach dem uns bereits bekannten Erfinder der Schiffsschraube Josef Ressel (Denkmal 1862 von Fernkorn) benannten Parks der charakteristische ziegelrote Bau der großen evangelischen Volksschule Wiens. Im Stil der italienischen Renaissance hat der Ringstraßenarchitekt Theophil Hansen 1860–1862 diese traditionsreiche Bildungsstätte erbaut. Auch sie erlitt schwerste Kriegsschäden, zeigt sich aber heute wieder genau so, wie Hansen es gewollt.

Als »chronisches Verkehrsproblem« grenzen westwärts an den vielgesichtigen Platz das massige Gebäude des Österreichischen Verkehrsbüros und die ungemein eigenwillig wirkende Ausstellungshalle der Künstlervereinigung »Secession«. Praktisch sind beide Bauwerke heute veritable Verkehrshindernisse, was vor allem für ein Verkehrsbüro eine paradoxe Situation ist. Es soll deshalb in absehbarer Zeit auf einen eben begonnenen Bauplatz an der Wiedner Hauptstraße »übersiedeln« und kommt damit auf historischen Boden. Denn hier stand einst als größtes Zinshaus im Wien der späten Barockzeit das »Freihaus«, in dem sich sogar ein kleines Theater befand. Es war der Schauplatz der Uraufführung von Mozarts »Zauberflöte«, nach der der Librettist Emanuel Schikaneder den heute noch vielbelachten Ausspruch tat: »So schön wäre meine Zauberflöte – aber der Mozart, dieser Kerl, hat mit seiner Musik alles verpatzt! . . .«

Die 1897/98 von Josef Olbrich errichtete »Secession« –

so kennt ganz Wien dieses Kunstausstellungsgebäude – wird aber gewiß »standhaft« bleiben. Schon als einer der wenigen Bauten Wiens, die im reinen »Jugendstil« gestaltet sind, wobei die Metalltüren nach einem Entwurf des bedeutenden Meisters dieser Stilepoche, Gustav Klimt, geschmiedet wurden. Gekrönt wird der Bau durch eine Kuppel aus eisernen Lorbeerzweigen, die bei ihrer Fertigstellung in goldener Farbe schimmerten und vom stets witzbereiten Wiener Volksmund mit dem treffenden Namen »Das goldene Krauthäuptel« bedacht wurde. Die Lebensdauer des Gebäudes erscheint wahrscheinlich schon dadurch gesichert, daß die vor der »Secession« stehende markante Bronzeplastik des Römerkaisers Marc Anton mit seinem Löwengespann seit ihrer Fertigstellung im Jahre 1900 durch Artur Strasser »zunächst einmal provisorisch« dort plaziert wurde. Dieses Provisorium dauert bereits 71 Jahre. Weshalb die Skulptur von den Wienern auch als »Denkmal des altbewährten Provisoriums« bezeichnet wird.
Kunst und Karlsplatz! Sie erweisen sich als engverbunden auch durch das Wiener Künstlerhaus unweit der Stadtbahnstation Karlsplatz (ein Werk von Otto Wagner). Es ist seit vielen Jahrzehnten nicht nur Stätte bedeutsamer Ausstellungen und exklusiver Filmpremieren, sondern im Fasching auch Schauplatz der originellen »Gschnasfeste«. Eine typisch wienerische Form ausgelassenster Tanzfeste in kühnster (womöglich auch allerspärlichster) Bekleidung und Maskierung. Die schon ein wenig altersgrau gewordenen Mauern des im Inneren erstaunlich weitläufigen Musentempels könnten ganze Bände über Wiens Künstler erzählen, über die heute so mancher würdige Herr oder kluge Dame sehr rasch den Stab bricht, die selbst einmal vor etlichen Jährchen sowohl als »ausstellende Jugend« als auch als besonders unternehmungslustige Gschnasfestbesucher und Gestalter sehr gewagter Dekorationen solcher Feste von sich reden machten.

Der vom Kaiserbrunnberg im Wienerwald kommende Wienfluß ist in weiten Teilen der Stadt eingewölbt. Beim Stadtpark nimmt er noch offen seinen Weg zum Donaukanal.

Das Künstlerhaus wurde nach Plänen des Architekten August Weber im Stil der italienischen Renaissance 1865 bis 1868 mit der Front zum Wienfluß erbaut, 1881 durch Streit und Schachner bis zur heutigen Bösendorfer Straße erweitert; das Innere adaptierte 1888 Julius Deininger. Den Bauauftrag zum Künstlerhaus gab die 1861 gegründete Gesellschaft bildender Künstler Wiens, ein Verein von Wiener Architekten, Bildhauern und Malern; sie alle verschworen sich – die meisten waren aktiv an den Ringstraßenbauten beteiligt gewesen – der Tradition und bodenständigen Kunstentwicklung. Präsident der Gesellschaft war unter anderen auch Makart, der einst gefeierte Liebling der Wiener Gesellschaft. Er verschaffte dem Künstlerhaus die größte Popularität. 1897 gab es in der Gesellschaft eine »Revolution«; 19 Mitglieder traten als die »Secessionisten« aus und gründeten die »Vereinigung bildender Künstler Österreichs Secession«. Sie stellten sich damit in Gegensatz zur konservativen Kunst der »Alten«, des »Ringstraßenstils«, verschrieben sich dem »Neuen Stil« der Jahrhundertwende, dem »Jugendstil«: sie wollten der »Händlerwelt« der Kunst entfliehen, getreu der Forderung an der Stirnseite des Wiener Secessionsgebäudes: »Der Zeit ihre Kunst / Der Kunst ihre Freiheit.«

Damals standen die Künstler vor dem Anbruch eines neuen Jahrhunderts, überall regte sich ein neuer Lebensstil. Man wollte Historismus, Gründerzeit und Naturalismus überwinden, man lehnte die historisierenden Stilarten der Ringstraßenbauten ab, man revoltierte gegen den erstarrten Konservativismus der Akademien und besann sich auf die ursprünglichen Kräfte, die aus Wien, seinem Boden, seinem Wesen entspringen.

Auf zwei Gebieten waren die »Secessionisten« und Vertreter des Jugendstils in der Folge besonders fruchtbar tätig: in der Architektur, vertreten durch Architekten wie Otto Wagner, Loos, Josef Hoffmann, Olbrich und Plecnik, und auf dem Gebiet des Kunstgewerbes. Dabei stützte man sich mit großem Eifer auf den wienerischen Charakter. Hermann Bahr, der vielgewandte und ismenreiche Dichter, hat damals gefordert, jedem Kunstwerk solle etwas innewohnen, das den Beschauer sofort sagen läßt: »Das ist eben Wien.« Und wenn wir heute ein Bild von Klimt, Kolo Moser, Richard Gerstl, des jungen Kokoschka oder Egon Schiele betrachten, sagen wir sofort: »Ja, das ist Wiener Kunst.« Das gleiche stellen wir fest, wenn wir ein Plakat oder einen Buchumschlag der Secessionisten betrachten oder gar die Erzeugnisse der »Wiener Werk-

statt«, der im Jahre 1903 von Josef Hoffmann und Kolo Moser gegründeten Künstler- und Produktionsgemeinschaft; sie mußte 1932 aus wirtschaftlichen Gründen eingestellt werden. Bis dahin war Wien das Zentrum der neuen, modernen Geschmacksrichtung.
Die Kunst der Musik aber hat ihre unbestrittene Hochburg gleich neben dem Künstlerhaus in dem architektonisch sehr eigenwillig gestalteten Gebäude des traditionsreichen Musikvereins. Auch hier war wieder Theophil Hansen am Werk. Er schuf in antikisierender Renaissance 1867–1870 nicht nur den ganzen Bau, sondern vor allem den immer wieder viel bewunderten Großen Musikvereinssaal, von den Wienern der »goldene Saal« genannt, mit seinen prunkvollen Dekorationen, der Kassettendecke und den charakteristischen vergoldeten Karyatiden. Kaum ein zweiter Saal im kunstbeflissenen Wien ist so durchtränkt mit Musik, wird so von den Wienern geliebt und bei den großen Konzerten mit seiner herrlichen Akustik und der Noblesse eines einmaligen Rahmens für ein Kunsterlebnis genossen! Die als große Wiener Tradition gebotenen Abonnementkonzerte der Wiener Philharmoniker sind der Treffpunkt der Prominenz der Weltstadt. Das alljährliche Neujahrskonzert, ausschließlich mit Werken der Walzerdynastie Strauß, wird heute durch die Eurovision zu einem beschwingten Fest für ganz Europa. Ein echter Wiener Gruß an alle Menschen, die da guten Willens sind und »Ja!« sagen zu des Lebens Freuden . . .
Die 1812 gegründete »Gesellschaft der Musikfreunde«, die sorgsame Pflegerin und Wahrerin des Musikbewußtseins und der Musikkultur zu Wien, hat in diesem Gebäude ebenfalls ihren Sitz. Ihre umfangreiche Sammlung zur Geschichte der Musik (Noten, Widmungen, Autogramme, Musikinstrumente, Münzen, Medaillen, Erinnerungsgegenstände), die Bibliothek und das umfangreiche Notenarchiv sind einmalig in ihrer Art.

Mit dem heutigen Musikvereinsgebäude eng verbunden sind vor allem die Wiener Philharmoniker. Das weltberühmte Orchester ist auf Anregung von Otto Nicolai und dem Dichter Lenau 1841 entstanden und setzt sich ausschließlich aus den Mitgliedern des Staatsopernorchesters zusammen. Otto Nicolai dirigierte am 28. März 1842 das erste »Philharmonische« Konzert im Großen Redoutensaal. 1854 wurde der regelmäßige Konzertbetrieb aufgenommen – seit 1870 eben im Musikvereinsgebäude. Die erste Auslandstournee unter Gustav Mahler führte die Philharmoniker 1900 nach Paris, die erste Welttournee 1922 unter Weingartner nach Südamerika.
In Salzburg – zur Festspielzeit die zweite Wirkungsstätte der Philharmoniker – trat das berühmte Orchester im Jahre 1877 zum erstenmal auf. Und wenn im Fasching die Philharmoniker im Musikvereinsgebäude zu ihrem Ball bitten, dann erleben dessen Besucher beste Wiener Eleganz, den Zauber und Charme der mit Recht immer wieder besungenen schönen Wienerin und das ganze Fluidum des gelockerten leichteren heiteren Lebensstils, der dieser besonderen Weltstadt zu eigen ist. Der Philharmoniker-Ball eröffnet die Ballsaison; zu ihm wird persönlich geladen.
Bevor wir unseren Spaziergang um den Karlsplatz beenden, müssen wir den Schwarzenbergplatz überqueren und stehen dann vor dem Konzerthaus. Warum dieser Abstecher gemacht werden muß? Wenn wir die »Philharmoniker« erwähnten, müssen wir auch die »Symphoniker« als zweites berühmtes Wiener Orchester nennen. Und wenn wir die »Gesellschaft der Musikfreunde« vorgestellt haben, dürfen wir auch die »Konzerthausgesellschaft« nicht vergessen. Das waren und sind die zwei großen musikalischen Imperien. Sie bestimmen das Programm der großen Konzerte und Abonnements in Wien. Die Wiener Symphoniker, das 1900 gegründete Konzertorchester, treten im Konzerthaus auf. Und wenn im Musikvereins-

gebäude eher die »Klassik« zu Hause ist, findet im Konzerthaus die »Moderne« ihre Heim- und Pflegestätte. Aber auch die großen Jazz- und Popfestivals unserer Tage, glanzvolle Ballabende und andere Großveranstaltungen finden hier statt.
Abschließend machen wir noch einen Blick in das Historische Museum der Stadt Wien, in dem – wenn die »große Remasuri« auf dem Karlsplatz »derpackt« sein wird – Modelle und Fotos berichten werden: »Ja, so hat damals die Wiener U-Bahn begonnen ...«
Dieses Historische Museum der Stadt Wien wurde 1887 gegründet und hatte seine Schausammlung im Neuen Rathaus am Ring ausgestellt, bis 1958 der Neubau vor der Karlskirche anläßlich des 80. Geburtstages des früheren Wiener Bürgermeisters und damaligen Bundespräsidenten Theodor Körner eröffnet wurde. Die Sammlung informiert ausführlich über die Topographie Wiens mit frühgeschichtlichen, römischen und besonders mittelalterlichen Belegen, mit alten Stichen, Bildern, Stadtentwicklungsplänen, Zunftgegenständen und verfügt neben gotischen Bauplastiken vom Stephansdom über einen reichen Fundus an Malerei, Plastik und Graphik von Wiener Künstlern oder solchen, die Wien zu ihrer Heimat gemacht haben. Auch die Wohnung Franz Grillparzers wurde hierher übertragen, ferner zeigt es eine Erinnerungsstätte für den Architekten Adolf Loos und den Maler Rudolf von Alt. »Zuckerln« sind aber auch das 1683 vor Wien erbeutete Prunkzelt des belagernden Großwesirs Kara Mustafa, die rund 200 Entwürfe von Wiener Theatermalern oder Werke des Jugendstils. Diese wahre Fundgrube für jeden Freund der Wienerstadt rundet das Bild: »Der Karlsplatz – das ist halt Wien!«

»Im Prater blüh'n wieder die Bäume . . .«

. . . singt eines der einschmeichelndsten Lieder, die Altmeister Robert Stolz zum Lob seiner Wahlheimat Wien schrieb. Was war naheliegender, als daß sich auf diese »Bäume« die in Wien anscheinend unvermeidlichen »Träume« reimen und außerdem vom Frühling die Rede ist. Schon Mozarts »Bandl-Terzett« lädt zu einer Praterwanderung ein. Nach Ansicht guter Kenner Wiens ist der weitum berühmte Prater – der ja viel mehr als nur ein großer Vergnügungspark mit der besonders wienerischen Note ist – am schönsten allerdings im Herbst. Dann, wenn sich die Bäume prachtvoll verfärben, die im Prater nicht nur immer wieder blühen, sondern vor allem durch eine Fülle von Besonderheiten diesem weiten Wald- und Wiesengebiet auf der einstigen Donauinsel den besonderen Reiz geben. Es war als kaiserlicher »Wildbann« einst Jagd- und Fischrevier für die Hofhaltung der Habsburger. Urkundlich wurde das Wald- und Auengebiet an der Donau erstmals 1162 und 1403 erwähnt. Maximilian II. erwarb zu seinem Besitz neue Teile und errichtete hier ein großes, mit Zäunen abgeschlossenes Jagdrevier. 1538 ließ Kaiser Ferdinand I. die viereinhalb Kilometer lange Kastanienallee, die heutige Prater Hauptallee, anlegen, an deren Ende ein Jagdschlößchen entstand, das 1782 von Isidor Caneyale zum heutigen »Lusthaus« umgebaut wurde. Maximilian II. ließ 1569 für seine Jäger im Unteren Werd eine Zeile von 18 Häusern errichten; die Siedlung trug damals den Namen »Unter den Felbern«. Als Josef II. den Prater für die Allgemeinheit öffnen ließ, entwickelte sich die »Jägerzeile« bald zu einer vornehmen Straße. Im Laufe des 19. Jahrhunderts erhielt sie den heutigen Namen »Praterstraße«.

Kaiser Rudolf II. erließ 1592 strenge Vorschriften für den Besuch des Jagdreviers im Prater. Auch Maria Theresia ließ die Kavaliere zu Pferde und in den Equipagen nur gegen eine Eintrittsgebühr nach der Vesper im Prater sich bewegen. Erst Kaiser Josef II. gab mit kaiserlichem Dekret vom 7. April 1766 den Prater für die Wiener »als Ort der Erlustigung und der Erholung« frei. Er ordnete an, daß »ohne Unterschied jedermann in den Prater ... fein spazieren zu gehen, zu reiten und zu fahren erlaubet; anbei niemandem verwehret seyn soll, sich daselbst mit Bal-

lonschlagen, Kegelscheiben und anderen erlaubten Unterhaltungen nach eigenem Gefallen zu belustigen«.
Und die Wiener kamen in Scharen! Denn schon zwei Wochen später war im »Wiener Diarium« zu lesen, daß »Bradelpratter, Kasstecher, Limonihändler, Krapfenbacherinnen, Chocolattenmacher und Händler mit Sallath und Räthig« die Erlaubnis bekommen haben, im Prater ihre Geschäfte machen zu dürfen. Und um 1800 boten bereits 38 »Praterhütten« den Wienern leibliche Genüsse an, es gab auch bereits acht Ringelspiele und sieben Schaukeln.
Der Prater ist bis heute seiner Bestimmung treu geblieben. Der »Volksprater« mit seinen Karussells – in Wien »Ringelspiel« genannt – und seinen zeitgemäßen Unterhaltungsstätten, wie Autodrom, Go-cart-Bahn, Hochschaubahn, Raketenfahrt und wie all diese schon von weitem durch das fröhliche Kreischen, vergnügte Aufheulen und Gelächter ihrer Besucher sich ankündigenden »Etablissements« heißen, sorgt für die »Erlustigung«. Selbstverständlich gehören dazu auch das »mysteriöse Hotel«, umwerfend komische Lachkabinetts mit ihren erstaunlichen Spiegelverzerrungen der wahren Dimensionen der hier Eingetretenen ebenso wie Zaubervorstellungen, kühne Luftschaukeln, ein Toboggan und eine Abnormitätenschau. Versteht sich, daß auch für Romantiker – sie sind auch in unseren Tagen zahlreicher, als man glaubt! – bestens gesorgt ist. Von der idyllischen Grottenbahn bis zur stimmungsvollen Kahnpartie und vor allem durch das fünfundsechzig Meter hohe Riesenrad, dem Wahrzeichen dieser fröhlichen Welt lärmender und lachender Unterhaltung. Denn es ist nicht zu bestreiten: Eine Fahrt mit dem auf der ganzen Welt in seiner Art einzigartigen Riesenrad, eine Konstruktion des englischen Ingenieurs Hitchins der Londoner Firma Basset aus dem Jahre 1897, ist ein romantisches Erlebnis! Langsam schweben die auf dem riesigen Rad montierten fünfzehn

eisenbahnwaggonartigen Gondeln empor. Und dann sieht man hinweg über Wien mit all seiner Schönheit, vor allem abends mit dem Lichtermeer der Stadt, der von den leuchtenden Brücken überspannten Donau mit den bunten Positionslaternen der Schiffe, den fernen Blinkfeuern des Wiener Großflughafens Schwechat am Horizont und dem milchweiß angestrahlten Stephansdom. Nicht auszudenken, wenn 1921 die Schrottpreise nicht gefallen wären! Denn das rettete uns damals das Riesenrad.

Zu Füßen aber lockt, lacht, leuchtet dieser »Ort der Erlustigung«, der seinen wienerischen Namen »Wurstelprater« nicht von den an den typischen »Würstelständen« angebotenen heißen Würsteln herleitet, sondern vom »Wurstel«, der von allen Kindern heißgeliebten Wiener Spielart des bekannten Kasperl, der seine Schicksale, Abenteuer und Heldentaten durch ungemein geschickte Handpuppenspieler auf einer kleinen Guckkastenbühne erleben läßt. Als historisch ältestes »Etablissement« zur »Erlustigung« für jung und alt. Hier offenbart sich uns wieder eine Wesensart, eine wienerische Lebenspraxis: Das Leben ist ein Theater. Und hier wird der Prater zur Bühne, zum Gleichnis. In jüngster Zeit wurde über diesen immer wieder durch alle Fährnisse sich behauptenden Wiener Kasperl ein hübsches Lied geschrieben, dessen Refrain feststellt: »Den Wurstel, mein Lieber, kann keiner erschlagen!«

Es wurde begeistert aufgenommen. Denn die Wiener erkannten darin sich selbst, die trotz aller Schwierigkeiten, Gefahren und Heimsuchungen dennoch niemals »erschlagen« wurden, sondern sich immer wieder »durchwurstelten«. Mit welchem wienerischen Ausdruck der unbeirrbare Wille zur Selbstbehauptung nach oft kompliziertesten Überwindungen der unerwartetsten Schwierigkeiten gemeint ist.

An Attraktionen war der Prater nie verlegen gewesen. Es war eine Sensation, als Basilio Calafatti, gewesener »Salamuccimann« (lies: Salamiverkäufer) und Zauberergehilfe, 1840 ein Ringelspiel aufstellte, das von zwei Dampflokomotiven betrieben wurde – drei Jahre vorher war die erste österreichische Eisenbahn eröffnet worden! Die Sensation war vollkommen, als er 1854 mitten in das Ringelspiel die überlebensgroße Figur eines Chinesen (der Wiener sagt: »Chineser«) stellte, der sich lustig im Wirbel des Karussells mitdrehte. Der »Chineser« des Calafatti wurde zum Wahrzeichen des alten Praters. Der Brand vom April 1945 hat ihn – wie so vieles des einstigen »Wurstelpraters« – zerstört.

Der Wiener wußte sich aber auch den »Volksprater« – so heißt der Wurstelprater seit 1786 amtlich – bald auch gemütlich einzurichten. Ohne Kaffeehäuser und ohne Theater wär's kein wienerischer Ort der »Erlustigung und Erholung«. Entlang der Prater Hauptallee – seit 1963 für den Autoverkehr gesperrt! – entstanden zwischen 1786 und 1790 drei Kaffeehäuser, das Erste, das Zweite und das Dritte Kaffeehaus. Lanner und Strauß haben sie dann berühmt gemacht. Johann Georg Stuwer, ein Zugewanderter, brannte auf der Jesuitenwiese sein erstes Kunstfeuerwerk ab. Die Familie Stuwer ergötzte die Wiener fast hundert Jahre lang mit Feuerwerken. 1784 und 1788 veranstalteten Stuwer und Enslin im Prater auch die ersten Luftschifferproduktionen. Am 6. Juli 1791 stieg Blanchard in seinem Montgolfier-Luftballon auf und landete in Großenzersdorf. Berühmt wurde die alljährlich im Frühjahr – am Ostermontag – abgehaltene »Prater-Galafahrt«. Es war in erster Linie eine Modepromenade. Hier wurde bestimmt, was »man« im kommenden Sommer zu tragen hatte. Hier bemerkte man kritisch, welche der hohen Herrschaften sich in diesem Jahr keine neue Kutsche leisteten.

1826 gab es eine Sensation: Mademoiselle Elise Garnerin wagte den ersten Fallschirmabsprung! Ein Höhepunkt war natürlich auch die Weltausstellung des Jahres 1873.

Das Riesenrad, Wahrzeichen des Praters, drehte sich zum ersten Mal am 3. Juni 1897. Sein Durchmesser beträgt 61 Meter, der herrliche Blick über den Prater, die Donau und Wien geht am weitesten in 64,75 Meter Höhe. Auch das Riesenrad wird als Symbol wienerischer Lebensfreude besungen. Besonders schön ist der Rundblick über die leuchtende Stadt.

An der Stelle einer Fasanerie wurde die vierundachtzig Meter hohe Rotunde errichtet. (Sie brannte 1937 ab.) Die dabei ausgehobene Erde wurde zu einem künstlichen Hügel aufgeschüttet, den man nach dem Obersthofmeister Franz Josefs, Fürst Konstantin zu Hohenlohe-Schillingsfürst, »Konstantinhügel« nannte. Eduard Sacher eröffnete dann hier die exklusive »Hofrestauration auf dem Hügel« für die Wiener Nobelgesellschaft. In der Rotunde dirigierte Leoncavallo die Wiener Uraufführung seines »Bajazzo«, hier wurde Giardis »Fiakerlied« berühmt.
Ja, die Theaterwelt und der Prater! Johann Fürst, von Beruf Fleischhauer und Knopfdrechsler, eröffnete 1862 im Prater eine Singspielhalle, aus der 1870 das »Fürsttheater« (das frühere Schreyersche Affentheater) wurde. Er und Josef Matras machten dieses Theater zur klassischen Stätte der Wiener Volkssänger. Die Tradition setzte Heinrich Jantsch fort, der 1892 das Fürsttheater kaufte (man nannte es jetzt das »Jantschtheater«). Jantsch pflegte hier das Wienerlied, das Altwiener Volksstück und spielte die Werke Nestroys und Raimunds für die breite Masse.
1870 stellte Ferdinand Leicht in einem einfachen Holzbau sein »Leicht-Varieté« vor; hier begannen viele spätere Berühmtheiten des Wiener Theaters. Und sie traten im »Leicht-Varieté« auch dann wieder auf, als sie bereits arriviert waren, ja selbst Burgschauspieler und Burgschauspielerinnen saßen nicht nur auf den Zuschauerbänken, sondern standen nicht selten auf der Bühne oben, die hier wirklich noch Bretter waren. Josef Kainz, Albert Bassermann, Maria Eis, Raoul Aslan, Olga Tschechowa, Hans Moser, Werner Krauss, Paula Wessely, Alexander Girardi, Maria Jeritza, Fritz Grünbaum, Leo Slezak, Theo Lingen – sie alle und viele andere mehr konnte »Papa« Leicht pathetisch als »seine« Schauspieler ankündigen. Allein – auch das »Leichttheater« hat der große Krieg den Wienern 1945 genommen ...

Daß zur Erlustigung natürlich auch die »Recreation«, gutes Essen und Trinken, gehört, erscheint in einer Stadt, der man mit Recht die große Schwäche ihrer Bewohner für die Magen-, Gaumen- und Gurgelfreuden nachsagt, eine Selbstverständlichkeit. Es war bezeichnend, daß bereits drei Tage nach Eröffnung des Praters durch Kaiser Josef mit Windeseile nicht weniger als sieben Gasthäuser dort zunächst primitive Holzbuden aufschlugen und dann im Laufe der Zeit sich eine originelle Spezialität der lebens- und genußfreudigen Stadt hier entwickelt hat: die Praterwirtshäuser! Schon ihre Namen können sehr viel erzählen. »Zum englischen Reiter« heißt das eine, »Zur Praterfee« das andere.

Und dann geht es in bunter Reihe weiter, vom »Butterfaß«, »Zum wilden Mann«, vom »Marokkaner« über den altrenommierten »Walfisch« bis zur »Bierinsel«. Hier und bei all den anderen gastlich ladenden Stätten werden an einem Samstag und Sonntag Mengen vertilgt, die vor allem den fremden Gast immer wieder staunen lassen über den gesegneten Appetit und den nicht weniger prächtigen Durst von Menschen, die sich müde gelacht oder auch zu ihrem Vergnügen heiser geschrien haben. Hier stärken sich Firmling und Firmpate, Messebesucher, Besucher des Fußballstadions genauso wie Besucher des Stadionbades. Vom Schrecken einer Fahrt mit der »Geisterbahn« oder der bequem-geruhsamen Fahrt mit der Liliputbahn zum Stadionbad und zurück erholt man sich bei einem Brathendl, bei einem Viertel Wein oder bei einem Glas Fruchtsaft.

Wenn die Kasse schon etwas erschöpft ist durch Eintrittsgelder in die verschiedenen Vergnügungsstätten, erfrischt man sich bei einem »Würstelmann« mit einem Paar »Frankfurter« oder »Debreziner«. Ganz sparsame Leute sind auch zufrieden mit einer heißen »Burenwurst«. Wem die sehr paprizierten und fettsaftigen Würstchen, die nach der ungarischen Stadt Debrezin ihren Namen haben, noch zuwenig ungarisch sind, der schlendert zu einem der »Standeln« hinüber, wo es das köstliche, mit einem Löffel Knoblauchsauce getränkte ungarische Schmalzgebäck namens »Langos« gibt.

Dies alles ist der Prater der »Erlustigung«. Der volksfreundliche Kaiser Joseph II. dekretierte aber einst dieses besondere Stück Wien auch als Ort der Erholung! Und das ist der Prater, in dem immer wieder die Bäume blüh'n! Von den 12,5 Millionen Quadratmeter Gesamtfläche des Praters entfallen nur rund 170000 Quadratmeter auf den Vergnügungspark. Der »Erholungs-«Raum beginnt gleich hinter dem Riesenrad mit der wunderschönen, schnurgeraden »Hauptallee«, die da, von uralten Praterbäumen flankiert, hineinführt in die grüne Pracht einer wildparkartigen Aulandschaft. Und man besinnt sich darauf, daß die Donau gar nicht weit von hier vorbeifließt. Wenn der Spätherbst die silberweißen Donaunebel über Baum und Busch zieht, tuten draußen am nahen Strom die Schleppschiffe. Hält der Winter mit seiner froststarrenden Pracht auch die Donau unter einem Eispanzer, dann ist ein Spaziergang durch den verschneiten Prater hinaus bis zum Wiener Winterhafen mit seinen ankernden Schiffen aller Donaunationen ein Erlebnis eigener Art.

Blühen aber die Praterbäume, dann trägt der sanfte Windhauch den feinen Duft des Christusdorn dahin, der so häufig in diesem Stück Natur in der Millionenstadt zu finden ist, und den hier die gelehrten Botaniker unter dem Namen Gleditschia kennen. Die Wiener – sie haben nun einmal einen unbestreitbaren Hang zu allem Eßbaren – nennen ihn »Würstelbaum« nach seinen seltsamen langen rotbraunen Fruchtschoten. Der Christusdorn und die Schwarzpappeln, die Weiden und die Silberpappeln – sie sind die häufigsten unter den verliebt besungenen Praterbäumen, von denen ein anderes Wiener Lied erzählt: »Ein jeder Praterbaum weiß kleine G'schichten von Wiener

Das Lusthaus am Ende der Prater Hauptallee baute Isidore Canevale 1782 zu einem eleganten Jagdpavillon um. Von ihm aus strahlen sternförmig Alleen und Reitwege in die grüne Pracht des Praters, einem der großen Erholungsgebiete Wiens.

Mäderln und ihrem Temperament . . .« Auch hier konnte es sich der Textdichter nicht versagen, sehr poetisch festzustellen: »Dann fällt ein Blütentraum von jedem Praterbaum, und wo er hinfällt, da wächst das Glück heraus.« Zugegeben, diese Worte sind – gelinde gesagt – ein gut

gemeinter Kitsch! Aber die Melodie dazu ist bezaubernd. Wie so vieles, was – mit nüchternen Augen gesehen – im Prater der Erholung ein wenig eigen anmutet. So etwa eine kleine Waldandacht mit dem Namen »Maria Grün«, in deren Umgebung fromme Menschen alle möglichen Bildchen und Gebetstäfelchen an die Bäume genagelt haben. Da gibt es Merkwürdigkeiten, die für eine Großstadt gewiß selten sind, wie etwa die eigenartigen »Schlafbäume«. Sie erwarten allabendlich ihre Gäste. Wenn die Sonne der Donaustadt voll mütterlicher Liebe den Gutenachtkuß gegeben hat und hinter den Wienerwaldbergen selbst schlafen geht, wenn vom Donaustrom her die ersten zartgrauen Nebel in die Praterauen steigen, dann finden sie sich ein! Es sind Krähenschwärme, die entweder auf den Feldern jenseits der Donau oder aber auch – die vor allem im Herbst und im Winter – in den Parkanlagen Wiens den Tag verbrachten und jetzt in eleganten Kurven auf ihre »Schlafbäume« einfallen. Im Geäst dicht aneinandergedrängt, verleben sie in wärmender Geselligkeit die Nacht, bis der Morgen sie wieder »zu den Geschäften« ruft. Warum diese Vögel gerade einen besonderen Baum und etwa nicht jenen dort drüben bevorzugen? Oh, die Krähen wissen es ganz genau! Nur wir Menschen sind vorläufig erst mit den Problemen der Weltraumfahrt beschäftigt.
Eine weite, sehr stille Praterwiese mit uralten Bäumen unweit von dem halbverlandeten Donauarm, der da »Heustadlwasser« heißt, hat auch ihre besondere Geschichte. Sie ist in den Tagen, da noch in Wien vor sechzig Jahren Kavaliere ihre Ehrenhändel nur durch ein Duell zu bereinigen glaubten, der berühmt-berüchtigte Duellplatz der Kaiserstadt gewesen. Freilich war der Zweikampf längst gesetzlich verboten – aber es war ungeschriebener Ehrenkodex (vor allem unter den Aristokraten), daß man sich eben zu duellieren hatte, wenn der Gegner durch einen seiner Freunde seinen Widersacher

dazu »forderte«. Mit der ganzen beißenden Ironie, deren der Wiener Volksmund fähig ist, hat sich über diese merkwürdige Sitte in jenen Tagen ein Wiener Komiker belustigt in seinem vielbelachten Couplet mit dem Refrain: »Aufrichtig g'sagt.« Auch heute noch hört es sich köstlich an:

»Hier ist meine Karte, ich fordere Sie!«
»Bin gerne bereit, wenn's beliebt, morgen früh!«
Dann wählten sie Waffen, bestimmten den Ort –
aufrichtig g'sagt: Keiner war dort!«

Vom Heustadlwasser aus ist es sehr hübsch, über schmale Wege hinüber zu spazieren zu dem von Isidor Canevale erbauten Lusthaus, vor dem die große Praterallee endet. Ein achteckiger, eleganter Pavillon steht da vor uns, in dem altösterreichischen »Kaisergelb« mit dunkelgrünen Fensterläden und einer einladenden Kaffeehausterrasse. Es ist beste Wiener Tradition, nach einem Praterspaziergang hier die »Jause« zu nehmen, mit welchem echt wienerischen Wort der zwischen vier und fünf Uhr Nachmittag genommene Kaffee mit einer »Mehlspeis« verstanden wird. Ganz »Orthodoxe« bestellen eine Wiener Melange (heller Milchkaffee) mit Schlagobers und dazu ein Stück Guglhupf (Napfkuchen) oder vielleicht auch ein Stück Apfelstrudel. Selbstverständlich paßt auch die vielgerühmte Sachertorte dazu.
Auch dieses Lusthaus hat seine Geschichte, wobei vielleicht am interessantesten der Tag des 18. Oktober 1814 war, da in Erinnerung an die große Völkerschlacht bei Leipzig, die Napoleons Ende eingeleitet hatte, Kaiser Franz (notabene als der Schwiegervater des dort Besiegten!) hier 18000 in dieser Schlacht mitkämpfende Soldaten bewirtet hatte. Die wackeren Krieger ließen es sich im weiten Rund um das Lusthaus an eng gedrängten Tafeln bestens schmecken und erhoben dann ihr Glas auf

das Wohl der auf der Terrasse speisenden, verbündeten Sieger: Kaiser Franz I. von Österreich, Zar Alexander von Rußland und König Friedrich Wilhelm von Preußen. Heute aber wird im Lusthaus bei einer fröhlichen Jause oder auch bei einem eleganten, sehr wienerischen Nachtmahl mancher Sieg gefeiert, der drüben auf dem nahen, 1878 eröffneten Trabrennplatz der Krieau oder auf dem Rennplatz, wo 1868 das erste Derby gelaufen wurde, von berühmten Reitern oder ausgezeichneten Jockeys errungen wurde. Denn der Wiener Prater ist auch eine klassische Stätte des Pferdesports in Wien! Und das nicht nur auf der Rennbahn, sondern auch auf all den Wegen, Wiesen und Pfaden, auf denen die Freunde des Reitsports in Wien im Prater anzutreffen sind. Als »Reiter straffen Rittes«, wie der österreichische Lyriker Weinheber es in seinem empfindsamen Gedicht über dieses besondere Stück Wien so richtig schildert.

Auf dem Gelände der ehemaligen Rotunde hält zweimal im Jahr, im März und im September, die Wiener Internationale Messe seit 1921 ihre Ausstellungen. Auch hier gibt es neben den zahlreichen Ausstellungshallen, wie die Halle der Nationen und der Freiluftschau, die praterverpflichtende »Weinkost«, das Backhendl und die obligaten Stelzen.

Die ganz alten Praterbäume aber haben seit einigen Jahren zu ihren Geschichten, die von Wiener Mäderln und ihrem Temperament bis zu tragischen Duellen reichen, zwei ganz neue Themen bekommen. In unserer Gegenwart, die mehr als alle anderen Epochen in der mehr als tausendjährigen Geschichte dieser Stadt von der Wissenschaft gestaltet wird, ist auch diese in den Prater eingezogen. Mit zwei Fachgebieten, auf denen heute noch so vieles Traum ist, der sich aber schon morgen vielleicht erfüllen kann, um der Menschheit ganz neue Wege zu weisen. Zum Fluch oder zum Segen, das wird erst die Zukunft weisen. Wenn auch der Operettenkönig Franz Lehár in Wien einst das Lied schrieb: »Lieber Freund, man greift nicht nach den Sternen ...«, so hat aber auch in der gleichen Stadt Ludwig van Beethoven den herrlichen Hymnus »An die Freude« vertont, in dem es in feierlichem Pianissimo suchender Demut heißt: »Ahnst du den Schöpfer, Welt, such ihn über'm Sternenzelt!« Und beide Lieder kommen uns willkürlich in den Sinn, wenn wir eine faszinierende Stunde erleben im neugeschaffenen Wiener Planetarium im Prater. Es wurde 1927 – das erste im deutschsprachigen Raum – als eine Stiftung von Zeiss vor dem Messepalast errichtet; später kam es in den Prater. 1945 zerstört, wurde es 1962 bis 1964 neu aufgebaut. Die ganze Großartigkeit der heutigen astronomischen Wissenschaft wird hier in sehr volkstümlicher, leicht verständlicher und dabei tief beeindruckender Weise vorgestellt. Nicht nur, daß wir hier unter dem Sternenhimmel des jeweiligen Abends stehen können, der durch sinnvolle Projektionen einer ungemein komplizierten optischen Apparatur mit 26000 Einzelteilen am nachtblauen »Himmel« der riesigen Kuppel über uns erscheint. Nicht nur, daß wir hier im vermeintlich nur für die »Erlustigung und Erholung« bestimmten Prater den Lauf der Planeten, ihre Beziehungen untereinander und ihre Bedeutung für das gesamte Geschehen in der Welt der Sterne kennenlernen. Es ist auch möglich, in diesem einzigartigen Volksbildungsinstitut die Konstellation der Gestirne, wie sie vor 6000 Jahren und mehr auf unsere Erde herniederstrahlten und im Jahre 3000 strahlen werden, zu projizieren. Und uns dadurch in die Zeit zurückzuversetzen, als sich dieses astronomische Geschehen abspielte, das oft maßgebend war für die Entscheidung der damaligen Herrscher, Heerführer und Politiker. Denn diese ließen sich – nach dem Glauben ihrer Zeit – nachweisbar durch Sterndeuter, Magie und andere Berater lenken. Mit dem Planetarium eng verbunden ist das von Hans Pemmer zusammengetragene Pratermuseum.

Dem anderen zukunftsgestaltenden Wissensgebiet aber begegnen wir dort, wo der Donaukanal die Grenze des Praters gegen die Wiener Innenstadt zu bildet. Hier steht Wiens erster Atomreaktor, in dem junge Österreicher, die sich der friedlichen Nutzung der Atomkraft verschrieben haben, den Geheimnissen der Kernspaltung nachspüren, in enger Zusammenarbeit mit dem südöstlich von Wien in dem kleinen Ort Seibersdorf errichteten Atomforschungszentrum. Die Praterbäume blühen heute eben auch in der Hauptstadt der Atombehörde, die Wien heißt!

Dorfgeschichten aus einer Weltstadt

Man soll in Wien nicht enttäuscht sein, wenn eine Straßenbahnfahrt etwa nach Floridsdorf oder Hütteldorf, nach Breitensee oder Gumpendorf in nicht gerade ländlich-idyllische Landschaften führt. Auch in den Stadtteilen Gaudenzdorf und Matzleinsdorf ist dies nicht anders. Erst

Gegenden unmittelbar an der Donau gelegen, wie Stadlau oder Leopoldau, bringen schon eher dörfliches Begegnen. Aber alle diese Bezirksteile in der so vielgesichtigen und zum Teil auch aus diesen einstigen Dörfern gewordenen Großstadt sind heute dicht verbaute Wohnviertel. Bedeutsame Fabriken, Verkehrsknotenpunkte und schon viele Hochhäuser sind dort auch zu sehen. Trotzdem kann Wien sich rühmen, die Weltstadt zu sein, in der noch echtes Dorfleben zu finden ist und Dorfgeschichten verschiedenster Art das Erlebnis bringen: »Hier sind wir in der Stadt wie auf dem Lande!«

Um es vorwegzunehmen: Die einstigen Weinbauerndörfer Grinzing, Sievering oder etwa Nußdorf mit jenen Heurigengärten, die beträchtlich zum Rufe Wiens als eine Stadt voll Lebenslust und Frohsinn beigetragen haben, sind architektonisch vielfach noch Dorfidyllen. Aber ein gewisser »Betrieb« haftet auch ihnen schon an, und die echte ländliche Beschaulichkeit hat sich in mehr stillere und mitunter schwer zu entdeckende Refugien zurückgezogen.

Anders kann dies sein bei einem besinnlichen Ausflug in das Kahlenbergerdorf zwischen Donaustrom und Leopoldsberg, nach Jedlesee am gegenüberliegenden Donauufer, in das noch recht ländlich-behaglich gebliebene Ober-St. Veit oder gar nach »Ha-Wei«. Darunter ist nicht etwa eine Wiener Kolonie der Südsee zu verstehen, sondern Wiens äußerster Westen im Wienerwald, wo die einst selbständige Gemeinde Hadersdorf-Weidlingau heute auch als Teil des 14. Bezirkes der Großstadt Wien ländlich geblieben ist.

Unsere auswärtigen Freunde schwärmen heute noch von unserem Tag im Kahlenbergerdorf, dessen Bewohner selbst nur von »unserem Dörfl« sprechen, obwohl auch sie Bewohner der Millionenstadt Wien sind. Die Sache beginnt schon mit dem reizenden Unterschied der Aussprache des Namens einer wahrscheinlich schon seit der

Steinzeit bestehenden Ansiedlung. Dieses Alter seiner Existenz kann das »Dörfl« mit bedeutsamen prähistorischen Funden nachweisen. Sagen fremde Gäste korrekt »Kahlenbergerdorf« mit der Betonung auf der ersten Silbe, so sprechen echte Wiener diesen Namen mit der Betonung der dritten Silbe aus. In Wien betont man übrigens auch Bezirksnamen wie Breitensee, Leopoldau oder Brigittenau und Kagran merkwürdigerweise auf der letzten Silbe ...

Wir sind in das auf der dritten Silbe zu betonende »Dorf« mit einem Autobus gereist, der bei der Endstation der Wiener Stadtbahn in Heiligenstadt seine Gäste erwartet. Hier beginnt gleich die erste Dorfgeschichte: Es ist, obwohl Kahlenbergerdorf zum 19. Wiener Stadtbezirk gehört, kein städtisches Transportunternehmen. Eine private Linie verbindet Wiens Idylle an der Donau auf dem Weg nach Klosterneuburg mit der Umwelt. Verzeihung, Kahlenbergerdorf kann selbstverständlich auch auf dem Wasserweg der Donau erreicht werden, was sportliche Paddler und Rudervereine bisweilen unternehmen. Natürlich läßt es sich auch wunderschön »erwandern« – sei es der Donau entlang von Nußdorf her oder noch schöner vom Leopoldsberg herab über den sogenannten »Nasenweg«. Zwar mitunter steil, aber mit herrlichen Ausblikken über den Donaustrom, die Weinberge und das zu ihren Füßen sich hin kuschelnde »Dörfl« mit seinem charakteristischen alten Kirchlein mit dem barocken Zwiebelturm. Ganz Gewissenhaften sei noch verraten: Ab Wien Franz-Josefs-Bahnhof gibt es auch Züge donauaufwärts, die in der recht altmodischen Bahnstation Kahlenbergerdorf anhalten ...

Kahlenbergerdorf ist, wenn man sich an die Dokumente hält, über 800 Jahre alt. Eine Urkunde im Wiener Stadtarchiv berichtet, daß anno 1168 »Dominus Rodolfus de Chalmperge« einen Weingartenverkauf an das Stift Klosterneuburg beglaubigt. Aber die Kahlenberger sind sehr

stolz auf ein anderes Dokument, durch das von höchster Stelle kirchlich beglaubigt erscheint, daß es mit der wohl ein wenig überheblichen Redensart »Wien hat beim Herrgott Protektion« seine Richtigkeit haben muß. Denn in der berühmten Bulle des Papstes Sixtus IV. werden »Kallnpergerdorf« und die »Statt Vienne« als wichtige Orte dem Schutz des Himmels besonders empfohlen!
Das dritte Zeugnis aus ferner Zeit bestätigt die Bedeutung des Kahlenbergerdorfs als Stätte eines ausgezeichneten Weines. Es ist ein Trinklied aus den Tagen der Kreuzfahrer, in dem der »frische win« in einer »Herberg ze Kallnperg« gelobt wird. Wo himmlischer Schutz für guten Wein sorgt und zu diesem seit Kreuzfahrers Zeiten auch der Gesang kommt, darf im Dreigestirn des Lebensgenusses auch das Weib nicht fehlen. Keine Sorge, der Quellgrund eines kleinen Baches oberhalb diesem Dörfl in der Weltstadt führt heute noch den sehr beziehungsvollen Namen »Minnewiese«.
Aber auch für Kunstgenießer war es ein schöner Tag dort draußen. Die kleine Kirche inmitten alter Häuser und »Schlösseln«, dem wehrhaften Drachentöter St. Georg geweiht, zeigt manches romantische Gemälde und einen alten romanischen Steinaltar, ein aus herrlichem rotem Marmor gemeißeltes frühgotisches Taufbecken, eine geschnitzte Madonna aus dem 15. Jahrhundert. In der Sakristei finden sich Meßgewänder mit barocken Stickereien noch aus den Tagen Maria Theresias! Das sind wohl erstaunliche Dorfgeschichten! Zu erleben in jenem Stadtteil von Wien, in dem in einem Herrschaftsschlößchen im Jahre 1872 eigentlich die Geburtsstunde der heute in aller Welt bekannten »Kinderdörfer« geschlagen hat. Denn hier wurden zum erstenmal Waisenkinder nicht im Kollektiv, sondern in kleinen Gruppen mit jeweils einer »Mutter« erzogen. Inmitten einer dörflichen Gemeinschaft, deren Geist in der Organisationsform Kinderdorf segensreich weiterlebt ...

In manchem Wiener Außenbezirk, einst Vorstadt, findet sich noch diese ein wenig wehmütige Romantik. Die Vergänglichkeit spricht hier ebenso zu uns wie die Erinnerung.

Einen See konnten wir bei unserem Entdeckungsausflug in dem mehr als hunderttausend Bewohner zählenden Stadtbezirk Floridsdorf am Nordufer der Donau nirgends entdecken, obwohl sein ländlichster Bezirksteil »Jedlesee« heißt. Es sei denn die weiten Wasserflächen, die in dem aus einer einstigen verwilderten Aulandschaft geschaffenen »Floridsdorfer Wasserpark« zum erholsamen Verweilen an ihren grünen Ufern einluden. Es ist auch gar kein See hier der Namensgeber gewesen, sondern die wiederholten Verschreibungen des alten Grundstück-

namens in den verschiedenen Pfarrmatriken und Grundbüchern.
Wohl aber fanden wir in Jedlesee ein recht dörfliches Idyll um die alte Pfarrkirche Maria Loretto. Da rauschen noch Dorfplatzbäume, da ergreift die einfache Schönheit des ländlichen Barocks in diesem schlichten Gotteshaus. Von der Frömmigkeit der einst hier siedelnden Bauern erzählen alte Gemälde und Bildnisse. Sie zeigen den Schutzpatron für das Vieh, den heiligen Leonhard, und den wundertätigen Fürsprecher aller Fußleidenden, den heiligen Peregrin.
Recht behaglich nimmt sich auch der Pfarrhof aus mit seinen schöngeschmiedeten barocken Fenstergittern mit der offiziellen Anschrift Lorettoplatz Nr. 5. Im Vorgarten steht ein steinerner Johann Nepomuk, der noch die Tage sah, da in dem benachbarten Landhaus der Gräfin Maria Erdödy Ludwig van Beethoven als sommerlicher Gast zu Musikabenden erschien. Die Gedenktafel an diesem Haus Jeneweingasse Nr. 17 bestätigt es. Originellerweise wurde sie zu Beethovens hundertstem Todestag vom – Verschönerungsverein Jedlesee hier enthüllt.
Aber in diesem Dorf Jedlesee in der Weltstadt Wien gibt es noch immer ein prächtiges Stück uriger Donaulandschaft. Es ist die Schwarzlacken-Au, in der wir ein erstaunlich pompöses Kriegerdenkmal entdecken. Auf einem adlergekrönten Obelisken zeigt sich in Bronze das Bildnis eines Offiziers aus der napoleonischen Zeit. Darüber der völlig unösterreichische Name: »O'Brien«. In dem authentischen Schlachtbericht über Napoleons erste militärische Niederlage, die ihm die Österreicher unter ihrem Feldherrn Erzherzog Carl am 13. Mai 1809 beim heute zu Wien gehörenden Donaudorf Aspern bereitet haben, wird der Name des Oberst O'Brien als Befehlshaber einer kleinen Operationsgruppe in der Schwarzlakken-Au ruhmvoll genannt.
Im Wiener Kriegsarchiv in der Stiftskaserne ist dieser

Bericht nachzulesen, der bezeugt, daß ein von O'Brien befehligtes schweres Gefecht in der Schwarzlacken-Au bei Jedlesee einen Donauübergang französischer Truppen verhinderte und dadurch der Sieg bei Aspern erkämpft werden konnte. Weltgeschichte als eine Dorfgeschichte aus der Stadt vieler Träume, in der der Traum des Feldherrn Napoleon von seiner Unbesiegbarkeit in nichts zerfloß! Welch eine Entdeckung vor diesem Soldatendenkmal, das gegenüber dem Hause Überfuhrstraße Nr. 17 in der romantischen Schwarzlacken-Au steht und 1909 errichtet wurde – zum Hundert-Jahr-Jubiläum des Sieges von Aspern.
»Ich hab' halt ein Faible für Ober-St. Veit ...«, singt im weinrebenüberdachten Hof eines alten Weinbauernhauses der Gitarrist eines Schrammelterzetts seine Liebeserklärung an ein anderes »Dorf« in der Millionenstadt Wien. Wir sind mit der Straßenbahn, Linie 58, von der Ringstraße aus direkt in dieses bezaubernde Ober-St. Veit gefahren. Verzeihung, von der Straßenbahnendstation geht es, auch hier schon ein wenig dörflich, mit einer privaten Autobuslinie weiter direkt bis zum ländlich-romantischen Platz vor der weit über das Wiental grüßenden einstigen Dorfkirche.
Aber was ist dies für ein Gotteshaus! Sehr stattlich und im Inneren wunderbar ausgestaltet, präsentiert sich diese Ober-St. Veiter Pfarrkirche – denn immerhin ist sie auf Veranlassung des Erzbischofs Sigismund Graf Kolonitz 1742 erbaut worden. Sie wurde neben dem patriarchalisch-behäbig grüßenden einstigen Sommerschloß der Wiener Oberhirten geschaffen. Wir erinnern uns dabei an die »Protectio coelis«, die himmlische Protektion, von der wir dort drüben am Fuß des Leopoldsberges hörten.
Ober-St. Veit hatte schon immer ein wenig Protektion beim jeweiligen Oberhirten der Kaiserstadt Wien. Einer von ihnen hat seinen Namen auch dem Wolfrathplatz gegeben, auf den alte Bäume herniederblicken. Ein anderer

Fürstbischof Firmian war der Namensgeber der sanft gegen das Wiental zu abfallenden dörflichen Gasse, in der wir den alten Weinbauernhof finden. Auch hier ist noch ein richtiger »Weinschenker« der Gastwirt. Die wohlgesinnte Stadtverwaltung beließ die alten Gaslaternen in dieser Gassenidylle, inzwischen allerdings mit Glühlampen ausgestattet. Und Architekten unserer Tage haben das anscheinend doch nicht gar so schwere Problem gelöst, in den benachbarten dörflichen Gassen moderne Wohnhäuser hinzustellen, die sich mit ihrem Stil reizvoll in das dörfliche Bild einfügen.
Richtig in Bischof Firmians Dorf kommen wir in der Glasauergasse, wo sich noch echte Weinbauernhäuser im fränkischen Hofstil finden. Eine Bautischlerei hat ihren Betrieb in einem stilecht renovierten Seitenhof auf Nummer 24 untergebracht. Das Haus Nummer 34 zeigt sogar noch im Stil der späten Gotik, auf sogenannten »Kragsteinen« vorgebaut, einen bezaubernden Erker. Dieser hat die früher so charakteristisch gewesenen »Spionierfensterln«, durch die besorgte Gattinnen nach dem vom Weine heimkehrenden Eheherrn spähten. Oder auch die Großmutter Leben und Treiben in der Dorfgasse beobachtete, um dann beim Kaffeeklatsch den nötigen Gesprächsstoff zu haben ...
Man kann wirklich »ein Faible haben« (übrigens auch eine typisch wienerische Redensart für etwas, das mehr als eine kleine Schwäche ist!) für dieses so dörfliche Ober-St. Veit. Und wo das bischöfliche Landschloß in seinen Grundmauern schon seit 1365 steht, Gassen, mit Namen von einstigen Domherren von St. Stephan, erzählen uns von ihren Landaufenthalten. Aus dem früheren Dorffriedhof wurde ein schattenkühler Park, in dem man allerlei Träumereien nachhängen kann.
Verschwiegene Gassen, vorbei an alten Gärten. Ganz schmale Wege und dann drüben, von der breiten Hietzinger Hauptstraße aus in wenigen Minuten erreichbar,

Wiesen und Felder an den sich dehnenden Hängen des Roten Berges. Sie alle erzählen echte Dorfgeschichten aus einer Weltstadt, die, von der Höhe dieses Roten Berges gesehen, sich wieder ganz anders zeigt mit ihrem Lichtmeer in einer lauen Sommernacht.
Aber die wohl interessanteste dieser Geschichten erfuhren wir am Heimweg vor dem altehrwürdigen »Ober-St. Veiter Kasino«. In seiner Art und Originalität ein gern besuchtes Wiener Vorstadtgasthaus nach bestem alten Schlag. Da liest man auf einer Gedenktafel, daß »am 19. März 1893 hier zum erstenmal der weltberühmt gewordene Deutschmeister-Marsch von August Wilhelm Jurek« erklang. Über der Inschrift, schön in Stein gemeißelt, ein alter Deutschmeister-Tschako von Eichenlaub umkränzt und darunter »Gesellschaft der Wiener in Wien« (!!), die 1953 diese Tafel stiftete. Da wird auch dieses Dorf Ober-St. Veit in Wien für die Welt plötzlich interessant. Denn sie dankt also eine der beschwingtesten Melodien aus Wien einer guten Stunde, die einem altösterreichischen Militärkapellmeister geschenkt war. Eingefallen aber ist diesem Musikus sein »Deutschmeister-Marsch«, als er mit seinem jungen Tambour nach einem Militärkonzert im Bischofsdorf Ober-St. Veit, fröhlich pfeifend, die schnurgerade Allee nach Unter-St. Veit hinuntermarschierte. Fürstbischof Firmian ließ sie einst als Auffahrt zu seinem Sommerschloß anlegen. Die alten Bäume stehen heute noch und haben uns diese besondere Dorfgeschichte aus Wien erzählt ...

Vom Stadion bis zur Stadthalle ...

... klingt hoch das Lied vom braven Mann – bisweilen auch von der braven Frau –, wenn sie in Bruchteilen einer Sekunde in atemberaubender Spannung bei einer von Massen besuchten Sportveranstaltung einen Sieg errungen haben. Es mag das ausgleichende Tor bei einem internationalen Fußball-Ländermatch sein oder eine Nasenlänge Vorsprung beim Hundertmeterlauf der Damen. Es kann das elegante »Nehmen« eines für die anderen Mitkämpfer unüberwindbaren Hindernisses beim Internationalen Reit- und Springturnier oder ein neuer Rekord auf der Aschenbahn sein. Was Weltsicherheitsrat, was Atombombenversuch – »der Meier« oder die »Huber« haben ihr Bestes gegeben unter dem Jubel Tausender, der sich aus der Ferne wie das Kriegsgeheul eines zum Äußersten entschlossenen Indianerstammes anno Karl May anhört.

Ja, auch das ist Wien – eine bis zum Fanatismus sportlich begeisterte Millionenstadt! Auch in dieser Welt, als deren Symbole die beiden Großbauten, das gewaltige Stadion im Prater und die nicht weniger mächtige Stadthalle unweit des Westbahnhofes, gewertet werden können, erweist sich Wien als die Stadt vieler Träume. Von der in der Sportpresse so gern zitierten »Traummeile« im leichtathletischen Wettkampf bis zur »Traumzeit«, in der ein sportlicher Sieg errungen wurde, von dem berühmten Programm der Wiener Eisrevue »Der weiße Traum« bis zu so manchen Wiener Burschen und Mädeln, die einmal davon träumten, in ihrer geliebten Sportdisziplin Weltmeister zu werden. Manche unter ihnen haben durch eisernen Fleiß und unbeirrbaren Idealismus die Erfüllung dieser Träume erreicht. Sie mögen Karl Schäfer (Eiskunstlauf), Herma Baumann (Speerwerfen), Emmerich Danzer (Eiskunstlauf) oder Liesel Prokop (Leichtathletik) heißen, welche Liste sich noch fortsetzen ließe mit Europameistern und Landesmeistern. Diese aber sind alle nicht »vom Himmel gefallen«, sondern träumten von Jugend an von diesen Zielen.

Wer in Wien noch nie ein internationales Fußball-Ländermatch im Stadion erlebte, kann nicht behaupten, Wien zu kennen. Abgesehen davon, daß nach Feststellung prominenter Sprachforscher das Stadion eine blühende

Stätte der Fortentwicklung des Wiener Dialektes sowohl in Fach- als auch in Kraftworten ist. Abgesehen von der einmaligen Gelegenheit, hier die Originale und Typen aus dem heutigen Wiener Volksleben kennenzulernen, muß auch das absolut zirzensische Niveau einer solchen Großveranstaltung beachtet werden. Vom wohlbeleibten Herrn, der selbst seit Jahrzehnten keinen Fußball mehr getreten hat, aber sich stolz als »Sportler« bezeichnet, bis zum halbwüchsigen Lehrling, der sich von seinem gewiß nicht allzu üppigen Lohn den Luxus einer gar nicht so billigen Länderspielkarte leistet, gibt es hier schlechtweg »den Wiener« in allen Spielarten und Schattierungen.
Die Damenwelt ist jedoch ebenso anzutreffen, allerdings zum Teil mehr als treue Begleiterinnen der Sportfanatiker. Denn der Fußball als in Wien wirklich tief verwurzelter und in seiner mehr als siebzigjährigen Geschichte schon großartige Erfolge bringender Sport ist nun einmal mehr Männersache! Was nicht besagt, daß nicht auch die Damen begeistert oder auch tief enttäuscht aufkreischen können, je nach dem Geschehen auf dem Spielfeld und der Sympathie für eine Mannschaft. Im verkleinerten Maßstab, aber mit wesentlich größerer Begeisterung oder Verbissenheit spielen sich allsonntäglich, aber auch an Wochentagen auf den zahlreichen Fußballplätzen der gleichfalls sehr zahlreichen Sportvereine in den Außenbezirken solche Dinge ab. Wobei noch hinzuzufügen ist, daß nach dem betreffenden Match meist noch eine lebhafte Diskussion unter den Zuschauern und den eingeschworenen Vereinsanhängern beginnt, die sich oft bis spät in die Nacht in den Stammkaffeehäusern, aber auch in den zahllosen kleineren Gasthäusern Wiens fortsetzt. Denn Rundfunk und Fernsehen sorgen dafür, daß auch die Wettspiele bescheidenster Vereine vermeldet und kommentiert werden. Womit der entsprechende Gesprächsstoff – er wird manchmal zum gefährlichen Zündstoff – je nach Genuß anderen »Stoffes« mit Windeseile überall

geliefert ist: vom Stadion quer durch Wien bis zur Stadthalle ...

Wiens Stadthalle! Ihr Erbauer, Professor Roland Rainer, hat mit seiner Architektur keineswegs den Beifall aller Wiener gefunden, wohl aber hat man das Wollen dieses modernen Architekten erkannt und gewürdigt: Die Weltstadt Wien besitzt nunmehr seit 1958 eine klug durchdachte Mehrzweck-Hallenanlage für Großveranstaltungen aller Art. Seit dem Rotundenbrand von 1937 hatte die Stadt keine so große Versammlungshalle mehr. Von Monster-Zirkusprogrammen bis zum von Tausenden besuchten Gottesdienst – etwa dem Rosenkranz-Kreuzzug –, vom internationalen Reit- und Springturnier mit den Spitzenreitern Europas am Start bis zu Boxmeisterschaften findet hier alles nur Erdenkliche statt.

Es zeigte sich sogar das Phänomen, daß man in dieser Riesenhalle (sie faßt 16 000 Zuschauer!) ausgezeichneten Besuch erzielte bei besinnlichen alpenländischen Adventsfeiern. Sogar Dichterlesungen haben diese Stadthalle als Schauplatz.

Vor allem aber wird sie geliebt von Wiens sportbegeisterter Jugend, die vom Basketball bis zum Hallenrudern hier alles trainieren kann und auch im Sommer eine prächtige Kunsteisbahn zur Verfügung hat. Es ist ein reizvolles Momentbild aus dem bunten Wiener Alltag, wenn in der Stadtbahnstation »Burggasse-Stadthalle« braungebrannte junge Leute mit Badetaschen warten, um zum geliebten Wassersport zur Alten Donau hinauszufahren, und dem ankommenden Zug junge Mädel in Pullover und Eisröckchen entsteigen, die Eislaufstiefel kokett über die Schulter gehängt. Ihr Ziel ist: Eislaufen im Hochsommer in der Wiener Stadthalle ...

Ist aber der erste »brauchbare« Schnee im Wienerwald gefallen, dann brechen an einem Wintersonntag Tausende Wiener auf, um mit den zünftigen »Bretteln« zum Skilauf zu ziehen. Da rollen in langen Kolonnen die Autos mit

den aufgeschnallten Skiern in den Wienerwald, und auch südwärts geht es hinaus zu den Wiener Skihausbergen am Semmering und weiter zu den eineinhalb Stunden nur entfernten Alpenausläufern (2000m) Rax und zum Schneeberg. In den höheren Schulklassen ist der Skilauf als Teil des obligaten Turnunterrichtes eingebaut. Buben und Mädeln mit ihren Lehrern in vollem Skidreß und mit Sack und Pack, bereit für den Skikurs, gehören zur Winterszeit zum Bild der großen Wiener Bahnhöfe.
Als »klassische Stätten« des Skisports gelten die »Norweger Wiese« im Wienerwald, der »Himmelhof« an den Hängen über dem Stadtteil Ober-St. Veit. Nicht weniger beliebt für einen Sonntag auf Bretteln sind die Wienerwaldberge Sofienalpe, Hameau und die Jägerwiese zu Füßen des Hermannkogels, dem noch immer in den Grenzen der Weltstadt Wien ragenden höchsten Gipfel des Kahlengebirges. Das Neueste hier ist die mit Flutlichtanlage und künstlichem Schnee ausgerüstete Piste der »Hohe-Wand-Wiese«.
Geritten wird im Prater, gerudert und gesegelt auf der Alten Donau. Zu all dieser Sportbegeisterung kommt noch die rege Tätigkeit der Ruder- und Motorbootvereine, die ihr Hauptquartier im Kuchelauer Hafen an der Donau zu Füßen des Leopoldsberges haben. Da lassen sich – außer im Stadion und in der Stadthalle – aber auch noch andere traditionsreiche Stätten des Kraftsportes entdecken. Denn noch immer ist Wien eine Stadt der »starken Männer«. Die Stemmer und Gewichtheber haben da ihre Stammlokale, in denen freilich mehr die Seniorentreffen stattfinden. Bei diesen wird auch so manches gute Krügel Bier »gestemmt«, aber gleichzeitig auch der junge

Die Stadthalle, nach Plänen von Roland Rainer 1958 vollendet, ist Wiens modernstes Veranstaltungszentrum. Vom Reit- und Springturnier bis zur Adventfeier, Großtagungen und Sportmeisterschaften wird alles hier geboten.

Nachwuchs betreut, der dann in den Sporthallen dem altehrwürdigen Verein neue Lorbeeren bringt. Wohlgefällig lächeln dann als »unsere Buam« von schöngerahmten Gruppenfotos die einstigen Stammväter des Vereins herab. Hier noch zu bewundern in ihrer früheren Tracht in breitgestreiften Trikotleibchen über der tischbreiten Brust, mit beachtlichen Muskelpaketen und dem damals getragenen, buschig aufgezwirbelten Bart und pomadisiertem Scheitel.

»Starke Männer« sind heute aber auch zu bewundern – und hier strömt eine gewisse Wiener Weiblichkeit schaulüstern und zu wildesten Anfeuerungen bereit herbei –, wenn es auf dem Platz Am Heumarkt, gleich neben dem so kulturträchtigen Wiener Konzerthaus, heißt: »Heute Beginn des internationalen Freistilringer-Turniers!« Mit wirklichem Sport hat diese Sache freilich nur am Rande zu tun. Denn hier wird eine Schau einander zum Schein bekämpfender Fleischkolosse geboten, die manchmal an die Abstammungslehre Darwins erinnert. Nicht grundlos hat einer dieser Riesen aus holdem Mund den Spitznamen »der Gorilla« erhalten.

Nicht ohne tieferen Grund werden diese Schauringkämpfe gern von Psychologen besucht, um entfesseltes Unterbewußtsein aus den unglaublichen Zurufen der Zuschauer studieren zu können. Da werden Urlaute hörbar, die man niemals in einer Kulturstadt wie Wien erwarten würde. Und wenn der »Schurl«, heißgeliebter Favorit des weiblichen Publikums, es einem seiner »bösen Rivalen« wieder »ordentlich gezeigt« hat, dann schrillt dieser Name in einem vielstimmigen Chor so gellend auf, daß selbst die schmetternde Marschmusik mit dem traditionellen »Einzug der Gladiatoren« übertönt wird. Gewiß, mit Sport hat dies alles herzlich wenig mehr zu tun. Aber ein Abend bei den Ringern am Heumarkt gehört mit zur Freude an allem, was da Kräftemessen und Bewegung für das oft so körperlich träge Großstadtleben bedeutet.

Zwischen Stadion und der Stadthalle kann Wien, das so oft nur als Klischeevorstellung beurteilt wird, von einer ganz anderen, sehr lebensnahen Seite gesehen werden. Sport und Spiel – sie mögen schon seit alters her den Wienern mit im Blut liegen. Das können auch Straßennamen bestätigen, wie etwa der Ballhausplatz, der Rennweg oder die Renngasse. Nicht nach einem Tanzhaus, sondern nach einer Stätte für das als Sport des Adels geübte Federballspiel ist der Platz benannt, auf dem sich heute das Bundeskanzleramt erhebt. Die beiden anderen Straßenzüge erinnern an sportliche Wettläufe herrschaftlicher Diener, die einst hier ausgetragen wurden.
Daß die moderne Weltstadt aber auch weiß, was sie für den Sport und damit für ihre Bewohner zu tun hat, erzählen das in einem modernisierten Palais unweit vom Schloß Belvedere eingerichtete »Haus des Sports« und das »Haus des österreichischen Fußballs« in der Mariahilfer Straße. In beiden Organisationszentren weiß man genau, daß auch heute weitere junge Wienerinnen und Wiener ehrgeizig davon träumen, vielleicht schon übermorgen im Sport zur Weltklasse zu zählen.

Das »Wohnzimmer« der Wiener

Espresso, Imbißstube und Snackbar gehören heute zweifellos zu den Einrichtungen, auf die eine internationale Weltstadt in Europa nicht verzichten kann. Sie sorgen auf ihre Art für Stärkung von Leib und – vielleicht auch bei manchen Menschen – von Seele. Nur mit drei Dingen,

die, trotz der Tatsache, daß wir in der zweiten Hälfte des 20. Jahrhunderts leben, weiterhin zu Wien gehören, hat es in dieser Art von Lokalen seine Schwierigkeit: Man hat dort keine Zeit für richtiges »Zeitunglesen«, keine Zeit für das so wienerische »Plauscherl«, keine Zeit für Herz und Gemütlichkeit im Alltag. Wohl aber findet sich das alles in einem Stück echtestem Wien, das sich durch alle Revolutionen, Weltkriege und was man so unter dem historischen Sammelbegriff »Zeitläufte« versteht, behauptet hat: das Wiener Kaffeehaus! Es hat kürzlich erst einen runden Geburtstag gefeiert: es wurde zweihundertachtzig Jahre alt. Daß es sich heute in einer gewissen Krise befinde, sei unbestritten. Aber immerhin haben ja auch andere sehr betagte Herrschaften manchmal eine kleine gesundheitliche Indisposition, denn man wird ja schließlich nicht jünger. Jedoch mit etwas Geduld und dem Befolgen guter Ratschläge geht es dann doch wieder weiter – und so steuert auch das Wiener Kaffeehaus zuversichtlich seinem dreihundertsten Geburtstag entgegen.
Freilich ist seit dem ersten Kaffeeausschank des »Ahnherrn« der Institution Wiener Kaffeehaus, Georg Kolschitzky, um diese Art gastlicher Stätte »allerhand« passiert. Mit dieser diskreten Umschreibung deutet man in Wien eine ganze Fülle der unglaublichsten Begebenheiten an, wobei das typisch wienerische Wort »passieren« stets ein mehr negatives Geschehen mit einer gewissen schicksalhaften Auswirkung andeutet. Ein Geschehen, das so manches Mal ein Wiener Kaffeehaus als Schauplatz hatte – von der Nominierung politischer Kandidaten am Kaffeehaustisch angefangen bis zu Besprechungen zwischen Librettisten und Komponisten, aus denen dann das Millionengeschäft eines musikalischen Weltschlagers aus Wien wurde. Das Wiener Kaffeehaus hat seinen Platz in der Geschichte durch politische Verschwörungen ebenso wie durch Börsentransaktionen, die von einem Wiener Ringstraßenkaffee aus ins Rollen kamen und weltweite

Wirtschaftskrisen auslösten. Weit mehr aber waren es Sternstunden der Musik und vor allem der Literatur, die in einem Wiener Kaffeehaus Gedanken und Melodien reifen ließen, die seither Millionen Menschen in aller Welt beglückten und dies auch noch weiter tun ...
Daß all dies sich dereinst aus seinem bescheidenen Kaffeeausschank unweit des Stephansdomes entwickeln würde – das hat der erste Wiener Kaffeesieder Georg Kolschitzky nicht ahnen können. Er wußte auch nicht, daß die raffiniert genußsüchtigen Wiener im Laufe der Zeit seinen auf türkische Art bereiteten schwarzen Kaffee zu den feinsten Delikatessen in zahllosen Abwandlungen entwickeln würden. Denn »Was darf ich servieren?« fragt heute noch in einem im alten Stil geführten Wiener Kaffeehaus der Ober. Denn »eine Tasse Kaffee« ist an sich in einem Wiener Kaffeehaus keine Bestellung. Es gibt da die verschieden abgestuften Variationen, um das köstliche Getränk zu genießen. Die Portion Kaffee erscheint als große leere Tasse mit einem Kännchen Mokka und einem Kännchen Milch zum Selbstmischen. Ein »großer Brauner« – und ihm entsprechend ein »kleiner Brauner» – ist eine Tasse schwarzer Kaffee mit einem mehr oder weniger reichlichen »Schuß« Milch. Als »Schale Gold« präsentiert sich eine hohe Mokkaschale mit sehr hellem Milchkaffee, während der an ein altmodisches Pferdefuhrwerk erinnernde »Einspänner« als ein Glasbecher mit heißem Mokka und einer wahren »Generalsborte« süßem Schlagobers serviert wird. Wenn wir aus der Fülle der Variationen noch die ungemein populäre und vor allem von Damen bevorzugte »Melange mit Schlag« erwähnen als große Tasse Kaffee mit Milch und Schlagobers, wenn wir noch den wegen seiner dunkelbraunen Farbe als »Kapuziner« gebotenen Kaffee vorstellen und hinzufügen, daß »Mokka« eine kleine Tasse schwarzer Kaffee ist, dann ist dieses neckische Spiel um die Bestellung im Wiener Kaffeehaus noch lange nicht aus. Denn der Schätzer der Wie-

ner Kaffeehaus-Gemütlichkeit weiß noch um die Köstlichkeiten der »Teeschale licht« als flache Tasse Kaffee mit besonders heißer Milch oder des »Doppelmokka gespritzt«, bei dem zwei »Stamperl« Rum oder Slibowitz den heißen Mokka zum doppelten Lebenselixier machen. Ganz zu schweigen vom »Türkischen«, der, auf türkische Art mit dem feingemahlenen Kaffeesud und schon beigefügtem Zucker in einem Kupferkännchen gekocht, aus einer unbedingt braunen kleinen Schale brennheiß geschlürft wird.
Womit sich zunächst der Kreis der kulinarischen Möglichkeiten vom Wiener Kaffeehaus in Richtung Kolschitzky zu schließen scheint. In Wahrheit aber ist es eine ins Unendliche verlaufende Linie, entlang der sich bei jedem Besuch eines Kaffeehauses das einmalige Fluidum solch gastlicher Stätte entwickelt.
Ein kluger Kopf hat diese Stätte einst das »Wohnzimmer der Wiener« genannt – diese Bezeichnung darf auch heute noch mit Recht angewandt werden. Denn ein richtiges Wiener »Café« muß so gemütlich wie ein Wohnzimmer sein. Mit behaglichen Sitzecken, eventuell mit kleinen Fauteuils, mit einer traulich anheimelnden Beleuchtung. Es muß eine einzige Einladung zum Verweilen, zum Nichtstun, zum Sichversenken und Entspannen sein, sollen sich die Gäste wirklich wohl fühlen. Die Wiener waren und sind als Kaffeehausbesucher sehr anspruchsvoll, aber auch sehr rasch familiär in ihrem einmal gewählten Stammlokal, wo jeder jeden kennt und schon in kurzer Zeit Bedienungspersonal und Besucher eine große Familie werden. Es kann nur in einem Wiener Café vorkommen, daß der Herr Ober den braungebrannt von einer Reise zurückkehrenden Gast teilnehmend nach dem vermuteten »schönen Urlaub« fragt. Daß der Gast – wenn er gerade nicht bei Kasse ist – vertrauensvoll »seinem« Ober zuruft: »Das erledigen wir dann am Samstag, Herr Franz!«, aber dann am Samstag auch wirklich Wort hält.

Es gibt Leute, die sich ihre Post ins Kaffeehaus schicken lassen, ihre Telefonanrufe dorthin bestellen, das Kaffeehaus als Paketabgabestelle für interne Geschäftsabwicklungen verwenden, dann aber freilich etwa zu Weihnachten oder Neujahr mit einem anständigen Trinkgeld nicht sparsam sein dürfen.

Das »Wohnzimmer der Wiener« gibt dem Gast aber auch alle Informationen. Denn was er nicht in den Zeitungen liest, erzählen ihm die Kellner, erfährt er beim Plaudern mit anderen Stammgästen. Die Geselligkeit des Wohnzimmers fördert auch sehr die Bildung von Freundeskreisen und Tischrunden, wobei es eine Wiener Spezialität ist, im Kaffeehaus auch stundenlang Karten zu spielen oder komplizierte Schachpartien abzuwickeln. Es gibt sogar in Wien eigene Spieler-Kaffeehäuser, wo sich im Alltag erbitterte Konkurrenten abends gemütlich zu einer Tarockpartie oder einer Runde Canasta zusammenfinden. Ganz zu schweigen von den Bridgepartien in Wiener Kaffeehäusern – hier sind wieder vielfach die Damen führend – und von subtil gespielten Karambolpartien auf dem grünen Billardtisch. Diese werden meist in verschwiegenen Hinterzimmern gespielt, wo im abgedunkelten Raum nur die Lampen über den Billardtischen strahlen und leises Klicken der elfenbeinernen Kugeln die Stille unterbricht. Oder das gelegentliche schnaufende Atemholen eines »Kiebitzes«, das die leise ziehenden Schwaden von Zigarettenrauch, Kaffeeduft und Fußbodenöl ein wenig schneller durch die Stille gleiten läßt ...

Zum leiblichen Wohl, für das ein Wiener Kaffeehaus garantieren kann, gehört auch ein kleiner Imbiß für einen »momentanen« Hunger. Es ist nicht viel, aber es nährt: ein Paar Würstl mit Kren (Meerrettich) oder Senf, ein übergroßes Einzelstück Würstchen, genannt »Einspänner« (den Kaffee-Einspänner haben wir bereits erwähnt), eine Eierspeis oder nur ein Butterbrot. »Zum Beißen« ge-

Das Kaffeehaus ist das zur Institution erhobene ›Wohnzimmer‹ der Wiener: Hier hat man noch Zeit zum Nichtstun.

hört auch das obligate Kipferl – historisch schon im 13. Jahrhundert belegt, der schönen Legende nach ein Besatzungskind des türkischen Halbmonds –, gehört das Repertoire der Wiener Kaffeehaus-Mehlspeisen: Brioche, Nußkipferl, Mohnbeugel, Gugelhupf mit Rosinen, Marmorgugelhupf, Apfelstrudel, Buchtel und Faschingskrapfen.

Die zweite Instanz, die Wiener Kaffeekonditorei – der Akzent verlagert sich dabei auf das Wort »Konditorei« –, verlockt mit süßeren Sachen: Punschkrapferl, Baiser, Indianer mit Schlag, Schaumrollen, Cremeschnitten, Esterházy-Schnitten, Malakofftorte, Dobostorte, Nußtorte und die Sachertorte und das Schlagobers! Die oberste Instanz in dieser Hierarchie ist der »Demel« auf dem Kohlmarkt respektive die »k. u. k. Hofzuckerbäckerei Christian Demel's Söhne«. Hier werden noch echtes Biedermeier, echte k. u. k. Hofatmosphäre zelebriert, hier ist man ganz und gar »kaiserlich-königlicher« Gast.

Wer aber ein regelrechtes Mittagessen in einem Café serviert bekommen will, der muß in das »Café-Restaurant« gehen, ein Zwitterding, das um die Mitte der dreißiger Jahre in den Straßen Wiens auftauchte. Zuerst mit scheelen Augen angesehen, ist es doch bald heimisch geworden. Die meiste Zeit des Tages und der Nacht ist es ja doch ein Kaffeehaus. Und so hat man es akzeptiert.

Das Wesentlichste am Wiener Kaffeehaus ist und bleibt die Gemütlichkeit. Jene ihrer Bedeutung nach wörtlich nicht übersetzbare Atmosphäre, die dem eleganten Ringstraßenkaffee ebenso zu eigen sein muß wie dem von einem reizenden Wiener Lied im langsamen Dreivierteltakt besungenen Vorstadtlokal: »In einem kleinen Café in Hernals, schlagt manches Herzerl hinauf bis zum Hals – und geben zwei Verliebte sich dort Rendezvous, macht der Herr Ober ganz diskret die Augen zu . . .«

Womit sich abermals ein Kreis zu schließen scheint, um das Thema »Das Wiener Kaffeehaus als Treffpunkt«. So kann es nur ein Nichtwiener nennen, dem die unwägbaren Empfindungen noch nicht bekannt sind, die bei den Wortverbindungen »kleines Café-Rendezvous« mitschwingen. Man hat sich eben im besonders gemütlichen Eck des »Wohnzimmers« zusammengesetzt, weil man sich auch zu Hause so verhält und nicht einander »trifft«. Dann kann auch heute noch in einem kleinen Wiener Café bei zwei Mokka soviel gesagt werden, was einem anderswo nicht so leicht über die Lippen käme. Das gilt freilich nicht nur für amouröse Begegnungen im Café – es kann auch ein Meinungsstandpunkt in geschäftlichen Dingen in der gemütlich-familiären Kaffeehaus-Atmosphäre oft viel besser formuliert werden als am grünen Tisch.

Heißt es in dem Lied vom »kleinen Café« sehr beziehungsvoll: »An Zeitungen gibt's keine Spesen – dort wird in den Augen gelesen«, so ist dennoch das Zeitunglesen im Wiener Kaffeehaus den meisten Gästen das Wichtigste. Allerdings – und hier muß der Chronist mit leiser Wehmut vergangener Zeiten gedenken, als man in Wien auch noch die so vielseitig informierten und sehr weltoffen geschriebenen Zeitungen aus Prag, Brünn, Budapest, Warschau und Bukarest mit Vergnügen las – zeigt sich hier die derzeitige »Anfälligkeit« des Wiener Kaffeehauses als Bildungs- und Informationsquelle am deutlichsten. Die Tagespresse ist stark in den Hintergrund getreten gegenüber den illustrierten Blättern, Wochenmagazinen und den Zeitschriften. Aber noch immer ist diese »Kaffeehaus-Lektüre« die Quelle echter Diskussion – jetzt meist nur unter Freundeszirkeln und nicht mehr wie noch in den Tagen der Hochblüte der Wiener Literaten- und Journalisten-Cafés von Tisch zu Tisch. Es sind auch die für bestimmte Interessentengruppen typischen Kaffeehäuser seltener geworden.

Wiener Kaffeehäuser sind auch in die Literaturgeschichte eingegangen, ja, sie wurde in diesen Literatencafés gemacht. Das begann bereits im Barock und Rokoko, zur Zeit Maria Theresias und Josefs II. Es begann im Kramerschen Kaffeehaus im einstigen Schlossergaßl zwischen Graben und Goldschmiedgasse der Inneren Stadt. In diesem Gewölbe, mit Talgkerzen beleuchtet, trafen einander Literaten, Professoren, Gelehrte. Sie lasen die Zeitungen aus Deutschland und die Wiener Journale, diskutierten, träumten, planten, so der Exjesuit und Freimaurer Alois Blumauer, der den »Wiener Musenalmanach« herausgab und eine Aeneas-Travestie verfaßte, Lorenz Leopold Haschka, Textdichter zu Haydns »Gott erhalte Franz den Kaiser« und Professor für Ästhetik am Theresianum, Cornelius von Ayrenhoff, der das österreichische Drama nach den französischen Regeln schuf, der Beamte Josef Franz Ratschky, Satiriker der Aufklärung und Gründer des »Wiener Musenalmanachs«, der Hofagent Johann Rautenstrauch, einer der ersten Wiener Sittenschilderer.

Die Nachfolge des Kramerschen Kaffeehauses trat um 1820 das »Silberne Kaffeehaus« des Ignaz Neuner an der Ecke der Spiegel- und Plankengasse an. Es wurde das Kaffeehaus des literarischen Vormärz, vertreten durch Franz Grillparzer, Ferdinand Raimund, Johann Nestroy, Anastasius Grün, geborener Graf Auersperg und ein unentwegter Kämpfer für die Freiheit im Metternichschen Zensurstaat. Den Namen hatte das Kaffeehaus davon, daß von der Türschnalle bis zum Kleiderhaken, vom Tablett bis zu den Tassen und Kannen alles aus Silber war.

»Oppositionelle« Geister trafen sich auch in dem 1847 an der Ecke Herrengasse/Schauflergasse eröffneten Kaffeehaus »Griensteidl«, benannt nach dem Besitzer und Apotheker Griensteidl, der im Erdgeschoß des Palais Herberstein sein Lokal luxuriös ausstattete. Hier war aber auch der Treffpunkt des »Jung-Wien«, der Fin-de-siècle-Literaten Arthur Schnitzler, Richard Beer-Hoffmann, Felix Salten und Hermann Bahr. Hier las der siebzehnjäh-

rige »Loris«, das Pseudonym für Hugo von Hofmannsthal, seine ersten Gedichte vor. Griensteidl-Gäste waren auch Hugo Wolf, der Anthroposoph Rudolf Steiner, Adolf Loos und Fackel-Herausgeber und »Kritiker vom Dienst« Karl Kraus. Als 1897 das Griensteidl – böse Zungen nannten es ob seiner illustren Gäste auch »Café Größenwahn« – demoliert wurde, nahm Karl Kraus dies zum Anlaß, das Pamphlet »Die demolierte Literatur« zu schreiben.
Aber noch bevor das »Griensteidl« abgerissen war, hatte man sich ein paar Häuser weiter in der Herrengasse, Ecke Strauchgasse, im Gebäude der ehemaligen Produktenbörse, das »Café Central« zum Stammlokal erkoren. »Man« – das waren Peter Altenberg (seine Postadresse lautete »Café Central, Wien I«), Alfred Polgar, Egon Friedell, Egon Erwin Kisch, der »rasende Reporter«, Franz Werfel, Albert Paris Gütersloh. Stammgast, eifriger Debattenredner und Schachspieler war damals auch ein gewisser Herr Trotzki aus Petersburg – als russischer Emigrant nannte er sich Leo Bernstein. Man schrieb damals 1917. Der Stammgast aus Rußland war schon lange ausgeblieben, als eines Tages andere Gäste mit der neuesten »Extraausgabe« in der Hand in das »Central« gestürzt kamen: »Was sagen Sie, Herr Josef, der Trotzki ist in Rußland Außenminister geworden!« Aber der Ober Josef meinte dazu nur schlicht: »Das habe ich mir immer gedacht, daß aus dem Herrn von Trotzki einmal noch etwas wird, aber daß er mir vier Mokka schuldig bleiben wird, bevor er Geschichte macht – das hätte ich mir eigentlich vom Herrn Trotzki nicht erwartet!« Ja, das ist eine der zahllosen wahren Begebenheiten aus dem Wiener Kaffeehaus, wie sie zu Tausenden weiter überliefert werden, aber auch heute noch vorkommen.
Nach dem Ersten Weltkrieg wurde das elegante »Herrenhof« Treffpunkt der Wiener Literaten vom Rang eines Hermann Broch, Robert Musil, Franz Werfel und Joseph Roth. Nach 1945 machte Hans Weigel das »Café Rai-

mund« gegenüber dem Volkstheater für einige Jahre zum Stammcafé junger Literaten, die er förderte. Neues Zentrum wurde dann noch das »Café Hawelka« in der Dorotheergasse; Weigel, Qualtinger und H. C. Artmann, aber auch Maler wie Fuchs, Moldovan und junge Schauspieler fanden sich bald ein. Das literarische Café gehört seit 1970 Wiens Vergangenheit an. Diktaphon und Schreibmaschine, die Apparatur einer Hörspielproduktion oder die Fernsehkamera sind keine »Utensilien« eines Kaffeehausbetriebs. Das Wiener Kaffeehaus ist zwar immer noch eine »Institution«, aber diese ist schon längst »privatisiert« worden. Man kommt für ein paar Stunden – auch das ist noch viel, ist noch mehr als ein Kurzbesuch eines Espressos. Und das obligate Glas Wasser zum Kaffee, das von Zeit zu Zeit stillschweigend und unaufgefordert erneuert wird, gewährt dem Kaffeehausbesucher auch heute noch das privilegierte Recht, so lange – und ohne aufs neue zu bestellen – zu bleiben, wie der Gast will oder kann.

Über die Geschichte der Institution »Wiener Kaffeehaus« gibt es schon ganze Bibliotheken, grundlegende Forschungen, ja sogar Dissertationen und sozialkritische Studien. Der Weg von Kolschitzkys mehr als düsterem »Gewölb« bis zum elegant beleuchteten und mit distinguierter Wärme erfüllten »Nobel-Café« war weit. Und wenn wir heute von unserem Standplatz aus dem vorbeieilenden Kellner zurufen »Herr Ober, meine Schale Gold, wie immer . . .«, so denken wir kaum mehr daran, daß einmal etwa die Kontinentalsperre Napoleons gegen England auch in Wien den Kaffeegenuß auf ein Minimum begrenzt hatte. Wir denken nicht mehr daran, daß in einer Zeit, die weder Sinn noch Kaffeebohnen für das Wiener Kaffeehaus hatte, dennoch dieses besondere Stück Wien sich tapfer am Leben erhielt. Sondern wir genießen das Dreigestirn Gemütlichkeit, Gastlichkeit und Geselligkeit in diesem Kaffeehaus.

Liebeserklärung an den Heurigen

Laut Friedrich Schiller ist das Theater eine »moralische Anstalt«. Auf das Wiener Burgtheater, ein sonst gewiß hochachtbares Haus, trifft das nicht immer zu. Dort wird bisweilen ganz offen für den die Moral so gefährdenden Alkoholkonsum geworben. Wirklich skandalös, jedoch als beste Literatur sanktioniert! Denn in einer prächtigen Aufführung von Ferdinand Raimunds tiefphilosophischem Schauspiel »Die gefesselte Phantasie« ruft uns die köstliche Figur des Altwiener Harfenisten Nachtigall zu: »Leutln, ich rat' euch, ein' Heurigen trinkts!« So wie es Raimund ihm in den Mund legt ...

Sehn Sie, das ist eben wienerisch! Ein aus Staatsgeldern subventioniertes Theater ermuntert das Publikum, »Heurigen« zu trinken, und wenn dieser Rat befolgt wird, erhöhen sich dadurch Alkoholsteuer, Umsatzsteuer, Gewerbesteuer und andere Einnahmen der Staatskasse, die dann wieder in der Lage ist, das Burgtheater finanziell zu fördern, das wiederum den »Heurigen« empfiehlt – welch wienerischer »Circulus vitiosus«! Daß aber Raimund seinen Harfenisten überhaupt dieses Lied vom Heurigen singen läßt, beweist, daß die innigen Beziehungen zwischen Wien und dem Wein altüberliefert sind. Es gab sogar eine Zeit, da der Weinbau und Weinhandel die Haupterwerbsquelle der Wiener waren. Geworden ist daraus der »Heurige« als Ausdruck einer Art, das Leben zu genießen, nach der Arbeit zu feiern und frohe Geselligkeit zu pflegen, wie sie nur Wien noch kennt.

Die amtliche »Geburtsurkunde« des Wiener Heurigen stammt aus dem Jahre 1784. In einer Zirkularverordnung gestattete Kaiser Josef II. den Wiener Weinhauern, den selbsterzeugten Wein ohne Konzession eines Schankwirtes im eigenen Haus auszuschenken und zu verkaufen. Damit wurde nur ein längst schon zur Gewohnheit gewordener Brauch sanktioniert, denn das Wiener Buschenschankrecht läßt sich an Hand von Aufzeichnungen bis in das 12. und 13. Jahrhundert zurückverfolgen.

Im frühen Mittelalter wurde der Eigenbauwein vor allem in der Innenstadt feilgeboten, und zwar in den sogenannten Lucken. Das waren schmale Seitendurchgänge oder einseitig verbaute Gäßchen innerhalb der Stadtmauern. Später nannte man auch kleine, umzäunte Siedlungen vor der Stadtmauer so. Als 1683 die Türken angerückt kamen, ließ Rüdiger Graf Starhemberg die Lucken vor den Stadtmauern niederreißen, damit der Feind sich nicht ungesehen anschleichen konnte. Der »Heurige« war damit aus der Stadtnähe vertrieben; er siedelte sich dann in den Vororten an und blieb bis heute dort ...

Weinselige Trinklieder und rührselige Filme haben in der Welt ein völlig falsches Klischeebild vom heutigen Wiener Heurigen entstehen lassen, das man gewiß mancherorts in Wien finden kann. Dort geht es aber mehr merkantil und vor allem sehr laut und überaus sangesfreudig zu. Der bodenständige Heurige aber, der wirklich von den Wienern gestaltet und genossen wird, ist eine stets sich erneuernde Liebeserklärung an das Leben ...

Die enge Verbundenheit der Wiener, von denen heute die allermeisten aus einst bäuerlichen Familien herstammen, mit Landschaft, Wald und Berg erscheint naturgegeben durch die wohl einzigartige Umgebung der Millionenstadt. Der Strom mit seinen Auen, die Weinhügel, der vielbesungene Wienerwald – sie machen eine solch glückliche Liebe zwischen Mensch und Landschaft nicht schwer. Das Stückchen Südland, das in der vielgesichtigen Stadt steckt, das weichere Klima, die Freude an heiterer Musik und an allen guten Gaben aus Küche und Keller haben zusammen den »Heurigen« werden lassen. Vor unserer Liebeserklärung aber noch einige Erklärungen, die fremde Gäste oft sehr »lieb« finden, weil sie im weichen Wienerisch wurzeln. Da ist zunächst das Wort »heuer«, das im süddeutschen Sprachgebrauch der Zeitbegriff für das laufende Kalenderjahr ist. Der im Vorjahr geerntete Wein wird nach seiner Ausreifung heuer ausgeschenkt und somit als junger Wein zum »Heurigen«.

Im übertragenen Sinn ist auch das Weinhauerhaus und vor allem der dazu gehörende Garten oder rebenumrankte alte Haushof ein »Heuriger«. Der Weinhauer aber, der anderswo Weinbauer oder Winzer heißt, hat seinen

Berufsnamen von der charakteristischen kleinen Spitzhacke, der »Haue«, die zur Auflockerung des Bodens um den Weinstock dient. Das Wahrzeichen solch gastlicher Heurigenstätten aber ist der »Busch'n« oder ein kleiner Kranz aus Föhren- oder Fichtenreisig, der über dem Haustor oder an einer langen Stange aus einer Dachluke heraus einladend winkt. Er bekundet: Hier ist »ausg'steckt!« oder nach einer alten Wiener Redensart: »Der Herrgott steckt die Hand 'naus!« – also der liebe Gott höchst persönlich bietet hier die Hand zum Willkommen als Zeichen der Bereitschaft, wahre Gottesgaben den Einkehrenden zu bieten. Es ist überhaupt zwischen den himmlischen Mächten und dem Heurigen ein ganz eigenes Verhältnis nach Ansicht des alten Weinhauer-Glaubens. Denn von Wind und Wetter, Sonne, Regen, die da der Herrgott über die Weingärten schickt, hängt der Erfolg einer Ernte ab, nach einem langen und sehr arbeitsreichen Weinbauern-Jahr. Als Fürsprecher und Schutzpatron haben sich dazu für ihre Sorgen die Hauer St. Urbanus erwählt, der als gütig lächelnder, schön geschnitzter Schutzheiliger auch in so mancher Gartennische oder zur Winterszeit im gemütlichen »Heurigen-Stüberl« sich entdecken läßt . . .
Der Heurigenbuschen hat auch seine Deutung. So kündeten im Mittelalter vor den Badestuben in Wien ausgesteckte Strohbuschen an, daß hier warme Reinigungsbäder genommen werden konnten. Die Weinbauern aber wollten mit ihren immer grünen »Weinzeigern« bekunden, daß es bei ihnen auch ein treffliches »inneres Bad« für Leib und Seele gäbe. Stärkung im Sinne der alten frommen Weisheit, daß Wein und Brot als Symbole des Lebens immer vonnöten seien. Und auch heute noch mundet zu einem guten Wiener Heurigen nichts besser als ein köstlich duftendes Stück Schwarzbrot. Zu dem man sich bedächtig noch ein Stück Selchfleisch, ein wenig Käse, ein paar Schnitten Räucherspeck zurechtschneidet!

Vielleicht ein kaltes Schnitzerl oder ein Stückerl junges Ganserl – aber da sind wir bei unserer Liebeserklärung schon bei dem sehr wichtigen Thema angelangt. Wir meinen die »gediegene Unterlage« als Voraussetzung, daß uns der »Heurige« auch richtig bekommt ... Wir sorgen dafür mit »Heurigen-Proviant«. Dieses Wort assoziiert Verpflegungsmengen, die irgendwie an Expeditionen oder tagelange schwere Märsche erinnern. Wir lesen es auf verschiedenen Delikatessengeschäften in den einstigen Weindörfern, wie Sievering, Grinzing oder Nußdorf, die heute Bezirksteile der Millionenstadt sind.
Sein Gegenstück ist die echt wienerische Backhendl-Station, die sich nicht im Kursbuch der Österreichischen Bundesbahnen findet, sondern heute sehr häufig auch schon dort, wo man sich zu besagtem panierten Geflügel »den Heurigen« schmecken läßt. Der »Proviant« kann auch – je nach individuellem Geschmack ganz persönlich zusammengestellt – als »Heurigen-Packerl« von den Gästen selbst mitgebracht werden, die sich übrigens ganz »leger« gekleidet zu einer solchen Heurigenpartie auf den Weg machen. Es entspricht auch durchaus der Sitte, daß die Herren dann schon nach dem ersten Viertel Wein ruhig Jacke und Krawatte ablegen können, zumal ja die begleitenden Damen meist schon im voraus ein freigebiges Dekolleté zeigen. Es versteht sich auch von selbst, daß man wildfremde Menschen, die in einem stark besetzten Heurigengarten keinen Platz mehr finden, an den eigenen Tisch lädt mit freundlichen Kommentaren, wie: »Aber ruckens zubi, Herr Nachbar! Und für die Gnädige haben wir ja auch noch ein Platzerl!« Mit welch geschickt gewählter Anrede für die Dame diskret vermieden wird, die vermutete Qualifizierung der näheren Beziehung der beiden Neuankömmlinge zueinander zu äußern. Wie oft werden gerade solche Heurigen-Bekanntschaften zu einer »Mordshetz« – obwohl man die Leute überhaupt nicht kennt und vielleicht niemals wieder sieht.

Unsere Liebeserklärung darf auch das beim Heurigen öfter gehörte Wort »Weinbeißer« in seiner Doppelbedeutung nicht vergessen. Zunächst sind damit meist etwas reifere Herren gemeint, die als erfahrene Weinkenner alle Qualitäten der verschiedensten Sorten nicht nur kennen, sondern meist auch durch sehr genießerisches Prüfen erkennen können. Sie verkosten zunächst mit einem prüfenden Gesichtsausdruck den gereichten Tropfen, um ihn sodann bei den darauffolgenden Schlucken zwischen der Zungenspitze und den Zähnen förmlich zu »beißen«. Dabei kommt alles erst voll zur Geltung, was »den Wein, den ich mein«, auszeichnet. Das Aroma, die Fruchtigkeit, das Bukett, der Säuregehalt, die Vollmundigkeit und sogar die Art der Traube. Denn es ist beileibe nicht immer der gleiche »Heurige« – dieses Wort stellt ja nur das jugendliche Alter des Weines fest.
Aber ob es ein Grüner Veltliner, ein Neuburger, ein Traminer, Gewürztraminer oder Muskat ist, das entscheidet die Traube! Ganz gewiegte Weinbeißer – ihre Zahl dürfte in Wien weit in die hunderttausend gehen – kennen auch genau die Landschaft, wo der »gebissene« Tropfen gewachsen ist. In Wien findet sie sich irgendwo in den weiten, gesegneten Weingärten an den Hängen von Salmannsdorf und Neustift über Sievering und Grinzing bis Heiligenstadt und Nußdorf . . .
Der andere »Weinbeißer« aber ist ein schmales, lebkuchenartiges Backwerk mit einer leichten Zuckerglasur, das vor allem von den Damen wegen seiner besonderen Geschmacksharmonie mit dem Wein gern verlangt wird. Der Ruf aus hübschem Mund »Gehn S', bringen S' a paar Weinbeißer mit!« gilt also nicht den am Nebentisch schmunzelnd aufhorchenden drei Herren aus dieser edlen Gilde, sondern der Erfüllung des durchaus erlaubten Wunsches, beim Wein auch ein »bisserl« zu naschen. Welcher Wunsch im anderen Sinne dieses Zeitworts freilich auch beim Heurigen wach und auch erfüllt wird und

Auch im alten Weinbauerndorf Sievering im Stadtteil Döbling finden sich stimmungsvolle Heurigengärten. Hier genießen die Kenner den ›reschen‹ Tropfen aus renommierten Rieden und findet sich noch bäuerliche Gastlichkeit.

sowohl schon zu glücklichen Ehen, aber auch zu Scheidungsverhandlungen geführt hat. Denn so himmlisch der Heurige schmecken kann, so teuflische Dinge kann er anrichten. Wahrscheinlich eine Folge der Bosheit, die der Teufel persönlich dem Herrgott angetan hat, als dieser für Adam und Eva den ersten Weinstock im Paradies pflanzte. Der böse Feind – so erzählt es die alte Weinhauersage – benützte die erste Gelegenheit, um flugs seinen Bocksfuß zu heben, um das Seine mit einer teuflischen Düngung zum Gedeihen der Trauben beizutragen. Trotz dieser Satanstat gegen die Gottesgabe sagen die Wiener beim Heurigen merkwürdigerweise: »Teifi, Teifi, is der

Wein guat!« Aber rufen voll Entsetzen »Herrgott, ist der sauer!«, wenn er ihnen gar nicht mundet.
Womit wir uns bei unserer Liebeserklärung wieder mehr den überirdischen Dingen um den Wein zuwenden. Geht der Wiener zum Heurigen, trifft er bisweilen Vorbereitungen wie zu einer echten Wallfahrt. Er rüstet sich! Die Gattin »richt' ein Packerl z'samm, so wie es Brauch in Wien«, wie es in einem Wiener Lied anschaulich heißt, in dem dann festgestellt wird: »Zwölf Fasserln, die stehn in dem Weingarten drin, siehst du, dort gehn wir wallfahrten hin.« Es ist auch in vielen anderen der Aberhunderten von Heurigenliedern oft die Rede von den Engerln, die auf Urlaub nach Wien kommen und selbstverständlich zum Heurigen gehn. Es wird versichert: »Das muß ein Stück vom Himmel sein, Wien und der Wein«, und sogar geschildert, daß der Herrgott im Fiaker nach Grinzing fuhr, dort einkehrte, »wo er d'Hand steckt hinaus«, und sich dort einige »Vierteln« gönnte. Als sich dann sachte vor seinen Augen alles zu drehen begann, fand er, dies sei der passende Moment, den Walzer zu erschaffen ...
Sehen Sie, auch das ist bei einem »Heurigen« ersonnen worden, als dort anno 1913 der Operettenkomponist und Militärkapellmeister Carl Michael Ziehrer mit fröhlichen Freunden bei einem guten Glas »G'rebelten« saß. Ein besonders erlesener Wein, der aus Trauben gepreßt wird, deren einzelne Beeren vom Stengel entfernt werden, was einen besonders klaren Most ergibt. Die kleine Gelegenheitskomposition gehört heute mit zu »die Tanz«, die neben beliebten Heurigenliedern jene typisch wienerischen Musikanten aufspielen. Ihr Name und ihr Wirken ist und bleibt untrennbar mit dem Heurigen verbunden: die Schrammeln.
Es sind heute meist drei Musiker, die diesen spezifisch wienerischen Klangkörper mit der besonderen Tonfärbung bilden: ein Geiger, ein Baßgitarrist und ein Akkor-

deonspieler. Obwohl das Originalquartett, das 1877 die beiden Brüder Johann (1850 bis 1893) und Josef Schrammel (1852 bis 1895) mit ihren Freunden Georg Dänzer und Josef Strohmayer gründeten und weit über Wien hinaus zu internationalen Konzerttriumphen führten, vier Instrumente kannte: zwei Geigen, die Gitarre und die kleine hohe C-Klarinette, das berühmte »picksüße Hölzel«. Ein wienerischer Kosename, der die besondere Süße dieser weichen, verspielten, verliebten Klarinette andeutete. In den letzten Jahren ist diese Quartettform für Konzertaufführungen wienerischer Volksmusik wieder ins Leben gerufen worden. Es sind je vier Künstler der Wiener Symphoniker und der Wiener Philharmoniker, die unter dem Namen ihrer Konzertmeister als die »Böck-Schrammeln« und die »Spilar-Schrammeln« vor allem durch den Rundfunk und durch Konzerte mit Originalwerken der ungemein fruchtbar gewesenen Komponistenbrüder Schrammel bekannt wurden. Einmal diese Künstler mit echter Musik der Schrammeln bei einem Glas »Nußberger« oder »Grinzinger« Eigenbau zu hören, könnte die Krönung beschwingter Sommertage in der Stadt unserer Träume sein.

Bei unserer Liebeserklärung an den Heurigen darf aber auch der »alte« nicht vergessen werden. Der noch besser ausgereifte Wein, der voriges Jahr der »Heurige« war. Er trinkt sich seltsamerweise für viele Heurigenbesucher leichter, da er sich zugleich etwas kräftiger und voller anläßt als der junge prickelnde, besonders – anfangs – erfrischende Heurige. Aber in diesem da steckt noch sehr viel Stürmendes, übermütig drängend Begehrendes. Das freilich wiederum auch seine Qualitäten hat, in einer hellen Sternennacht über den zugleich lebensfrohen und doch auch verträumten Landschaften, dort, »wo das grüne Kranzerl winkt«. Wo es in den Gärten auch die stilleren »Platzerln« gibt. Wo man beim sanften Schein eines Windlichtes auf ländlich glatter Bank am grün gestrichenen Heurigentisch beisammen sitzt und auch ohne Backhendl und reichhaltiges Auswahlbufett, wie es die »Nobel-Heurigen« mit ihrem meist sehr lebhaften Treiben bieten, vollauf zufrieden ist. »A guat's Stückerl Brot mit an Grammelschmalz d'rauf ...« besingt ein anderes Heurigenlied jüngsten Datums die bescheidene, aber nicht weniger »gediegene Unterlage«, die hier die kleinen Grieben in leicht gesalzenem Schweinefett auf dem Stück Bauernbrot zur Delikatesse werden lassen. Und wenn dann statt der »Weinbeißer« ein wenig später ein »Busserl« folgt (wie die Wiener so gern das erste »Küßchen in Ehren« nennen), dann bedarf es durchaus keiner Schrammeln, um ein wunderschönes Lied in sich selbst erklingen zu hören. »In Wien hab' ich mich in ein Mäderl verliebt, beim Heurigen draußen, beim Wein ...«

Wir können nach all diesen Betrachtungen, Beobachtungen und Empfindungen unsere Liebeserklärung an den Heurigen am schönsten damit krönen, daß wir uns all der Gaben besinnen, die aus Wiens Weingärten kamen. Von Beethovens Pastoral-Symphonie bis zu Weinhebers kostbaren Versen, von der Fülle beschwingter Lieder bis zu einem sehr philosophischen Wort über unsere Vergänglichkeit, die uns mahnt, unsere Zeit im Weingarten des Lebens zu nützen. Der Altwiener Librettist Josef Hornig hat sie in Verse gefaßt:

Es wird ein Wein sein,
und wir werd'n nimmer sein,
drum g'nieß ma's Leben,
solang's uns freut.

's wird schöne Maderln geb'n,
und wir werden nimmer leb'n,
drum greif ma zua,
grad is' noch Zeit.

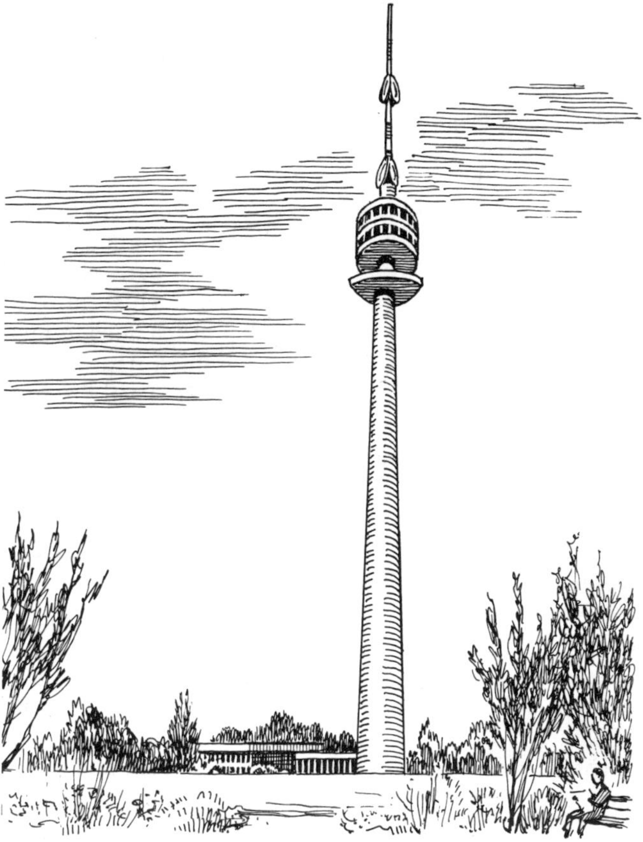

Hoch vom Donauturm ...

Der »alte Steffl« mit seinen fast 137 m Höhe kränkte sich einige Jahre, als er eines Tages den Rang des höchsten Turms nicht nur von Wien, sondern von ganz Österreich verlor. Wenn ein Kirchturm – was er als Bestandteil eines frommen Bauwerks auf keinen Fall tun dürfte! – herzhaft fluchen könnte, würde der Steffel seinen blutjungen, aber viel schlankeren, rankeren und weitaus höheren Konkurrenten an der schönen blauen Donau in Grund und Boden verdammt haben. Aber seit es ein Wienerlied jüngster Produktion gibt, das mit dem Refrain: »Alter Steffl, Donauturm, beide seid ihr Wien« den gebührenden Vorrang des Alters in der Nennung der beiden wohl markantesten Wahrzeichen der Millionenstadt gegeben hat, schaut er wieder lächelnd auf uns nieder. Er mag auch zu mitternächtiger Stunde – um die es ja bekanntlich noch immer »geistert« – vom Stephansplatz hinüberrufen in den neuen wunderschönen Donaupark im Stadtteil Floridsdorf unmittelbar am Strom: »Na, Herr Kollege, wie ist denn heute das Geschäft gegangen?«

Der Donauturm ist – allen pessimistischen Prognosen bei seiner Erbauung zum Trotz – eine Attraktion der Weltstadt Wien geworden. Er wird vor allem während der schönen Jahreszeit fleißig besucht von all den Gästen aus der weiten Welt, die als gewissenhafte Touristen aufs Ganze gehen. Und es ist nur von diesem Donauturm aus möglich, die ganze Stadt Wien, einschließlich der malerischen Höhen des vielbesungenen Wienerwaldes vom Steilhang des Leopoldsberges über das verträumt-romantische Kahlenbergerdörfl bis in den äußersten Südosten, zu überschauen. Bis dorthin, wo mächtige Bohrtürme ragen. Wo auch aus Wiener Boden Erdöl quillt und nachts die riesigen Ölraffinerien am Stadtrand bei Schwechat wie eine geheimnisvoll strahlende Stadt Utopia leuchten. Aber dieser Donauturm bietet seinen Besuchern noch eine andere Überraschung. Der Schnellift befördert sie mit Windeseile in wenigen Sekunden zu der großen Aussichtskapsel, in der sich ein Restaurant und ein Caféhaus befinden. Hier sitzend, kreist der Gast mit dem ganzen um den Turm sich drehenden Lokal langsam, schön langsam über dem Stück Welt, das sich zu seinen Füßen weitet. Dabei kann er nicht nur die ganze Stadt beobachten, sondern da geht der Blick donauaufwärts bis zum berühmten Stift Klosterneuburg vor Wiens Toren, hinein in das niederösterreichische Land bis zu den erstaunlich nahen Grenzhügeln gegen die Tschechoslowakei hin. Der nächste Kreissektor gibt die Sicht frei bis zu den fernblauen kleinen Karpathen in der Slowakei, und nachdem am Horizont bei klarem Wetter die Türme des Schlosses von Preßburg (Bratislava) vorbeigezogen waren, grüßen bereits im Süden die vor allem an Wintertagen verheißungsvoll lockenden, verschneiten Gipfel der östlichen Alpenausläufer Rax und Schneeberg.

Welch ein Panorama, welch ein Blick in Welten, die in dieser Stadt vieler Träume seit Jahrhunderten immer wieder einander begegnen. Tschechen, Slowaken, Ungarn, stromaufwärts gekommene Donauschiffer aus Serbien, Bulgarien, Rumänien, Älpler aus den nahen Bergen, Bauern aus dem Wienerwald. Das Wort vom »Schmelztiegel Wien« wird nirgends in dieser Stadt so anschaulich wie bei einer nachdenklichen Stunde auf dem Donauturm. Aber auch dem Planer erlebnisreicher Ausflüge bei einem Wiener Aufenthalt mag er empfohlen sein. Dort drüben grüßt hinter der Stadt Korneuburg, auf deren Schiffswerften Donauschiffe und selbst für das Schwarze Meer seetüchtige Frachter vom Stapel laufen, die stattliche Burg Kreuzenstein. Im Stift Klosterneuburg am anderen Ufer könnte der großartige Reliquienaltar des heiligen Leopold besichtigt werden, der im Mittelalter als Markgraf aus dem Geschlecht der Babenberger Landesherr in Österreich gewesen ist. In der Schatzkammer der berühmten Abtei sind Kirchengeräte zu bewundern, die einst aus Schwemmgold der Donau geschmiedet wurden. Und die erlesen guten Tropfen in dem nicht weniger berühmten Stiftskeller sind gewiß auch eine solche »Wallfahrt« nach Klosterneuburg wert.

Apropos guter Tropfen! Hoch vom Donauturm gewinnen wir genauen Einblick, wo sie alle wachsen, die seit alters

her dafür sorgen, daß ein gern gehörtes Lied sich immer wieder bewahrheitet: »Das muß ein Stück vom Himmel sein, Wien und der Wein ...« Da grüßt der Kahlenberg herüber, der wohl von jedem Gast der Stadt nach einer Fahrt über die kurvenreiche, 1935 erbaute Wienerwald-Höhenstraße besuchte Wiener Hausberg. An seinen Hängen, die sich in sanften Wellen zur Donau hin verbreiten, gedeihen der Grinzinger, der Nußberger. Da läßt der Herrgott die Weine reifen, die uns in Nußdorf, Heiligenstadt und Sievering erfreuen, in Neustift und in Salmannsdorf.
Wenn sich jetzt unser Kaffeehaustisch wieder weiter nach Osten gedreht hat, liegen die weinseligen Gefilde nördlich der Donau zu unseren Füßen. Da ist das noch sehr bäuerlich gebliebene Dörfl Stammersdorf, heute ein Bezirksteil des Stadtteils Floridsdorf am Fuß des breit-behaglichen Bisamberges. In seinem »Kellergaßl«, der für österreichische Weingegenden charakteristischen hohlwegartigen Zeile der Türen in die Weinkeller, warten rustikale Spezialitäten auf den kundigen Kenner, der aus der weiten Stadt den Weg zu ihnen weiß. Wiens Stadtväter haben dafür gesorgt, daß man mit der Straßenbahn bis nach Stammersdorf kommen kann. Ein kleiner Spaziergang bis zum freundlich einladenden Weinschenker selbst regt den Appetit auf Speis' und Trank erst richtig an.
Die Überlieferung erzählt, daß bei einer solchen »Kellerpartie« (worunter man in Wien einen zwanglos-fröhlichen Ausflug lebenslustiger Damen und Herren in solch ein Kellergaßl versteht) ein hübsches Lied ersonnen wurde. Es schildert im Refrain sehr anschaulich dieses reizvolle, ländliche Idyll am Stadtrand mit den Worten: »Erst kommt ein Wegerl, dann eine Tür. Dann eine Kellerstiege, dann kommen wir! Dann kommt ein Schinkenbein und dann der Wein – ja, eine Kellerpartie, die ist fein.«

Jahrhunderte grüßen einander über die Donau: Der Turm der gotischen Kirche Maria am Gestade über dem Donaukanal und der 1963 errichtete 252 Meter hohe Donauturm.

Wieder dreht sich das Turmrestaurant – dort drüben im Süden grüßen Gumpoldskirchen und dahinter die vielseitige kleine Stadt Baden bei Wien. Beide gleichfalls geschätzte Ausflugsziele für Leute, denen dort die bekannt guten Weine schmecken, Baden überdies ausgezeichnet als Kurstadt mit nicht weniger berühmten Schwefelbädern und einem stattlichen Thermalstrandbad unter freiem Himmel. Buntfröhliches Sonntagsziel badelustiger Wiener, die einmal nicht innerhalb der eigenen Stadtgrenzen den Wasserfreuden huldigen wollen. Diese aber können wir hoch vom Donauturm besonders genau beobachten, denn vom Donaupark, in dem sich dieser ragende Luginsland erhebt, ist es nicht weit zu der langen Kette der vielen Strandbäder und Wassersportanlagen entlang der »Alten Donau«.

Als einer der großen Arme des Hauptstromes bei der Donauregulierung vor mehr als hundert Jahren zu einem idealen Naturerholungsgebiet geworden, ist diese »alte Donau« heute der Lido der Wiener. Die größte Sportanlage ist das Strandbad »Gänsehäufl«, das bequem bis zu 40000 Gäste aufnimmt, ohne daß die Besucher am weitläufigen Strand, den Liegewiesen, den Turnplätzen, den Restaurants und den schattigen Auwäldern den Eindruck hätten, es wäre überfüllt. Der Traum des Wiener Naturapostels und Entdeckers des vor siebzig Jahren noch kaum berührten Uferidylls, Florian Berndl, hat sich für diese Stadt erfüllt: Die Großstädter haben den Weg zu den nie versiegenden Gesundheitsquellen Wasser, Luft und Sonne gefunden. Auch in den benachbarten Strandbädern, in den weißen Segelbooten, Elektrobooten, den Ruderbooten, die auf der langgestreckten weiten Wasserfläche mit den Sonntag genießenden Menschen kreuzen, scheint ein Lied bestätigt: »Am Wasser, am Wasser sind wir zu Haus, beim Rudern und beim Schwimmen, da kennen wir uns aus.« Als flotter Marsch zählt es heute noch zum eisernen Bestand jedes Liederpotpourris über Wien an der Donau ...

Der Stephansturm dort drüben, inmitten des riesigen Häusermeeres, ist bis zur jahrhundertealten gotischen Kreuzrosette auf seiner Spitze 137 Meter hoch. Hier auf dem Donauturm sitzen wir in 165 Meter Höhe über dem Strom: Das ganze kühne Bauwerk – es wurde ausschließlich von österreichischen Ingenieuren konstruiert und von österreichischen Firmen 1963 erbaut – ist 252 Meter hoch!

Dieser Donauturm entstand im Rahmen der »Wiener Internationalen Gartenschau 1964« (»WIG 64«), wozu auf dem ehemaligen Aufschüttungsgelände und einer Ablagerungsstätte der hundert Hektar große Donaupark angelegt wurde; er umfaßt eine Haupthalle, Pavillons, ein Kino, Glashäuser, eine Dieselkleinbahn, einen Teich mit Seebühne, Wasserspiele, Minigolf, Lesegarten und Gärten mit rund sieben Millionen Pflanzen. Dieser Donaupark im Stadtbezirk Floridsdorf ist heute ein gern aufgesuchtes Erholungszentrum der Wiener.

Denn hier kann man an der Donau sogar eine Sesselliftfahrt unternehmen! Es gibt diese sonst mehr in alpinen Gegenden anzutreffende Spezialität auch in der Weltstadt Wien. Noch dazu in dem Stadtteil, wo sich auch Österreichs größte Lokomotivfabrik befindet und die weiten Werksanlagen für die Konstruktion gewaltiger Brückenbauten. Der Donaupark ist mit all seiner Blumen- und Blütenpracht am schönsten zu erleben, wenn man mit dem hier eigens für diesen Zweck errichteten Sessellift in gleichbleibender Höhe in einer weiten Rundfahrt darüber hinschwebt.

Gerade nach einem frischen Sommerregen sind die tausend Rosen, reich blühenden Rhododendron-Gebüsche, die Nelken, die buntfrohen Alpinum-Blumen und all diese sommerliche Pracht am schönsten! Wenn sich die Sonne noch spiegelt in den an Baum und Strauch wie Perlen hängenden letzten Regentropfen, wenn ein frischer Wind von der Donau herüberkommt und man über diese Schönheit aus dem Reiche Floras fast geneigt ist zu glauben, daß der Name »Floridsdorf« für die Anlage dieses jüngsten Parks der Gartenstadt Wien verpflichtend gewesen war. Es war aber in Wahrheit der Abt Floridus des berühmten Stiftes Klosterneuburg, der nach einem

schweren Donauhochwasser für die geschädigten Bauern Klostergründe stiftete, auf denen sie dann ihr Dorf neu erbauten und ihm zu Ehren benannten. Daß daraus einer der heute größten Stadtteile Wiens und noch dazu auch die Pracht dieses Donauparks geworden ist, hat wahrscheinlich Seine Gnaden der Herr Abt in seinen kühnsten Träumen nicht erwartet.
Gewiß, in anderen Großstädten Europas gibt es ähnliche Türme wie den Donauturm. Mit Aussichtsterrasse, Schnellift und dem Fluidum der modernen Metropolen zu ihren Füßen. Hier aber ist es nicht zuletzt der grandiose landschaftliche Rahmen von der tischebenen Weite des Ostens bis zu den Alpen, der in einer Stunde hoch auf dem Donauturm diese besondere Stadt in ihrer ganzen Vielfalt erfassen läßt. Hier werden wir der geographischen Lage, aber auch der kulturgeschichtlichen Sendung Wiens im gesamteuropäischen Raum bewußt.
Inmitten der Stadt Sankt Stephan, Symbol der abendländischen Geschichte. Fern drüben auf einer Anhöhe vor dem Wienerwald Schloß Wilhelminenberg, neben dem in der bekannten zoologischen Station die moderne Naturwissenschaft durch Verhaltensforschung den Rätseln der Tierseele nachspürt. Einer Nadel gleich hinter dem Grün der Praterauen der Mannesmannturm als Wahrzeichen des dort sich weitenden Geländes der Wiener Internationalen Messe als das große Tor der europäischen Wirtschaft nach dem Südosten. Und noch weiter drüben auf kaum merkbarem Hügel das weiße Schloß Belvedere, in dem am 15. Mai 1955 durch den dort abgeschlossenen Staatsvertrag der Weg zum endlichen Wiederaufstieg Österreichs mit all seinen Möglichkeiten im Wettbewerb der Nationen geebnet wurde.
Vom Osten her zieht langsam die Nacht auf, und ein blauer Sommerabend breitet seinen sternbestickten Mantel über Stadt und Strom. Jedem unvergeßlich die Stunde, wenn er einmal hoch vom Donauturm als Wiens

schönstem Aussichtspunkt das Schauspiel der langsam mehr und mehr aufleuchtenden Millionenstadt genossen hat. In dieser Stunde kommt uns das Wort des österreichischen Dramatikers Grillparzer in den Sinn, mit dem er in seinem »Lobspruch auf Österreich« geradezu seherisch solch einen Blick vom Donauturm geschildert hat:

»Vom Silberband der Donau rings umwunden –
hebt sich's empor zu Hügeln voller Wein,
wo auf und auf die goldne Traube hängt
und schwellend reift in Gottes Sonnenglanze.
Der dunkle Wald voll Jagdlust krönt das Ganze,
und Gottes lauer Hauch schwebt drüber hin . . .«

»Ich möcht' aus Wien ein Foto . . .«

Die Zeit, als das alte Wiener Lied: »Es gibt nur a Kaiserstadt, es gibt nur a Wien!« alle Bewohner der Donaustadt mit Stolz erfüllte, ist vorbei. Die Melodie – sie stammt aus dem längst vergessenen Altwiener Singspiel »Aline« und wurde von Ferdinand Raimund zum erstenmal ge-

sungen – ist verklungen, aber es gibt immer noch nur ein Wien! Wozu ein guter Kenner, aber auch jeder Besucher dieser Stadt schon nach wenigen Tagen feststellen kann: »Es gibt nur eine Stadt in Europa, die in so ungemein vielfacher Hinsicht fotogen ist – eben Wien ...«
Deshalb wohl auch gibt es in Wien einen Straßenzug, der nach jenem Mann benannt ist, dem die Welt die Erschließung all der Wunder und Schönheiten verdankt, die das fotografische Bild uns bescheren kann. Es ist die Petzvalgasse im vierten Wiener Gemeindebezirk. Ihren Namen hat sie nach dem Universitätsprofessor für Optik und Physik Dr. Josef Petzval, 1807–1891, der als Erfinder der fotografischen Doppelobjektive (Anastigmate) zu den »großen Männern« in der Geschichte der Fotografie zählt.
Wenn wir besinnlich durch die Straßen und Gassen der Stadt schlendern, sind wir immer aufs neue überrascht von der Fülle wunderschöner Fotomotive.
Aus der Kaiserstadt ist die »Fotostadt« geworden, in der vor etwa vierzig Jahren auch der Fotografie als solcher in einem kleinen Walzerlied ein Denkmal gesetzt wurde. Geschrieben hat die Melodie der heute auf dem so stimmungsvollen Hietzinger »Nobel-Friedhof« in einer originellen Grabstätte schlummernde Operettenkomponist Jara Benes, und der Refrain beginnt mit den Worten:

»Ich möcht' von dir ein Foto,
und wär's auch noch so klein!
Und drunter stünd' das Motto:
Ich liebe dich, ewig dein!« ...

Eine Widmung, die man heute abwandeln und getrost unter jedes Foto schreiben kann, das man in der fotogenen Donaustadt irgendwo knipst – weil eben solch ein besinnlich-genießerischer Foto-Spaziergang durch die Stadt der tausend Gesichter und der vielen Träume sehr bald zu einer solchen Liebeserklärung an Wien führen kann ...

»Ich möcht von Wien manch' Foto«, erklären die meisten Gäste, wenn Wiener Freunde sie am ersten Tag ihres Besuches durch die Stadt begleitet haben. Ein Wunsch, der vermeintlich nicht schwer zu erfüllen ist. Aber bei näherem Hinsehen – wo fängt man an, wo hört man auf? Besonders dann, wenn die begeisterten Fotofreunde fest entschlossen sind: »Wir wollen vor allem das Schöne und dabei zugleich echt Wienerische im Bild mit nach Hause nehmen.«
Wohin führt der kundige Wiener seinen Gast, der »schöne« Fotos aus dieser Stadt als Erinnerung mitnehmen möchte? Die Liste ist lang; von der Hofburg mit dem berühmten Durchblick (solche Durchblicke kann man fast in jeder größeren Straße auf seinen Film bannen; es war ein Prinzip des barocken Gesamtkunstwerkes, jedes Gebäude in eine größere Zusammenschau zu bringen, allem menschlichen Bauen einen krönenden Abschluß zu verleihen) durch das Michaelertor, mit dem Schweizer Tor in seiner dezenten historischen Farbenpracht, mit dem Fliedertraum im Frühjahr auf dem weiten Rasen des Heldenplatzes vor der Neuen Hofburg bis zum verträumten »Strauß-Häuserl« auf dem Dreimarkstein. Aus dem Wienerwald (am schönsten in den Farben des Herbstes!) bis zum Donauturm mit seiner kühl-nüchternen Schlankheit über dem leuchtenden Blumenmeer des Donauparkes an einem sonnigen Juni-Tag.
Kaum in einer anderen Stadt wird es größere fotogene Gegensätze geben als die Wiener Stadthalle, unweit des Westbahnhofes, und das efeuumsponnene, mehr als tausendjährige Ruprechtskirchlein auf dem Steilhang ober dem Donaukanal, mitten in der Millionenstadt. Da ist der Stephansdom mit all seinen Kunstschätzen, ein schier unerschöpfliches Schauobjekt für den begeisterten Fotografen und die scharfe Optik seiner Kamera. Und in unmittelbarer Nachbarschaft des Domes zeitlos schöne, schmale Gassen mit einem Aussehen, das vergessen läßt,

daß wir bereits das siebente Jahrzehnt des zwanzigsten Jahrhunderts schreiben. Es ist doch recht bezeichnend, daß eine von ihnen so treffend »Schönlaterngasse« heißt (wir erreichen sie vom alten Universitätsplatz aus durch die schmale Jesuitengasse) und eine andere sich so poetisch als »Blumenstockgasse« vorstellt. Freilich, Blatt und Blüten sind in diesem Gäßchen zwischen dem Franziskanerplatz und der Rauhensteingasse nicht mehr anzutreffen – wohl aber noch, als ein echter Gruß aus dem alten Wien mit seinen Biedermeier-Idyllen, das Hauszeichen »Zum Blumenstöckel« und ein paar Schritte weiter, in der angrenzenden Ballgasse, das altersgraue Portal, über dem eine Tafel verkündet, daß hier »der bürgerlichen Tischler Herberge« seit den Tagen Maria Theresias unverändert auf unsere Zeit gekommen ist. Ist der Gast in Wien besonders an möglichst alten steinernen Zeugen aus der mehr als tausendjährigen Vergangenheit der Stadt interessiert, dann gibt es selbst für erfahrene Fotojäger immer wieder Überraschungen zu entdecken. Da bietet sich in der Einfahrt des großen Zinshauses am Lugeck Nr. 7, dem sogenannten »Federlhof«, ein in die Wand eingelassenes erstaunliches Dokument aus dem 13. Jahrhundert. Es sind die guterhaltenen Reste einer alten Wappentafel des einstigen »Drachen-Ordens«, dem in den Tagen der ersten Habsburger Kaiser die in Wien ansässigen Ritter der Sankt-Laszla-Brüderschaft angehörten. Ein paar Schritte weiter, und wir stehen vor dem Haus Bäckerstraße Nr. 9 vor einem der schönsten Renaissance-Portale der Wiener Altstadt. Es ist dies das sogenannte Windhaagsche Stiftungshaus, von dem nur das handgemeißelte Portal (1559) die Gefahren der Luftangriffe des Zweiten Weltkrieges unter einer sorglich angelegten Betonumhüllung unbeschädigt überstanden hat.

Als sakrales Gegenstück präsentiert sich dem kundig geführten Gast mit der Kamera das an anderer Stelle erwähnte Portal der St.-Salvator-Kapelle in der Salvatorgasse hinter dem Alten Rathaus in der Wipplingerstraße. Hier wird der Fotofreund am besten in den frühen Morgenstunden das richtige Sonnenlicht für eine jener Aufnahmen finden, die ihm seinen Wunsch erfüllen: »Ich möcht aus Wien manch' Foto ...« Schönheit in Wien, im hellen Licht der Sonne oder in den wundervollen Farben einer sanften Dämmerung erschaut – sie kann faszinieren, von den sommergrünen Durchblicken in den Alleen Schönbrunns auf das vornehme Kaiserschloß bis zu den idyllischen Aulandschaften im Prater um das »Obere Heustadl-Wasser« unweit des Stadions. Der Farbfotograf kann sich nicht satt schauen an den alabasterweißen Rossebändigern am Eingang zu der Parkanlage um das imposante schwärzlich-grüne Maria-Theresien-Denkmal (1887) zwischen den beiden großen Staatsmuseen an der Ringstraße. Sie kontrastieren gegen einen blauen Sommerhimmel wie klassische Bildwerke in Rom oder Athen, und die rötlich-graue Neurenaissance der Museumsgebäude stellt zu solchem Bild den vornehmen Rahmen. Im Licht eines Sommermorgens ist die schnurgerade Prater Hauptallee mit den uralten Kastanienbäumen dann am schönsten, wenn diese besteckt mit den eben erblühten »Kerzen« in zartem Weiß und hellstem Rosa schimmern, wozu aus dem Hintergrund das helle Kaisergelb des historischen einstigen Jagdhauses aufblinkt. Es ist heute als »Lusthaus« ebenso ein Begriff für Wien wie etwa der pastellgraue Stephansturm im gleißenden Schein einer hohen Mittagssonne. Wiens weltberühmtes Wahrzeichen läßt sich, wie schon an anderer Stelle gesagt, am besten fotografieren von der Straßenecke aus, die durch den Graben und die auf ihn einmündende Seilergasse gebildet wird.

Wenn aber an einem beginnenden Herbstabend ganz feiner Nebel mit dem letzten rötlichen Schimmer des scheidenden Tages über dem Volksgarten liegt und am allmäh-

Karl Kundmann allegorisierte bei seinem Pallas-Athene-Brunnen vor dem Parlament die gesetzgebende und ausübende Gewalt sowie die Flüsse Inn, Donau, Elbe und Moldau.

lich dunkler werdenden Himmel ein goldgelber Halbmond steht, bietet sich, vom Parkeingang beim Burgtheater aus gesehen, ein Bild, das einer Vision vom Bosporus gleichkommt. Denn da ragen in eigenartig schräger Perspektive dic bereits von abendlichen Scheinwerfern in mildem Weiß angestrahlten Kuppeln der beiden Staatsmuseen gleich den Türmen eines Serails in den Himmel, und der Schimmer der Lampen von der Ringstraße, über die grüngolden verfärbten herbstlichen Alleen hinweg, vollendet das Bild einer Illustration aus »Tausendundeiner Nacht«.

Ein Foto aus Wien – es muß bestimmt nicht immer nur ein »klassisches« Motiv um die weltberühmten Bauwerke der Donaustadt sein. Denn da ist etwa ein Abend auf der Alten Donau, wenn eine glutrote Sommersonne über der Stadtsilhouette von St. Stephan, St. Peter und dem Häusermeer ringsum Abschied nimmt, ein Farbenmotiv ohnegleichen! Man glaubt nicht mehr, »an der schönen blauen Donau« zu sein, sondern eher auf einer Lagune unter südlichem Himmel. Ein paar Boote, drei, vier Segler, die schon bläuliche Schatten auf das den Sonnenuntergang widerspiegelnde weite Wasser werfen, sind markante Farbpunkte im Kontrast zu den dunkelgrünen Silhouetten von Kahlenberg und Leopoldsberg im Hintergrund der Szenerie. Gleiche Meisterschaft wie solch ein Foto erfordert es, das Farbenspiel des Leuchtbrunnens auf dem Schwarzenbergplatz, nur wenige Schritte von der Ringstraße entfernt, festzuhalten. Nicht weit davon in den Sommerwochen das schneeweiße Schloß Belvedere, gekrönt von patinagrünen Kuppeln und dann wiederum sich im effektvollen Farbenwechsel einer Inszenierung im Stil von »Son et lumière« zeigend.

Da ist auch noch die Weltstadt Wien mit den Wahrzeichen der Technik des 20. Jahrhunderts. Sie erweist sich ebenso bereit, ihren Gästen manches Foto zu ermöglichen, das sehr eindrucksvoll erzählen kann von den Erdölfeldern am nordöstlichen Stadtrand, von der Schönheit moderner Brücken über dem breiten Donaustrom, von der Eigenart moderner Raumschmückung in den Foyers und Pausenräumen der Staatsoper und des Burgtheaters an der Ringstraße. Unvergessen bleibt jedem Gast, der

nach abendlicher Landung auf dem Großflughafen Wien-Schwechat die Fahrt in das Stadtzentrum macht, der Anblick der wahrhaft feenhaft beleuchteten riesigen Raffinerieanlagen der Österreichischen Mineralölverwaltung. Wie eine nächtliche, utopische Stadt oder ein riesiger Hafen mit modernsten Kriegsschiffen in voller Festbeleuchtung präsentieren sich die sich gleichenden Öltanks, die Bohrtürme und Raffineriewerke im Schein Tausender Lampen und Lichter. Und schon an ihrem ersten Abend in Wien waren oft Hunderte ausländischer Fotofreunde wieder auf dieser Straße unterwegs, um das grandiose Bild des Schönen moderner Technik als Foto aus Wien, wie es nicht nur tanzt, singt und lacht, sondern auch hart arbeitet, mitnehmen zu können ...
Schönheit in der Dokumentation durch Architektur und Bildhauerei ist der Stadt vieler Träume ganz besonders zu eigen durch die alten Barockpaläste und nicht zuletzt durch Wiens berühmte Brunnen. Dies gilt ebenso für die herrliche Neptungruppe mit ihren oft ganz bizarren Figurengruppen im Park von Schönbrunn wie für die Anmut des steinernen »Donauweibchens« über einem Brunnen im Wiener Stadtpark. Die schöne Najade inmitten eines Brunnenbeckens mit zierlichen Goldfischen und verträumten Seerosen im Park zu Schönbrunn ist zweifellos die meistfotografierte Wienerin, deren schöner Rücken das Entzücken von alljährlich Zehntausenden schönheitsfreudiger Touristen aus aller Welt ist. Nicht weniger Anmut aber zeigen die weiblichen Figuren verborgener Brunnen in stillen Höfen der Wiener Innenstadt. Die Fotografen mögen sich davon überzeugen, etwa vor dem Andromeda-Brunnen im Hof des Alten Rathauses oder der Darstellung der Legende von der Witwe mit dem Ölkrug aus der Bibel, die als Figurengruppe des alten Wandbrunnens um 1766–1770 im Hof des einstigen savoyischen Damenstiftes, Johannesgasse Nr. 15, unweit von St. Stephan, geschaffen wurde.

Panoramablicke einzufangen, bietet Wien besonders viele Gelegenheiten: so vom Haas-Hochhaus am Stephansplatz/Graben, vom Café im Matzleinsdorfer Hochhaus, vom Stephansturm, vom Donauturm, vom »Zenith« des Riesenrades, vom Parkplatz und von der Terrasse des Restaurants auf dem Kahlenberg (die Aussichtsstraße links vom Hotel erweitert das Panorama noch). Auch der Cobenzl ist ein häufig aufgesuchter Aussichtspunkt entlang der Höhenstraße. Aber auch der Heldenplatz bietet für Weitwinkelobjektive prächtige Standpunkte. Hier kann man etwas von jenem Konzept festhalten, das die Baumeister der Ringstraße und der Neuen Hofburg im Sinn hatten; das Ensemble der sich hier am Horizont bietenden Bauten – Parlament, Rathaus, Universität, Burgtheater, Museen und Votivkirche rund um das Kaiserforum der Neuen Hofburg – musiziert hier unhörbar den großen Traum der Residenzstadt Wien . . .
Das Gesetz der inneren und äußeren Harmonie mag ein Fotograf aus den »stillen« Plätzen der Stadt finden, wie am Josefsplatz, am Franziskanerplatz, am Platz vor der Alten Universität oder am Minoritenplatz. Dörflich-ländliche Motive sind oft inmitten der Großstadt Wien anzutreffen, so am Naschmarkt, im »Böhmischen Prater« am Laaerberg, im Prater selbst, am »Kalvarienberg« in Hernals in der vorösterlichen Zeit. Aber noch viel mehr draußen in den einstigen Vororten Heiligenstadt, Nußdorf, Sievering, Neustift am Walde, Kahlenbergerdorf.
Das immer wechselnde Antlitz der Stadt, die aber dennoch im Wesen immer gleich bleibt, wird das Schöne überall finden lassen. Es ist nun einmal die Besonderheit Wiens, auch in Stadtbezirken, die sich beim ersten Augenschein überwiegend als Wohn- oder Industrieviertel präsentieren, das Schöne in vielen Varianten zu bieten. Sucht es der eine Gast in Kirchen und zu festlicher Repräsentation bestimmten Palästen, so entdeckt es der etwa

vor allem soziologisch interessierte Besucher in Parks, auf Sportanlagen oder in den sommerlichen Kinderfreibädern. Denn auch überall dort hat das moderne Wien mit Plastiken, Mosaikbildern und Reliefs den nüchternen Alltag geziert. An den Wänden großer Wohnblocks fehlt nicht symbolisierender Mosaikschmuck, der von der Vergangenheit dieser Stätte oder dem buntschillernden Leben der Natur in der Grünumgebung solcher Häuser kündet.
Vor allem in der Umwelt der Kinder aber ist man auf die Erziehung durch Freude an der Schönheit der Formen und Farben sehr bedacht. Denn schon in sehr jungen Jahren prägt sich den Wienern von morgen der Sinn dafür ein, daß Freude an schönen Dingen eine Voraussetzung für Freude und Leistungsbereitschaft auch am künftigen Arbeitsplatz ist. Dabei wird auch nicht versäumt, dieser jüngsten Generation später auf Schulwanderungen und Lehrspaziergängen altüberliefertes Schönes zu zeigen und als ererbtes Gut vorzustellen, das auch in Zukunft zu pflegen ist. Und da zählt es zu den schönsten Motiven für manch' Foto aus dem Wien unserer Tage, dabeizusein, wenn junge Wiener auf ihrem Weg zu schönen Dingen staunend fragen, bewundernd zuhören. Denn es spiegelt sich Wesen und Art der Wiener in diesen Kinderaugen. Da wird manche Bewegung oder Geste zur Bestätigung, daß auch in diesen Jüngsten schon jene Bereitschaft zur Freude am Gestalten innewohnt, die so viel Schönes in Wien werden ließ und auch weiterhin schafft. Getragen von der Begabung, die der Wiener Dichter Josef Weinheber in einem Vers seines berühmten Sonettes »Auf eine Wienerin« mit den Worten erklärt:

Dir, der ewig Jungen,
tief ins Blut gedrungen,
ist der Kunst geheimnisvolles Reich.
Aufgelöst im Tanze
zeigst du unsere ganze
Künstlergabe warm und rhythmenweich.

Wenn so manches Foto aus Wien aussagen kann, daß in dieser Stadt das Schöne aus dem Schaffen vor Jahrhunderten beste Nachbarschaft halten kann mit Schöpfungen unserer Gegenwart, so mag dies ein überzeugender Beweis für die jederzeitige geistige Toleranz der Wiener sein. Der bereits einmal zitierte Widmungsspruch über dem Portal des Gebäudes der Wiener Künstlervereinigung »Secession« bestätigt dieses tolerante und zugleich anerkennende Denken der Menschen in der Stadt vieler Träume. Denn dort steht zu lesen: »Der Zeit ihre Kunst!«

»Und wenn es regnet . . .«

. . . da lassen sich weder die Wiener noch ihre Gäste davon abhalten, trotzdem diese Stadt mit all ihrer Vielfalt zu genießen. Von der Gemäldegalerie bis zur Modenschau, von einem Stallbesuch bei den Lippizanern bis zur nachdenklichen Stunde im Österreichischen Staatsarchiv, von einem köstlichen Rendezvous mit echt wienerischer Vergangenheit in einem der erstaunlichen Heimatmuseen in den einstigen Vorstädten und Vororten bis zur Konfrontation mit den künstlerischen Aussagen unserer Gegenwart im Museum des XX. Jahrhunderts im Schweizer Garten unweit des Südbahnhofs gibt es eine reiche Auswahl. Wien ist auch die Stadt der Künste, Wissenschaften, Raritäten und Liebhabereien »unter Dach und Fach ...«

Vom großartigen Kunsthistorischen Museum an der Ringstraße mit seinen berühmten Bilderschätzen (Velasquez, Holbein, Tizian, Tintoretto, Rubens, Breughel, Dürer, die beiden Cranach, Rembrandt, van Dyck, Canaletto, Raffael), von seiner Antikensammlung, dem Münzkabinett, der Ägyptensammlung und der Sammlung für Plastik und Kunstgewerbe weiß jeder Kunstführer zu erzählen.

Das wahrhaft imperiale Gebäude wurde 1872–1881 nach Plänen der Ringstraßen-Architekten von Semper und Hasenauer erbaut. An der Decke des Treppenhauses sind das Kolossalgemälde »Apotheose der bildenden Kunst« von Michael Munkáczy und Lünettenbilder (große Maler mit ihren Lieblingsmodellen) von Hans Makart zu sehen. Die 40 Bilder in den Zwickeln zeigen die Entwicklung der Kunst und stammen von Gustav und Ernst Klimt sowie Franz Matsch. Am mittleren Treppenabsatz steht Canovas berühmte Plastik »Theseus besiegt den Kentauren« (vor 1819). Die umfangreichen Sammlungen des Kunsthistorischen Museums gingen aus den ehemaligen landesfürstlichen Sammlungen der Habsburger in Innsbruck (Ambras), Graz, Prag und Brüssel hervor; sie wurden zu Beginn des 19. Jahrhunderts mit den Sammlungen des Kaiserhauses in Wien vereinigt.

1967 wurde in der Stallburg, gegenüber der Winterreitschule der Hofburg, die Neue Galerie des Kunsthistorischen Museums eröffnet. Begonnen hat sie 1903 mit zwei Bildern, van Goghs »Landschaft bei Auvers-sur-Oise«

und »Winterlandschaft mit den bösen Müttern« von Segantini. Heute sind alle namhaften Maler des 19. und 20. Jahrhunderts in dieser Sammlung vertreten, wie Delacroix, Manet, Renoir, Degas, Cézanne, Rodin, Toulouse-Lautrec, Hodler, Daumier, Böcklin, Thoma.
Wer weiß schon, daß im Naturhistorischen Museum am »Ring« die größte Insektensammlung und die größte Fischsammlung der Welt zu sehen sind? Die Anfänge dieses Museums gehen zurück auf die 1749 von Maria Theresia geschaffenen »wissenschaftlichen Hofkabinette«, welche diese Herrscherin erstmals der Öffentlichkeit zugänglich machte. Heute umfaßt das Museum eine mineralogisch-petrographische, eine geologisch-paläontologische, eine zoologische, botanische, anthropologische und eine prähistorische Abteilung. In der letztgenannten Abteilung sehen wir eine Kopie der rund 25 000 Jahre alten kleinen Fruchtbarkeitsstatue der »Venus von Willendorf«. Das 1908 in den Lößschichten der Wachau bei Willendorf gefundene Original dieser Statue ruht allerdings im sicheren Tresor. Weltberühmt ist auch das »Wiener Herbarium« in der botanischen Abteilung. In rund 14000 Bänden sind zweieinhalb Millionen Pflanzenexemplare erfaßt.
Sehr viele Wiener sahen noch nie die Federkrone des Aztekenkaisers Montezuma, die als einer der kostbaren Schätze im Museum für Völkerkunde in der Neuen Hofburg zu bewundern ist. Der ungemein kostbare Kopfschmuck des letzten indianischen Kaisers in Mexiko ist aus den geheimnisvoll grünlich und bläulich schimmernden langen Schwanzfedern des Quetzal-Vogels gefertigt, der den Azteken sowie den anderen hochkultivierten Völkern Mittel- und Südamerikas heilig war.
Serien feingeschmiedeter Goldplättchen vereinen diese Federpracht zu der berühmten Krone, die, einst durch den spanischen Eroberer Mexikos, Fernando Cortez, nach Europa gebracht, als Geschenk in die damaligen kaiserlichen

Sammlungen gelangte. Auch die großartige Original-Grabkammer eines altägyptischen Prinzen, die kostbare Ausbeute der Weltexpedition des altösterreichischen Kriegsschiffes »Novara«, ist unter den Schätzen dieses Museums zu sehen, neben Sammlungen aus Afrika, Brasilien, Indonesien, Japan, Mexiko, Peru und der Südsee.
Gleichfalls auf der Ringstraße hat das Museum für angewandte Kunst – 1863 als erstes kontinentales Kunstgewerbemuseum gegründet – unweit des Stadtparks Kostbarkeiten wie Seidenteppiche aus Persien, China und Indien, aber auch erlesen schöne Möbel und ziersamen Hausrat zu zeigen. Vor allem die Damenwelt ist immer wieder entzückt von Eleganz, Ideenreichtum, feinster Ausarbeitung und ungemein fraulicher Art der hier gezeigten Moden vergangener Zeiten. Denn auch das schicke Anziehen einer Frau galt von jeher in der Modestadt Wien als »angewandte Kunst«.
Es soll auch immer wieder vorkommen, daß kapitalkräftige Kunstsammler diesem Museum sagenhafte Summen bieten für manche der erlesen-schönen orientalischen Vasen, prächtig geschliffenen böhmischen Gläser oder eines der mit zartem Dekor gezierten Altwiener Kaffeeservices, die so überzeugend von der auch heute noch geschätzten und geübten Kunst der Wiener Porzellanmanufaktur erzählen können. Ein Besuch ihrer Werkstätten – es werden gelegentlich Führungen veranstaltet – läßt mit all der Schönheit der dort gezeigten Formen, Farben und Fröhlichkeit einen regenverhangenen Himmel über Wien vergessen. Die Wiener Porzellanmanufaktur wurde 1718 von Du Paquier gegründet und zunächst im Stadtteil Roßau angesiedelt. Nach Meißen war sie die zweitälteste in Europa. 1924 wurde sie im Schloß Augarten neu eingerichtet.
Wollen Sie mitten in einer modernen Weltstadt ein Kohlenbergwerk besichtigen? In Wien können Sie dies, wenn Sie in den weitläufigen Kellerräumen des Technischen

Museums durch das dort eingerichtete Schaubergwerk wandern, um dann vielleicht – wieder »zutage gestiegen« – sich von der zwar recht altmodischen, aber sehr behaglichen Eleganz des Eisenbahn-Salonwaggons zu überzeugen, in dem einst Kaiserin Elisabeth reiste. Oder sich zu wundern, daß es in Wien einmal zweistöckige Straßenbahnwagen gab.
In dieser umfassenden Schausammlung, in der der Begriff »technisch« sehr weitherzig aufgefaßt und auch auf alles Handwerkliche ausgedehnt ist, kommen wir auch in einen reizenden original Biedermeier Hutmacherladen, erleben die Geheimnisse des heute fast ausgestorbenen Kunsthandwerks der Perlmutterdrechsler und Schildpatt-Kammschnitzer. Dann aber stehen wir mit ehrfürchtigem Staunen an der Wiege einer Institution, die in aller Welt untrennbar mit dem Begriff Wien verbunden ist. Wir meinen das Wiener Kaffeehaus! Einst begründet – zwei Jahre nach der großen Türkenbelagerung – durch den Kundschafter Georg Kolschitzky, dessen erste Wiener »Kaffeeschenke« hier originalgetreu nach den alten Berichten und Zeichnungen nachgebildet ist.
Von all diesen Sammlungen und Museen Wiens vermelden die Reisehandbücher noch viel mehr. Aber wie wäre es, an regnerischen Tagen sich einmal etwas »Ausgefalleneres« anzusehen? So etwa das »Fiaker-Museum« in der Veronikagasse Nr. 12 im Stadtteil Hernals oder die erstaunliche Sammlung anatomischer Wachspräparate im sogenannten »Josephinum« in der Währinger Straße nahe der Universität. Dieser eindrucksvolle Barockpalast mit dem still-vornehmen Vorgarten war einst der Sitz der militärärztlichen Akademie, für deren Studenten Kaiser Josef II. eine Sammlung von Wachspräparaten für den anatomischen Unterricht anlegen ließ.
Die Schaustücke, in ihrer Lebensechtheit mit allen freiliegenden Venen, Schlagadern, Nervenbündeln und Sehnen bisweilen geradezu schauerlich anmutende Aus-

stattungsstücke, die jedem Gruselkabinett zur Ehre gereichten, wurden einst in Florenz hergestellt. Eine Karawane von zwanzig Mauleseln schaffte sie in riesigen Holzkassetten über die Alpen. Sie sind heute noch unversehrt und ungemein instruktive Lehrobjekte des Instituts für Geschichte der Medizin. Nicht nur für künftige Ärzte, sondern auch für jeden Besucher dieses Museums, der hier sehr nachdenklich werden kann über den Raubbau, den er manchmal selbst an seinem eigenen so wunderbar »durchdachten« und exakt funktionierenden Körper treibt.
Angesichts der hier auch gezeigten neueren Präparate ist schon so mancher Vorsatz zur Besserung gefaßt worden. Vor allem nach einem Blick auf den Vergleich zwischen einer gesunden Lunge und der eines Rauchers sollen schon sehr viele Leute dem Nikotingenuß entsetzt abgeschworen haben. Obwohl doch der Wiener Operettenkomponist Bruno Granichstaedten in seinem »Orlow« so verführerisch singen läßt: »Da nehm' ich meine kleine Zigarette und blas' die Wölkchen vor mich hin – was tät das arme Herz, wenn es nicht hätte, das süße Gift, ein kleines bisserl Nikotin . . .«
Fröhlicher mag ein Vormittag im Österreichischen Museum für Volkskunde stimmen in der Laudongasse Nr. 17–19 im 8. Bezirk. Hier kommen wir nicht nur auf Besuch in ein Altwiener Sommerschlößchen der gräflichen Familie Schönborn, 1706–1711 von Lukas von Hildebrandt erbaut, sondern auch in die heitere Welt des österreichischen Volkslebens. Trachten aus ganz Österreich, prächtig geschnitzte Bauernschlitten, bemaltes, bäuerliches Mobiliar, mild lächelnde Heiligenfiguren, Hochzeitsszenen und Volksmusikinstrumente sind hier zu sehen. Dazu wahre Wunderwerke der Pfauenfederstikkereien auf Lederhosenträgern und breiten Leibgürteln, Goldhauben der »Weiberleut« und der »sauberen Dirndln« aus der Wachau und Oberösterreich. Wunder-

schöne Seidentücher, originelle »Junggesellenkrawatten«, Gamsbart und Spielhahnstoß auf kecken Hüten der »Mannsbilder« – hier gibt das farbenbunte, frohe Volksleben aus dem Alpenland und vom Donaustrand eine prächtige Visitenkarte ab.
Weihnachtskrippen, von bäuerlichen Künstlern verschiedener Jahrhunderte geschnitzt, sind hier eine besonders bewunderte Attraktion. Alte Holz- und Tonmodeln für die verschiedenen »Gebild-Brote«, wie sie heute noch in vielen Gegenden Österreichs an bestimmten Festtagen gebacken werden, und dazu origineller bäuerlicher Hausrat. Altehrwürdige Schützenscheiben, Kachelöfen, Majolikageschirr und manche Rarität aus dem weiten Land der altösterreichischen Volkskunst runden das Bild. Und ein Fluidum von Hochgebirgsluft, Tannenduft, Sonnenglast über einem duftenden Himbeerschlag auf der Hochwaldlichtung, Donaurauschen, frisch gekelterter Wein und Föhrenharz läßt völlig vergessen, daß draußen ein grauer Regentag über Wien steht ...
Den Werdegang Wiens können wir vor allem auch in den Heimatmuseen der einzelnen Bezirke miterleben, so wenn wir das Floridsdorfer Heimatmuseum in der Prager Straße Nr. 33 aufsuchen, wo hunderterlei Dinge sehr beredt erzählen. Diese vermeintlich nur lokalhistorische Schausammlung erweist sich ebenso wie die anderen Heimatmuseen in Leopoldstadt, Landstraße, Mariahilf, Alsergrund, Simmering, Hietzing, Penzing, Meidling, Ottakring, Hernals, Währing, Brigittenau und Liesing als faszinierendes Spiegelbild des kulturellen Geschehens in Wien, besonders in seinen einstigen Vororten.
Vermittelt das Favoritner Heimatmuseum (Keplerplatz Nr. 5) interessante Aspekte der sozialpolitischen Entwicklung Wiens durch die hier einst begonnene Tätigkeit der Wiener Sozialdemokraten unter Führung des Arztes Dr. Viktor Adler, zeigt aber auch Sandsteinfiguren von der »Spinnerin am Kreuz«, so wird eine Stunde im Josef-

städter Heimatmuseum (Zeltgasse Nr. 7) zu einem Ausflug in die Geisteswelt des Biedermeier. Vor allem das »Theater in der Josefstadt«, heute noch viel besucht und bewundert (auch wegen seiner bezaubernden Architektur aller Räume), kann hier richtig »studiert« werden.
Im Heimatmuseum des einstigen Vorortes Meidling im Hause Nymphengasse Nr. 7 hingegen gibt es Kuriositäten, wie etwa die größte Okarina der Welt, die letzte handbetriebene Feuerwehrspritze einer einstigen Gutsherrschaft vor den Toren von Altwien nebst Feuerwehrfahnen mit gestickten Bändern, die von den Ehrenjungfrauen des Dorfes Meidling an der Wien bei der Fronleichnamsprozession getragen werden. Im Döblinger Heimatmuseum in der Villa Wertheimstein, Döblinger Hauptstraße Nr. 92 aber, das nicht nur literarisch interessante Dokumente besitzt über das Schaffen großer Geister in diesem Stadtteil mit so weingesegneten Gefilden, wie Grinzing oder Sievering, wird auch ein faksimiliertes, vom Komponisten eigenhändig signiertes Notenblatt gezeigt. Es enthält die Anfangstakte zu einem der bekanntesten Wiener Lieder, das Ralph Benatzky – er schrieb auch die weltbekannte Operette »Im weißen Rößl« – seinem Wiener Heimatbezirk gewidmet hat: »Ich muß wieder einmal in Grinzing sein, beim Wein, beim Wein!«
Regentage in Wien können also sehr viel entdecken lassen, was bei nur stets strahlendem Sonnenschein vielleicht unbekannt und daher verborgen bleibt. Es gibt für ausgesprochene »Museums-Feinschmecker« in dieser schier unerschöpflichen Stadt Merkwürdigkeiten, wie etwa das »Clownmuseum« (Karmelitergasse Nr. 9), das ein der Zirkuswelt verschriebener Wiener Journalist mit liebevollem Eifer und emsigem Sammeln als Spiegelbild der Welt des Clowns mit seiner Komik und Tragik gestaltet hat.
Einmalig ist das Kynologische Museum in der Karl Schweighofergasse Nr. 3; allen Hundeliebhabern – es gibt

übrigens in der ungemein tierliebenden Stadt Wien über 90000 Hunde, für die ein paar Millionen Schilling Steuern gezahlt werden! – schlägt hier das Herz höher. Denn »der Hund und seine Welt« ist das Thema dieser Sammlung, die sich stets weiter entfaltet und gewiß niemals »auf den Hund« kommen wird.

In einem der großen Luftschutzbunker aus den unseligen Tagen des Zweiten Weltkrieges im Esterházypark im Stadtteil Mariahilf dagegen können wir einen Ausflug in die Meerestiefen machen! Hier tut sich das »Haus des Meeres« auf mit vielen lebenden Exemplaren der Bewohner der Ozeane. Pferdeliebhaber wieder wird gewiß das Museum für Hufbeschlag, Beschirrung und Besattlung in der Linken Bahngasse Nr. 11 im Stadtteil Landstraße interessieren, während in dem großartigen Heeresgeschichtlichen Museum im einstigen Arsenal vom Küraß des Prinzen Eugen bis zum Unglücksauto von Sarajevo und dem blutverschmierten Waffenrock des dort ermordeten Thronfolgers Franz Ferdinand, von den seinerzeit vor Wien erbeuteten Türkenzelten bis zu Dokumentationen über den Kampf um die Stadt in den letzten Tagen des Zweiten Weltkrieges dramatisch Weltgeschichte abrollt.

Ein Esperantist wird nicht versäumen, das Internationale Esperanto-Museum im Reichskanzleitrakt der Hofburg zu besichtigen. Schon allein deshalb, weil es das einzige seiner Art auf der ganzen Welt ist! Ein Raucher könnte vielleicht das Wiener Tabakmuseum im Gebäude der Österreichischen Tabakregie, Porzellangasse Nr. 51, im 9. Wiener Gemeindebezirk besichtigen wollen. Er erfährt dort alles über Schnupftabak bis Zigarren und Zigaretten, über Tabaksorten und »Tabaktrafiken« aus dem Biedermeier, er kann Anton Bruckners Pfeifenständer und eine Waldviertler Riesenpfeife sehen und als Draufgabe noch die Geschichte der Österreichischen Tabakregie seit 1784 studieren.

Wien besitzt aber auch sogar ein Gefangenhausmuseum, im »Grauen Haus« in der Landesgerichtsstraße, in dem neben der Geschichte des österreichischen Gefängniswesens und Strafvollzugs auch Ausbrech- und Einbrechwerkzeuge und vielerlei Schluckergegenstände gezeigt werden.
Beruhigender geht es da schon im Sparkassenmuseum der Ersten Österreichischen Spar-Casse, Tuchlauben Nr. 4, mit seinen Geldbörsen und Sparbüchsen aus aller Welt und allen Zeiten zu. Auch die Postsparkasse am Georg Coch-Platz Nr. 2 verfügt über ein Museum. Und wer etwas über die Entwicklung der österreichischen Militärluftfahrt von 1910 bis 1938 erfahren will, kann dies im Luftfahrtmuseum in der Karl Schweighofer-Gasse Nr. 3 tun. Den Damen können wir den Besuch des Modemuseums im Schloß Hetzendorf, Hetzendorfer Straße Nr. 79, empfehlen, für den Herrn würden wir das Weinmuseum Schlumberger in der Heiligenstädter Straße Nr. 43 im 19. Bezirk ans Herz legen.
Als gemeinsamen Treffpunkt schlagen wir dann »Die alte Backstube« in der Langegasse Nr. 34 im 8. Bezirk vor; sie stammt aus dem Jahr 1701 und ist als Bäckermuseum eingerichtet, in dem man aber auch gemütlich Kaffee trinken kann.
Nein, wenn es in Wien einmal ein paar Tage regnet, nehmen auch sehr viele Wiener dies als einen Wink des Himmels auf, sich wieder einmal in der so vielfältigen Museumsstadt »umzuschauen«. Manche aber – und dies ist auch ein guter Rat für Gäste der Stadt – »entdecken« wieder einmal einen der alten, gemütlichen Weinkeller in den Tiefen eines der Höfe, die da als Stadtresidenzen zu Wien seit Jahrhunderten die geistlichen Herren von Melk, Göttweig, Klosterneuburg oder auch einst die Patres Piaristen, die Benediktiner in ihrem »Schottenkloster« und das Domkapitel von St. Stephan einrichteten und wohl versorgten. In einem dieser traulichen Gewölbe

tröstete uns neulich nach einem sehr regenreichen Gewittertag ein Lied, das von einem Harmonikaspieler sehr beziehungsvoll mit einem Blick auf die von uns gewählte Weinmarke gesungen wurde:

»Ja, wenn der Regen
lauter Gumpoldskirchner wär',
dann schimpfert keiner
übers schlechte Wetter mehr!
Er nähme rasch ein Heferl
und läuft damit vor's Haus
und tragt von dem Gewitter
ein' Doppelliter z'haus!«

Wegweiser an der Ringstraße

»Flughafen« – lautet ein Wegweiser an der Kreuzung der Ringstraße mit dem Schwarzenbergplatz, und »Budapest« steht daneben zu lesen. An einem anderen Kreuzungspunkt dieser schönsten und repräsentativsten Schaustraße Wiens erfährt der Autofahrer, daß hier die

Straßen in Richtung Brünn und Prag abzweigen. Es ist dies beim sogenannten »Schottentor«, einem jedem Wiener geläufiger Ortsbegriff in der Stadt, der sich jedoch seltsamerweise auf keinem noch so guten Plan von Wien entdecken läßt. Denn dieser kennt besagten Kreuzungspunkt nur als die Kreuzung der Ringstraße mit der Schottengasse, die dann ihre Fortsetzung stadtauswärts in der Währinger Straße findet. An einer dritten Stelle der Ringstraße wiederum weist ein grünleuchtendes Schild den Weg nach Schönbrunn und die Richtung zur Westautobahn über die hier beginnende Babenbergerstraße – alle drei Wegweiser zusammen der Beweis, daß für jeden motorisierten Gast Wiens die Ringstraße etwas Besonderes bedeutet. Nämlich der Straßenzug, wo man anfängt, Abschied von Wien zu nehmen . . .

Der »Ring«, wie man in Wien zusammenfassend diese in ihren verschiedenen Teilen nach berühmten Menschen, Anlagen oder Bauwerken benannte Straße um die Wiener Innenstadt bezeichnet, ist aber auch für die allermeisten Gäste der Anfang ihres Wienbesuches. Dazu laden schon an den Einfallsstraßen die Wegweiser mit der Aufschrift »Stadtzentrum« ein, und um dieses zu erreichen, muß man den Ring überqueren. Dies gilt aber nur für Insassen von Fahrzeugen. Denn der Fußgänger unterquert heute diese Straße an den großen Kreuzungspunkten, bei den modernsten Wegweisern der kürzlich hundert Jahre alt gewesenen Ringstraße: den großen Passagen mit ihren Rolltreppen, unterirdischen Luxusgeschäften, Gaststätten, Schaufenstern, Informations- und Werbestellen, die in ihrer Gesamtheit einen Weg weisen zur zukünftigen Lösung von Problemen des Großstadtverkehrs . . .

»Unser Ring hat schöne Häuser, wo man hinschaut: Prachtpalais, große Auslagen, Grand-Beleuchtung und sogar a Reitallee . . .« sang ein fast vergessenes Couplet in den Tagen, da nach jahrelangen Bauarbeiten, nach der Schleifung der alten Wiener Stadtmauer und der Basteien

der Festung Wien im Jahre 1865 die an ihre Stelle getretene breite Ringstraße eröffnet worden war. In zeitgenössischen Berichten wurden die ersten eleganten Zinspalais und Repräsentationsbauten als »Wegweiser in die Zukunft der Großstadt Wien« bezeichnet. Sie wurden zwischen dem Stadtpark und der Oper erbaut, darunter das heutige »Hotel Imperial«, seit Jahrzehnten das Prominentenhotel in Wien.

Das palastartige Gebäude war ursprünglich, wovon heute vor allem noch die Halle und der imposante Treppenaufgang des Hauses erzählen – als Wiener Residenz des Herzogs von Württemberg gedacht, der aber dann nach dem Krieg Österreich–Preußen anno 1866 seine diesbezüglichen Pläne aufgab. Blättert man ein wenig in der Geschichte dieses bedeutsamsten unter den ersten Ringstraßenhäusern, dann erscheint es uns auch als ein Wegweiser, nämlich zu Geschehnissen, die von hier aus die Weltgeschichte lenkten. Denn im »Imperial« hat nicht nur der deutsche Reichskanzler Fürst Bismarck dem damals führenden Wiener Journalisten Moritz Benedikt nach seiner Abdankung sein berühmtes warnendes Interview über die mit zum Ersten Weltkrieg führende Politik des jungen deutschen Kaisers Wilhelm II. gegeben. Sondern im sogenannten »Balkanzimmer« des Cafés Imperial verkehrten auch jene Männer, auf deren Geheiß die verhängnisvollen Schüsse von Sarajewo an jenem unseligen Junitag des Jahres 1914 fielen. Im Hotel »Imperial« wohnten in Wien Präsident Kennedy ebenso wie Nikita Chruschtschow, wie vor ihnen Joseph Goebbels und Adolf Hitler, Königin Juliana oder Kaiser Haile Selassie.

Die Ringstraße, vom Franz Josefs-Kai her gesehen, präsentiert bedeutsame Baudenkmale der politischen und kulturellen Entwicklung Wiens. Die Universität und unweit davon die großartige doppeltürmige Votivkirche bestätigen dies ebenso wie das repräsentative Rathaus mit seinem schlanken Turm.

Die schönen Häuser, die »Grand-Beleuchtung« und sogar die Reitallee haben alle diese Zeiten am Ring miterlebt und auch überstanden. Nur ist die einstige Reitallee heute zum asphaltierten Fußgängerreservat geworden, das freilich ganz radikale Wegweiser in das Morgen am liebsten – versteht sich nach Fällung dieser Alleebäume – auch schon in die Fahrbahn einbeziehen würden. Aber da gibt es das eiserne »Nein« der Wiener, die auf diese Besonderheit ihrer weltberühmten Ringstraße mit Recht stolz sind. Es wird überhaupt wie in kaum einer anderen Großstadt der Welt über eine dort berühmte Straße so eifersüchtig gewacht wie über den Ring in Wien. Mit vollem Recht! Denn welch eine Straße der Wegweiser aller Art läßt sich hier erleben ...

Man mag dem Gedanken heute führender österreichischer Historiker gewiß beipflichten, wonach all die Bauten im vielgenannten »Ringstraßenstil« sich als »letzte imposante Selbstdarstellung der Habsburg-Monarchie in der sogenannten Gründerzeit« zeigen. Aber nicht nur der Kaiser, auch die Adeligen, Bankiers und Geldbarone errichteten sich architektonische »Denkmale« ihres Reichtums. Denn was heute die Ringstraße in der Vorstellung der Welt präsentiert, sind durchweg die großen Monumentalbauten aus der Regierungszeit von Kaiser Franz Josef I., den die gleichen Historiker als »den letzten Grandseigneur auf einem Fürstenthron Europas« bezeichnen. Sie ist in ihrer Gesamtheit der steinerne Wegweiser zur Entwicklung Wiens von der Kaiserstadt zur Weltstadt. Dabei haben ihre Gestalter kein Gebiet vergessen, auf dem Österreich durch das Wirken von Menschen in dieser Stadt der vielen künstlerischen, technischen, politischen und wissenschaftlichen Träume Großes geleistet haben, auf dem Wege der Zukunft Europas.

Der eine Anfang dieser Ringstraße an der Ecke zum Franz-Josefs-Kai beim Donaukanal ist der dreiundsiebzig

Meter hohe »Ringturm«, ein zwanzigstöckiges Hochhaus einer Wiener Versicherungsgesellschaft und 1953 bis 1955 von Erich Boltenstern erbaut. Er hat eine zwanzig Meter hohe Blinklichtanlage, die allen Wienern das Wetter anzeigt: Rotlicht schlechtes, Gelblicht schönes Wetter, steigende oder fallende Orangelichter für die Temperaturtendenz, Weißlicht für Bewölkung und Blaulicht für Niederschlag. Mit der Stadtbahnstation »Schottenring« erreicht dieses moderne Massenverkehrsmittel direkt diese Schlagader des Großstadtverkehrs in die Innenstadt.

Das gewaltige »Regierungsgebäude« am Stubenring, in dem heute vier Ministerien ihren Amssitz haben, profiliert das Ende dieser Prachtstraße, nachdem sie sich im weiten Bogen um den alten Stadtkern wieder zum Donaukanal hinüberschwingt. Das Bauwerk, 1909–1913 von Ludwig Baumann neu errichtet, war in den Tagen der großen Doppelmonarchie Österreich-Ungarn mit ihren 56 Millionen Einwohnern das Kriegsministerium. Deshalb steht hier auch das Reiterdenkmal von Alt-Österreichs berühmtestem Feldmarschall, Graf Radetzky. Womit auch der wohl in der Welt bekannteste österreichische Militärmarsch, den Johann Strauß-Vater kurz vor seinem Tod dem ungemein populären Heerführer widmete, sein Denkmal an dieser Straße der Wegweiser besitzt: der Radetzky-Marsch!

Wie oft dieser Marsch – nach Wiener Sitte werden seine ersten Takte bei ihrem Aufklingen selbst beim berühmten Neujahrskonzert der Wiener Philharmoniker vom Publikum begeistert rhythmisch mitgeklatscht – auf der Wiener Ringstraße schon erklang, vermeldet keine Chronik. Wir erinnern uns nur, daß er gespielt wurde, als an einem schönen Maitag des Jahres 1865 über die ganz junge Ringstraße die berühmten Wiener Hausregimenter der »Deutschmeister« und der »Hesser« marschierten. So wie Artillerie und Kavallerie zogen sie ein durch das äußere Burgtor an der Ringstraße auf den weiten Heldenplatz zwischen der Hofburg und dem »Ring«. Denn an diesem Tag fand die feierliche Enthüllung der vom Bildhauer und Metallgießer Anton Fernkorn geschaffenen und seither weltbekannt gewordenen Reiterstandbilder statt. Es sind dies der fahnenschwingende Erzherzog Karl und der auf einem Lipizzaner, in der Figur der Courbette der »spanischen Reitschule« sein Pferd verhaltende Prinz Eugen von Savoyen. Der Radetzky-Marsch klang auf bei jedem festlichen Zug der Massen über die Ringstraße. Er schmetterte auch über den Ring, als Wien dem jüngsten Olympiasieger Österreichs ein Willkommen bereitete . . .

Zwischen Ringturm und Radetzky-Denkmal erstreckt sich Wiens Ringstraße, einst im Sinn des Kaisers Symbol der Macht der Reichshaupt- und Residenzstadt Wien. Kaiser Franz Josef faßte am 20. Dezember 1857 den Beschluß, die Basteien zu schleifen und das Glacis zu verbauen. Die Ausschreibung der Pläne erfolgte auf internationaler Basis. Als Sieger gingen die Pläne von L. Förster, Siccardsburg, Van der Nüll und Stache hervor.

Aus dem Erlös der Grundstücksverkäufe wurden die Kunst- und Verwaltungsgebäude entlang der rund vier Kilometer langen und siebenundfünfzig Meter breiten Prachtstraße errichtet. Zwei Kasernen schlossen die Straße gegen die Außenbezirke ab: die Roßauerkaserne im Norden, heute Polizeikaserne, davor – zum Ring hin – das Deutschmeister-Denkmal (1906) und im Osten die um 1900 abgerissene Franz-Josefs-Kaserne. Sie war an jener Stelle, wo heute das Postsparkassenamt steht, das Otto Wagner 1904–1906 im bewußten Widerspruch zum historisierenden Ringstraßenstil mit neuen Baustoffen in schlichter Sachlichkeit und funktioneller Bauform erbaute.

Auf der Seite des »Ringturms« steht die Börse, 1874–1877 von Theophil Hansen in klassizistischer Renaissance-

form erbaut. Nach der ersten leichten Biegung der Ringstraße erhebt sich die Neue Universität, 1873–1883 von Heinrich von Ferstel im Neo-Renaissancestil erbaut. Dahinter sehen wir die uns schon bekannte Votivkirche. An die Universität schließen sich der Rathauspark und das neugotische Neue Rathaus, das 1872–1883 der geniale Dombaumeister Friedrich Schmiedt schuf. Der achtundneunzig Meter hohe Turm wird vom »Eisernen Rathausmann« gekrönt, einem aus Kupfer getriebenen Standartenträger in voller Rüstung. Er ist ein Symbol des treu wachenden Bürgertums der Stadt. Unter dem Rathausplatz wurde vor kurzem eine Tiefgarage angelegt.
Gegenüber dem »Palast der Bürger Wiens« steht das 1874–1888 an der Stelle der ehemaligen Löwelbastei von Gottfried Semper und Karl Hasenauer im Stil der italienischen Hochrenaissance errichtete Burgtheater. Im letzten Kriegsjahr 1945 schwer durch Bomben getroffen, konnte es erst 1956 wieder eröffnet werden. An das Burgtheater schließt sich der wegen seines herrlichen Rosariums von allen Wienern so geliebte Volksgarten. Der Volksgarten wurde schon 1819–1823 auf dem Gelände der ehemaligen Burgbastei angelegt – die Burgbastei war auf Befehl Napoleons gesprengt worden. Hier findet sich der 1820–1823 von Peter Nobile nach dem Vorbild des Athener Theseions errichtete Theseustempel, heute manchmal Treffpunkt jugendlicher »Hascher« und Hippies, denen aber die Wiener das »Verweilen« nach Kräften verleiden. Der Garten zeigt aber auch noch das Grillparzer-Denkmal (1889) und das Marmor-Sitzbild der Kaiserin Elisabeth (1907) von Friedrich Ohmann.
Auf der anderen Straßenseite erhebt sich das imposante Parlamentsgebäude. Der zum österreichischen Baron geadelte Däne Theophil Hansen hat es als sein Hauptwerk in Anlehnung an den klassischen Stil der griechischen Bauten der Antike errichtet.
Gewiß, alle diese Anlagen und Ringstraßenbauten stehen

Vier Ringstraßenbauten künden vom geistigen Leben der Weltstadt. Das Parlament als Brennpunkt des politischen Geschehens, das Rathaus als Verwaltungszentrum der vielschichtigen Millionenstadt, die Universität als Stätte der Wissenschaft und das Burgtheater als Hochburg der Kunst. Ihre engste Nachbarschaft kündet von der Harmonie dieser Welten.

in jedem Reisehandbuch beschrieben. Aber vielleicht weniger einige Denkmale, die hier erst in jüngster Zeit vom dankbaren Wien Männern errichtet wurden, die jeder in ihrer Art Wegweiser waren. Da stehen an der Ringstraße vor dem Rathausplatz in Erz gegossen Karl Seitz und Theodor Körner. War Seitz in den bitteren Jahren der Ersten Republik nach dem Zusammenbruch des Habsburger Reiches jener Bürgermeister Wiens, unter dem das Sozialwerk der modernen Wohnhausanlagen wurde, so war es der Bürgermeister und einstige k. u. k. General a. D. Theodor Körner, der das zerstörte, aus tausend Wunden blutende, vierfach besetzte Wien in dem entbehrungsreichen Jahren unmittelbar nach Ende des Zweiten Weltkrieges wieder zu einem geordneten, blühenden und zukunftsgläubigen Gemeinwesen führte. Die Österreicher haben es ihm durch seine Wahl zum zweiten Bundespräsidenten der Zweiten Republik gedankt.

Seinem Amtsvorgänger als Staatsoberhaupt, Dr. Karl Renner, gilt das sehr eigenwillig-modern gestaltete Büstendenkmal an der Ringstraße neben dem Parlament. Sein Lebenswerk war nicht nur sein entscheidender Anteil an der Schaffung der Republik Österreich nach dem Chaos 1918, sondern auch die Schaffung der ersten Bundesregierung und die Wiederrichtung der parlamentarischen Demokratie im noch brennenden Wien während der Schreckenstage im April 1945. Nach ihm ist auch dieser Teil der Ringstraße hier benannt. Der Teil vom Schottenring bis zum Rathaus heißt nach Wiens bedeutendem Volksbürgermeister und Schöpfer der Großstadt Wien Dr. Karl Lueger-Ring.

Gegenüber dem Parlament mit dem imposanten Pallas-Athene-Brunnen aber ist das ein wenig altmodische Einfriedungsgitter des Volksgartens durch ein ganz eigenartig-modernes Denkmal unterbrochen. Es zeigt auf schmalem, weißem Sockel ein symbolisiertes Gittertor – das so lang versperrt gewesene Tor zu Österreichs Freiheit als souveräner Staat. Der Mann, der es mit seinen beiden Mitkämpfern Dr. Leopold Figl und Dr. Adolf Schärf nach jahrzehntelangen Bemühungen endlich aufstoßen konnte, war Österreichs Bundeskanzler Ing. Julius Raab. Er konnte jenen Staatsvertrag abschließen, durch den Österreich seit 1955 wieder völlig gleichberechtigt ist unter den anderen Nationen der Welt.

Im Stil der persönlichen Bescheidenheit dieses Staatsmannes ist es gedacht, daß nicht direkt an der Ringstraße mit ihrem lauten Leben und Lärmen, sondern auf besinnlichem Spaziergang im Volksgarten mit seinem Blühen und Grünen, auf der anderen Seite dieses Denkmals aus

Raabs politischem Testament die Worte zu lesen stehen: »Alle aber bitte ich inständig, stets die rot-weiß-rote Fahne hochzuhalten und unser Österreich, einen Hort der Demokratie und der Freiheit bleiben zu lassen ...«
Wegweiser in die Zukunft Österreichs. An der Wiener Ringstraße, auf der wir – weiter zur Oper spazierend – neben dem Parlament dem Gedenken für drei andere Wegbereiter in die Zukunft begegnen. Auf dem »Republik-Denkmal« sehen uns die markanten Köpfe von Dr. Viktor Adler, Jakob Reumann und Ferdinand Hanusch an. Sie waren führende Politiker bei der Schaffung der Republik Österreichs, wobei Dr. Adler, einer der »Väter« der österreichischen Sozialdemokratie, Hanusch der Schöpfer der modernen Kranken- und Altersversicherung und Reumann der erste sozialistische Bürgermeiter Wiens war.
»Burgring« heißt der nächste Teil dieser großartigen Straße Wiens weiter bis zur Babenbergerstraße. Denn hier profiliert vor allem der wahrhaft imperiale Bau der sogenannten Neuen Hofburg mit den gegenüberliegenden, einst auch nach einem Dekret aus dieser Hofburg geschaffenen Museen und das größte Gruppendenkmal Wiens – Kaiserin Maria Theresia, eine Sitzfigur, umgeben von den Allegorien der Weisheit, Kraft, Gerechtigkeit und Milde sowie von ihren treuen Ratgebern Wenzel Graf Kaunitz, Graf Haugwitz, Wenzel Fürst Liechtenstein, Van Swieten, Laudon, Daun, Khevenhüller und Traun.
Vom Burgtor – denkt's noch jemand, daß hier eigentlich das letzte Stadttor des alten Wien steht? – ist der Blick besonders eindrucksvoll. Ist das Denkmal der Kaiserin, auf dem im Hochrelief neben Gluck und Haydn sogar der kleine Mozart als »Wunderkind« zu entdecken ist, ein Wegweiser in diese für Wien so bedeutsam gewesene Zeit Maria Theresias, so führen das Kunsthistorische und das Naturhistorische Museum uns auf wundersamen Wegen in die weiten Reiche der Schönen Künste und der Wissenschaften.

Dann nicken wir Meister Mozart selbst einen Gruß zu, der aus dem Eingang zum Burggarten heraus von seinem Denkmal (1896 von Viktor Tilgner) auf die Ringstraße grüßt, und kommen damit auf den »klingenden Ring«. Das großartige Bauwerk der Wiener Staatsoper gab dem folgenden Ringstraßen-Abschnitt den Namen, aber auch die heitere Musik hat hier ein Denkmal: Am Hause Opernring Nr. 23 erzählt eine Gedenktafel, daß hier Franz von Suppé so bekannte Operetten schrieb wie »Boccaccio« und »Fatinitza«. Vor dem Eingang zum Burggarten mit seinen alljährlichen prächtigen Frühjahrsblumen-Ausstellungen begrüßen wir bei der Abzweigung zur Goethegasse Johann Wolfgang von Goethe auf seinem imposanten Denkmal (von Hellmer 1900), ihm gegenüber, auf dem vom Opernring etwas zurückliegenden Schillerplatz, das 1876 von Johann Schilling gestaltete Bronzestandbild Schillers, geziert von den Reliefbildern: Genie, Poesie, Wissenschaft und Heimatliebe.
Bei seiner Erbauung nach dem Zweiten Weltkrieg von den Wienern in ihrer kritischen Art verspottet und abgelehnt, heute aber bereits mit Stolz und Anerkennung betrachtet, erhebt sich gegenüber der Oper das moderne Geschäftshaus des Opernringhofes. Unter Anspielung auf den vorher hier gestandenen »Heinrichshof« mit seinem ungemein populären Terrassencafé als Treffpunkt der Opernsänger, Schauspieler, Finanzmagnaten und Journalisten Wiens nannte man das neue Bauwerk anfangs spöttisch »Heinrich-mir-graut-vor-dir-Hof«.
Die Oper – kann man sich einen großartigeren Wegweiser in die Welt der Musik vorstellen als diesen altehrwürdigen Musentempel? Wo seit den Tagen des großen Opernreformators Gustav Mahler Künstler am Dirigentenpult standen wie Clemens Krauss oder Bruno Walter, Arturo Toscanini, Pietro Mascagni, Karl Böhm, Josef Krips – die lange Reihe geht weiter bis Herbert von Karajan und Leonard Bernstein. Aber auch neue Wege in die Zukunft

wurden hier gewiesen mit Alban Berg, Anton von Webern, Gottfried von Einem.
Welch ein Kontrast der jetzt folgende Ring der internationalen Geschäftswelt! Hier die Paläste der großen Autohäuser, dort die Büros der Luftfahrtgesellschaften und das einstige Grandhotel, der vielleicht entscheidendste Wegweiser in eine erst erahnte Zukunft von Übermorgen: der Sitz der Internationalen Atomenergiebehörde, markant sich vorstellend mit den Abkürzungsbuchstaben I. A. E. A.: International Atomic Energy Agency.
Der Blick geht jetzt zum Schwarzenbergplatz hinüber, wo auf seinem Schlachtroß jener Fürst Schwarzenberg sich das Geschehen am Ring betrachtet, dem die Weltgeschichte den Ruhm zuschreibt, Napoleon in der Völkerschlacht bei Leipzig 1813 entscheidend geschlagen zu haben. Daß aber dieser Sieg nur nach dem genialen strategischen Plan des dem Fürsten zugeteilt gewesenen Generalstabsoffiziers Graf Radetzky möglich wurde – das wird, wie bei so vielen anderen Fällen solchen Heldenruhmes, meist verschwiegen. Der war ja damals nur ein kleiner Offizier ...
Nach Franz Schubert ist das nächste Stück der Ringstraße benannt, das dann überleitet zu dem vor allen durch den wunderschönen Wiener Stadtpark profilierten Parkring. Im Vorüberfahren geht der Blick hinein in dieses Grün zu dem auf seinem Denkmal schwungvoll geigenden Walzerkönig Johann Strauß. Auf den lauschigen Wegen um die romantische Teichanlage mit den vielen Wasservögeln, die das Entzücken der Wiener Kinder sind, hören ihm auf ihren Denkmalen der große Symphoniker Anton Bruckner und die Alt-Wiener »Malerfürsten« Friedrich Amerling und Hans Markart und – bescheiden lächelnd wie im Leben – der »Liederfürst« Franz Schubert zu. Ja, der Stadtpark kann zum Wegweiser werden in die Welt der nie verklingenden Musik aus Wien!
Der Ring schließt sich wieder beim schon erwähnten

»Vater Radetzky«, wie der berühmte Marschall heute noch volkstümlich heißt. Und wir machen noch einen Blick hinüber zum stattlichen Bau am Donaukanal, über dem die Kuppel einer Sternwarte ragt. Hier kann man in der Stadt der vielen Träume den Blick ins Weltall tun bei einem der astronomischen Vorträge in diesem traditionsreichen Haus der Volksbildung der Wiener »Urania«.
Es erhebt sich dort, wo der so lange unterirdisch durch die Stadt geführte kleine Wienerwaldfluß »die Wien« zutage tritt und in den Donaukanal mündet. Dort, wo einst die ersten in diese Landschaften gekommenen römischen Kaufleute ein kleines keltisches Fischerdörfchen fanden, das nach den jüngsten Forschungen seine Bewohner »vienn« nannten. Sie würden sich gewaltig wundern, wenn sie heute nicht nur die Millionenstadt sehen könnten, die daraus wurde, und staunen über deren modernste verkehrstechnische Anlagen: die Passagen unter der Ringstraße.
Sind es bei der Operngasse, der Babenbergerstraße und der Bellariastraße wirklich nur Durchgänge mit freilich eleganten Schaufenstern und tagheller Beleuchtung, so haben die Wiener mit der Opernpassage und der großangelegten unterirdischen Straßenbahn-Endstation unter der komplizierten Schottentor-Kreuzung echte Attraktionen geschaffen. Denn hier gibt es unter dem »Ring« eine Cafeteria, eine Ladenstraße, Buchläden, Botiquen und Verkaufsautomaten.
Beide Bauwerke wurden errichtet, während Österreichs Bundespräsident Franz Jonas noch Bürgermeister von Wien war. Grund genug für den Wiener Volkswitz, die von weltstädtischem Fluidum durchflutete, im Mischlicht der verschiedenen Geschäfte meist etwas geheim-

Im Burggarten an der Ringstraße, der verschneit einen ganz eigenen Reiz hat, wurde 1957 das Standbild Kaiser Franz Josephs aufgestellt. Es gilt als besonders lebensecht.

nisvoll-schimmernde Opernpassage als »Jonasgrotte«, das andere Bauwerk aber wegen seiner runden Anlage als »Jonasreindl« zu bezeichnen. Denn unter einem »Reindl« versteht man in Wien eine Kasserolle. Namentlich um die Zeit des abendlichen Geschäftsschlusses ist diese »unterirdische Ringstraße« nicht nur der beste Treffpunkt, um den Großstadt-Wiener (und hier vor allem die Wienerin) mit all ihren Typen, Lebensäußerungen, Redensarten und Wesenszügen richtig zu studieren. Da zeigt sich aber auch, daß immer wieder neue Wegweiser von heute in das Morgen an dieser Ringstraße zu finden sind. In einer Stadt, die sich immer wieder wandelt, aber trotzdem in ihrer frohen, lebensstarken Aussage optimistisch und zuversichtlich bleibt. Weil so vieles, was hier einst Menschen erträumten, Wahrheit werden konnte zum Nutzen und zur Freude aller. Und noch so viel unerfüllte Träume immer wieder Chancen haben, in Erfüllung zu gehen ...

Zeittafel

Um 2000 v. Chr.	Ende der Jungsteinzeit; Höhensiedlungen auf Leopolds-, Bisamberg und Gemeindeberg (Ober-St. Veit)
um 500–400	Keltensiedlung »Vindomina« = »Weißenbach« (am Rennweg?); Wallburg auf dem Leopoldsberg
um 50 n. Chr.	Römerlager Vindobona (Wien) gegründet
180	Römerkaiser Marc Aurel stirbt in Vindobona
um 280	Römerkaiser Probus veredelt die Weingärten um Vindobona
nach 350	Älteste christliche Kirche Wiens, Krypta von St. Peter
um 395	Zusammenbruch der Römerherrschaft an der Donau
406	Die X. römische Legion räumt Vindobona
5.–8. Jh.	Völkerwanderung; Restsiedlungen in Wien um St. Peter und St. Ruprecht
433–453	Hunnen in Wien
um 800	Kirche St. Ruprecht, älteste Pfarre Wiens
881	Erste Erwähnung Wiens als »Wenia« (Salzburger Annalen)
976–1246	Herrschaft der Markgrafen und späteren Herzoge von Babenberg
1030	Zweite Erwähnung des Namens Wien als »Vienni«
1136	Tod des Babenberger Markgrafen Leopold III. des Heiligen (»Leopoldstag«)

1156	Heinrich Jasomirgott von Babenberg erster Herzog von Österreich. Wien wird Residenzstadt
1192	König Richard Löwenherz wird in Wien-Erdberg gefangengenommen
1194	Erster urkundlich nachweisbarer Jude als Kaufmann in Wien
1221	Ältestes erhaltenes Stadtrecht von Wien und Stapelrecht
1234	Herzog Friedrich II. der Streitbare erläßt ein Judenschutzgesetz
1251–1276	Böhmen-König Przemysl Ottokar II. in Wien
1276	Rudolf von Habsburg zieht in Wien ein
1282	Beginn der Habsburgerherrschaft in Österreich
1359	Rudolf IV., der Stifter, legt den Grundstein zum Ausbau des Stephansdomes in seiner heutigen Gestalt
1365	Gründung der Wiener Universität Alma Mater Rudolfina durch Rudolf IV.
1420–1422	Judenverfolgung durch Albrecht V. (II.), Abbruch des Ghettos
1433	Vollendung des Stephansturms (Südturm)
1452	Friedrich III. wird Kaiser
1469	Wien wird Bistum
1485–1490	Herrschaft des Ungarnkönigs Matthias Corvinus in Wien
1497–1500	Gründung der Hofmusikkapelle (Wiener Sängerknaben) und Berufung der Gelehrten Conrad Celtes und Johannes Cuspinian durch Kaiser Maximilian I. an die Wiener Universität
um 1500	Wien hat rund 50000 Einwohner, Vororte 10000

1529	Erste Türkenbelagerung; Vorstädte werden zerstört
1531	Erneuerung der Befestigung: Bau der Basteien
1533–1918	Wien Residenz der Habsburger-Kaiser
1546	Wolfgang Lazius schreibt »Vienna Austria«, die älteste bekannte Geschichte Wiens
1564–1576	Kaiser Maximilian II.; Höhepunkt der Reformation
1576–1612	Kaiser Rudolf II.; Beginn der Gegenreformation; Beginn der Kunstsammlungen
1618	Stiftung der Kaisergruft bei den Kapuzinern
1645	Schweden vor Wien-Brigittenau
1663–1736	Prinz Eugen von Savoyen
1683	Zweite Türkenbelagerung Wiens
1695–1740	Zeitalter des Hochbarock
1703	Gründung des »Wiener Diariums« (heute: Wiener Zeitung)
1705–1711	Kaiser Josef I.
1711–1740	Kaiser Karl VI., Stifter der Karlskirche, Pragmatische Sanktion
1713	Schwere Pestepidemie in Wien
1719	Gründung der Porzellanmanufaktur
1723	Wien wird Erzbistum
1740–1780	Regierung Maria Theresias, Stammutter der Dynastie Habsburg-Lothringen
1754	Wien hat mit den Vorstädten 175 000 Einwohner; erste Maßnahmen zur Einführung der allgemeinen Schulpflicht
1766	Freigabe des Praters
1776	Josef II. erhebt das Wiener Hofburgtheater zum »Deutschen Nationaltheater«
1780–1790	Kaiser Josef II.
1781	Tolcranzpatent (allgem. Glaubensfreiheit)

1781–1791	Wolfgang Amadeus Mozart schafft in Wien
1782	Klosteraufhebungen; Papst Pius VI. in Wien
1790–1809	Josef Haydn schafft seine Symphonien in Wien
1791	Uraufführung von Mozarts »Zauberflöte« im Freihaustheater
1791–1872	Franz Grillparzer
1792–1806	Franz II. letzter deutscher Kaiser in Wien
1792–1827	Ludwig van Beethoven schafft in Wien
1796	Wien hat 235 000 Einwohner
1797	Haydn komponiert die Volkshymne »Gott erhalte Franz den Kaiser«
1797–1828	Franz Schubert
1804	Proklamation des Erbkaisertums Österreich in Wien (Franz II. wird Franz I. von Österreich)
1805	Franzosen unter Napoleon in Wien; Erstaufführung von Beethovens »Fidelio« im Theater an der Wien
1809	Schlacht bei Aspern, erste Niederlage Napoleons
1814	Josef Madersperger erfindet eine Nähmaschine
1814–1815	Wiener Kongreß
1815	Technische Hochschule gegründet
1815–1848	Vormärz und Biedermeier
1827	Josef Ressel erfindet die Schiffsschraube; Tod Beethovens
1830	Erzherzog Franz, der spätere Kaiser Franz Josef I., in Schönbrunn geboren
1832	Tod des Herzogs von Reichstadt in Schönbrunn
1848	Revolution in Wien; Sturz Metternichs
1848–1916	Regierung Kaiser Franz Josef I.

1849	Gründung der Akademie der Wissenschaften
1864	Siegfried Marcus erfindet das erste Auto
1858–1865	Schleifung der Basteien; Bau der Ringstraße
1865	Eröffnung der Ringstraße
1867	Erstaufführung des Donauwalzers von Johann Strauß
1869	Eröffnung der Wiener Oper
1870	Wien hat 615 000 Einwohner
1872	Tod von Franz Grillparzer
1873	Weltausstellung in Wien; 7 Millionen Besucher; Börsenkrach; 1. Wiener Hochquellen-Wasserleitung vollendet
1874	Uraufführung der »Fledermaus« von Johann Strauß
1888	Eröffnung des Neuen Burgtheaters an der Ringstraße
1890	Wien hat 817 000 Einwohner
1892	30 Gemeinden werden ganz, 23 teilweise eingemeindet; Wien hat 178 km^2 Fläche und 1 365 000 Einwohner; Aufhebung des Linienwalles (Gürtelstraße, Stadtbahn)
1905	Uraufführung der »Lustigen Witwe« Lehárs im Theater an der Wien
1914–1918	Erster Weltkrieg
1916	Tod Kaiser Franz Josefs, Nachfolger Kaiser Karl I.
1916	2 239 000 Einwohner in Wien, größte Zahl durch Flüchtlinge
1918	Ende des Habsburger-Kaiserreiches, Österreich wird Republik, Tod von Viktor Adler, Otto Wagner, Gustav Klimt, Egon Schiele
1922	Wien wird eigenes Bundesland
1925	Elektrifizierung der Stadtbahn

1938	Einmarsch Hitlers, Ende der Republik Österreich, Wien hat 1 930 000 Einwohner (mit 97 »Randgemeinden«)
1939–1945	Zweiter Weltkrieg, schwere Zerstörungen durch Bombenangriffe
1944	Im März erster Luftangriff auf Wien, im weiteren Verlauf des Luftkrieges 6214 vollständig zerstörte Gebäude, 87 000 Wohnungen zerstört
1945	Kampf um Wien zwischen Deutschen und Russen, Stephansdom und Oper zerstört, Dipl.-Ing. Leopold Figl Bundeskanzler, Dr. Karl Renner Bundespräsident der Zweiten Republik Österreich
1945–1955	Wien von alliierten Truppen vierfach besetzt
1951	Erste »Wiener Festwochen« nach Zweitem Weltkrieg
1952	Stephansdom wiederaufgebaut
1954	Rückgliederung von 80 Randgemeinden an Niederösterreich (802 km^2); Wien hat 414 km^2, 23 Bezirke, 1 616 125 Einwohner
1955	Österreichischer Staatsvertrag wird am 15. Mai im Schloß Belvedere unterzeichnet: volle Souveränität Österreichs, Abzug der Besatzungstruppen; Wiedereröffnung von Burgtheater und Staatsoper
1957	Wien Sitz der Internationalen Atombehörde
1961	Treffen Chruschtschow – Kennedy in Wien
1965	600-Jahr-Feier der Wiener Universität

Anhang

VORVERKAUF

Kartenzentrale:
I, Stephansplatz 10:
Karten für alle Theater, Konzerte, Kinos usw.
Mo bis Fr 9 bis 18,
Sa 9 bis 12 Uhr
(630800 u. 630820)

Theater an der Wien:
Tägl. (auch sonn- u. feiertags) durchgehend 10 bis 20 Uhr
(577151)

Konzerthaus:
Mo bis Fr 9 bis 18,
Sa 9 bis 13 Uhr
(721211)

Musikverein:
Mo bis Fr 9 bis 13,
16 bis 18 Uhr,
Sa 9 bis 12 Uhr
(658190)

Hofburgkapelle:
Fr 17 Uhr,
So 8.30 bis 9.20 Uhr
(523462)

Tageskassen für alle Bundestheater:
I, Opernring 3 (Staatsoper):
Mo bis Fr 9 bis 17,
Sa, So, Fei 9 bis 12 Uhr
(Vorverkauf beginnt 5 Tage vorher

Theaterkartenbüro
Förstl:
I, Kärntner Ring 12;

Kurier,
I, Kärntner Straße 38;

Kehlendorfer,
I, Krugerstraße 3;

Lienerbrünn,
I, Augustinerstraße 7;

Österr. Kunststelle,
I, Schauflergasse 2;

Österr. Verkehrsbüro,
Verkehrsbüro,
I, Friedrichstraße 7
(Theaterschalter);

Zitterer,
I, Weihburggasse 3

O. Stefaner
IX, Währinger Str. 24

Praterstraße
II, Praterstraße 48

Kartenbesorgung übernimmt in der Regel der Hotelportier. Theater-, Konzert- und Ausstellungsprogramm in der Tagespresse und in der monatlichen Veranstaltungsübersicht der Fremdenverkehrsstelle der Stadt Wien sowie auf den Anschlagtafeln

THEATER

Bundestheater:

Staatsoper: I, Opernring 2:
Oper, Ballett

Redoutensaal in der Hofburg:
I, Josefsplatz 3:
Oper

Volksoper:
IX, Währinger Straße 78:
Oper, Operette, Musical

Burgtheater:
I, Dr. Karl Lueger-Ring 2:
klassische u. moderne Dramen

Akademietheater:
III, Lisztstraße 1:
Schauspiel, Komödie

Andere Theater:

Theater an der Wien:
VI, Linke Wienzeile 6:
Oper, Operette,
Schauspiel, Musical,
Konzert,
Festwochenveranstaltungen

Theater in der Josefstadt:
VIII, Josefstätter Straße 26:
Schauspiel, Boulevard-,
Gesellschaftsstücke

Kleines Theater der Josefstadt im Konzerthaus:
III, Lothringerstraße 20:
modernes Schauspiel

Volkstheater:
VII, Neustiftgasse 1:
Schauspiel, Volksstücke,
modernes Drama

Volkstheater in den Außenbezirken
(an verschiedenen Spielstätten)

Kammerspiele:
I, Rotenturmstraße 20:
Lustspiel, Boulevardstücke

Raimundtheater:
VI, Wallgasse 18:
Operette, Musical

Renaissancetheater
(Löwinger-Bühne):
VII, Neubaugasse 36:
Volksstücke,
Mundartlustspiele

Theater der Jugend:
I, Hofburg
klassische Dramen,
Schauspiele

Wiener Kammeroper am Fleischmarkt:
I, Fleischmarkt 24:
Kammeroper

Schönbrunner Schloßtheater
(im Sommer):
Kammeroper, Singspiele,
gelegentl. Aufführungen des Reinhardt-Seminars

Nicht ständig bespielte Kleinbühnen:

Ateliertheater
(am Naschmarkt):
VI, Linke Wienzeile 4

Die Komödianten:
I, Börseplatz 7

Theater der Courage:
I, Franz Josefs-Kai 29

Theater »Die Tribüne«:
I, Dr. Karl Lueger-Ring 4
(Café Landtmann)

Theater im Palais Erzherzog Karl:
I, Annagasse 20

Theater am Belvedere:
IV, Mommsengasse 11

Theater im Zentrum:
I, Liliengasse 3

Kabarett »Der bunte Wagen«:
VIII, Auerspergstraße 17

Herbert Lederers
Theater am Schwedenplatz

Nestroy-Theater:
VIII, Josefsgasse 12

Experiment
(am Lichtenwerd):
IX, Liechtensteinstraße 132

Pradler Ritterspiele:
I, Biberstraße 2

Theater im Savoy:
I, Himmelpfortg. 27

Tschauners Sommertheater
(Stegreifbühne):
XVI, Maroltingergasse 43

»Simpl«
Theater-Cabaret Simplicissimus:
I, Wollzeile 36

Fadenbühne im Künstlerhaus:
I, Karlsplatz 5

Neue Wiener Marionettenbühne
(Hernalser Heimatmuseum):
XVII, Kindermanngasse 1

Urania-Puppenspiele:
I, Uraniastraße 1

KIRCHENMUSIK

Hofburgkapelle:
I, Hofburg, Schweizerhof;
9.25 Uhr

Stephansdom:
I, 10 Uhr

St. Augustin:
I, 11 Uhr

St. Ursula:
I, 10 Uhr

St. Elisabeth:
IV, 10 Uhr

Franziskanerkirche:
I, 10 Uhr

Schönbrunner Schloßkapelle:
10 Uhr

KONZERTE

Musikvereinsgebäude:
I, Dumbastraße 3:
Großer Musikvereinssaal,
Brahms-Saal, Kammersaal

Konzerthaus:
III, Lothringerstraße 20:
Großer Konzerthaussaal,
Mozart-Saal,
Schubert-Saal

Wiener Funkhaus:
Großer Sendesaal,
IV, Argentinierstraße 30a

Amerikahaus:
VIII, Friedrich Schmidt-Platz 2

Collegium Hungaricum:
II, Hollandstraße 4

VERANSTALTUNGEN

Stadthalle:
XV, Vogelweidplatz 14

Internationales Kulturzentrum:
I, Annagasse 20

AEZ:
III, Landstraßer Hauptstraße 2a

Kongreßzentrum:
I, Neue Hofburg

Spanische Reitschule:
Winterreitschule,
I, Hofburg

Palais Palffy
(Österreich-Haus):
I, Josefsplatz 6

Urania:
I, Uraniastraße 1

Kongreßhaus Wien:
V, Margaretengürtel 138

Italienisches Kulturzentrum:
III, Ungargasse 43

TIERSCHAUEN

Tiergarten Schönbrunn:
XIII, Schönbrunn

Haus des Meeres:
VI, Esterházypark

Biologische Station Wilhelminenberg:
XVI, Savoyenstraße 1

MUSEEN, SAMMLUNGEN, BIBLIOTHEKEN

über eventuelle Änderungen der Öffnungszeit gibt die Informationsstelle Opernpassage (Tel.: 43 16 08) Auskunft

Akademie der bildenden Künste:
I, Schillerplatz 3
Gemäldegalerie: Di, Do, Fr 10–14, Mi 10–13 u. 15–18, Sa, So 9–13, Mo geschlossen; Oster- u. Pfingstmontag geöffnet
Kupferstichkabinett: Mo–Fr 10–16, Sa 9–12. So u. 15. VII. bis 15. VIII. geschlossen
Lesesaal: Mo–Fr 10–12 u. 13–16, Sa 9–12. So u. 15. VII. bis 15. VIII. geschlossen

Albertina:
I, Augustinerstraße 1
Graphische Sammlung und Zeichnungen; Sonderausstellungen: Mo, Di, Do, Fr 10–16, Mi 10–18, Sa 10–12, So 10–13
Studiensaal: Mo, Di, Do 10–16, Mi, Fr 14–16. Sa, So geschlossen

Alte Backstube:
VIII, Lange Gasse 34
Mo bis Sa 10–24, So 15–24

Archiv der Stadt Wien
(Neues Rathaus):
I, Felderstraße 1
Mo–Fr 8–18.30. Sa, So geschlossen

Hermann-Bahr-Erinnerungsraum:
I, Josefsplatz 1
Mo–Fr 11 Uhr (Voranmeldung im Vestibül der Österr. Nationalbibliothek)

Beethoven-Erinnerungsräume:
I, Mölkerbastei 8
Di–Sa 9–16, So 9–13

Bundessammlung alter Stilmöbel:
VII, Mariahilfer Straße 88
Di–Fr 9–12 u. 14–16, Sa, So 9–12

Burgtheater:
I, Dr. Karl Lueger-Ring 2, Eingang Bühnentür
Führungen täglich 9 Uhr; 1. VII. bis 31. VIII. auch 10, 14, 15 Uhr

Clown-Museum:
II, Karmelitergasse 9
Mi 17–19, So 10–12

Dom- und Diözesanmuseum (Erzbischöfliches Palais):
I, Rotenturmstraße 2
Di–So 10–13

Elektropathologisches Museum:
XV, Stelzergasse 19

Internationales Esperanto-Museum:
I, Hofburg, Batthyánistiege, Eingang Michaelerplatz unter der Kuppel
Mo, Mi, Fr 9–15

Fiaker-Museum:
XVII, Veronikagasse 12
2. V. bis 30. IX. jeden Mi 8–13, 1. X. bis 30. IV. jeden ersten Mi des Monats 8–13

Geymüller-Schlössel:
XVIII, Pötzleinsdorfer Straße 102
(470139)
Gegen Voranmeldung

Goethe-Museum:
I, Augustinerstraße 1 (Albertina)
Mo, Di, Do, Fr 10–16, Mi 10–18, Sa u. So 10–13.
1. VII. bis 15. IX. an So u. Fei geschlossen

Grillparzer-Gedenkraum (Hofkammerarchiv des Österr. Staatsarchivs):
I, Johannesgasse 6
Mo–Fr 9–16

Harach'sche Gemäldegalerie:
I, Freyung 3
Mo, Fr, Sa 10–13 u. 15–18, Mi, Do 10–13, So 15–18, 1. XI. bis 30. IV. geschlossen

Haus des Meeres:
VI, Esterházypark
Tägl. 9–18

Haydn-Museum:
VI, Haydngasse 19
Di–Sa 9–16, So 9–13

Heeresgeschichtl. Museum (Arsenal):
III, Arsenal, Objekt 18
Mo–Do, Sa, So 10–16.30, So Führungen 10.15 u. 14.30

Herzgruft der Habsburger:
I, Augustinerstraße/Augustinerkirche (523338)
Tägl. 10–12 (gegen Voranmeldung)

Historisches Museum der Stadt Wien:
IV, Karlsplatz
Di–Fr 9–16, Sa 14–18, So, Fei 9–13

Hofburg:
I, Michaelerplatz
Schauräume – Kaiserappartements, Reichskanzlei und Amalientrakt
Mo–Sa 9–16, So 9–13
Hofburgkapelle (Schweizerhof)
Führungen: Di, Mi, Do 10–12.

1–31. VIII. geschlossen
Weltliche und Geistliche Schatzkammer (Schweizerhof, Säulenstiege)
Mo, Mi, Sa 9.30–15, Di, Do 14–19, So 9–13. 2. V. bis 30. IX. So auch 14–17. Fr und 1. V. geschlossen
Schausammlungen der ehem. Hoftafel und Silberkammer (Eingang I, Michaelerplatz, unter der Kuppel)
Di, Fr, So 9–13

Jüdisches Museum:
II, Tempelgasse
Derzeit geschlossen

Emmerich-Kálmán-Erinnerungsraum:
I, Josefsplatz 1
Mo–Fr 11 Uhr (Voranmeldung im Vestibül der Österr. Nationalbibliothek)

Kapuzinerkirche:
Habsburgergruft,
I, Tegetthoffstraße 2
Führungen tägl. 10, 11, 12 Uhr. 1. V. bis 30. IX. auch 15, 16, 17 Uhr

Kartensammlung der Geologischen Bundesanstalt:
III, Rasumofskygasse 23
Mo–Fr 9–16

Kynologisches Museum:
VII, Karl Schweighofer-Gasse 3 (7227742)
Nur gegen Voranmeldung

Kunsthistorisches Museum:
I, Maria Theresien-Platz
Ägyptische Sammlung, Antiken-Sammlung, Sammlung für Plastik und Kunstgewerbe, Gemäldegalerie, Münzkabinett, Sonderausstellungen
1. X. bis 30. IV. Di–Sa 10–15, So 9–13.
2. V. bis 30. IX. Di, Do–Sa 10–15, Mi 10–13 und 15–18, So 9–13.
Gemäldegalerie Di, Fr auch 20–22. Mo und 1. V. geschlossen, Oster- und Pfingstmontag geöffnet

Kunsthistorisches Museum (Neue Hofburg):
I, Heldenplatz
Relief von Ephesos, Sammlungen von Waffen und Rüstungen, Sammlung alter Musikinstrumente, Museum Österr. Kultur
Mo, Mi, Do, Sa 10–13, Fr. 14–19, So 9–13. Di geschlossen

Künstlerhaus:
I, Karlsplatz 5
Fallweise Ausstellungen

Liechtenstein-Palais:
IX, Fürstengasse, Österr. Bauzentrum
Ständige Baumusterschau
Di, Do–So 9–19, Mi 10–21

Modesammlung des Historischen Museums der Stadt Wien:
XII, Hetzendorfer Straße 79 (831146)
Nur gegen Voranmeldung

Mozart-Erinnerungsräume (»Figaro-Haus«):
I, Domgasse 5
Di–Sa 9–16, So 9–13

Museum des Instituts für Geschichte der Medizin (Josephinum):
IX, Währinger Straße 25
Di–Do 9–15

Museum des 20. Jahrhunderts:
III, Schweizergarten
Mo, Di, Do, Sa 10–16, Mi 14–18, Fr 14–21, So 10–13

Museum für Hufbeschlag, Beschirrung und Besattlung,
III, Linke Bahngasse 11
Mo–Fr 8–12 u. 14–16

Museum Österreichischer Kultur:
I, Neue Hofburg, Heldenplatz
Mo 10–15, So 9–13

Museum für Völkerkunde:
I, Neue Hofburg, Heldenplatz
Mo, Mi, Do, Sa 10–13, Fr 14–19, So 9–13 (von Mai bis Sept. bis 16 Uhr), So um 10 und 12 Uhr Filmvorführungen

Musiksammlung der Gesellschaft für Musikfreunde:
I, Bösendorferstraße 12
Fallweise Ausstellungen
Mo, Mi, Fr 9–16, So 9–13

Naturhistorisches Museum:
I, Maria Theresien-Platz
Geologie, Paläontologie, Mineralogie, Petrographie (Meteoritensammlung), Botanik (Wiener Herbarium), Zoologie, Anthropologie, Prähistorie
1. X. bis 30. IV. Mi, Mi–Sa 9–13. 2. V. bis 30. IX. Mo, Mi, Fr. Sa 9–13, Do 9–15, So 9–14.
Di u. 1. V. geschlossen.
So, Fei 9.30, 10.30, 11.30 Kulturfilme

Neue Galerie in der Stallburg:
I, Reitschulgasse 2
Mo, Mi, Fr 10–15, So 9–13

Neues Rathaus:
I, Lichtenfelsgasse 2
Fest- u. Sitzungssäle: Führungen Mo–Sa 9–11, 15 Uhr, So 10, 11 Uhr

Niederösterreichisches Landesmuseum:
I, Herrengasse 9
Di–Sa 9–17, So 9–13; Führungen So 10 Uhr

Österreichische Galerie (Belvedere):
III, Rennweg 6a
Museum mittelalterlicher österr. Kunst (Orangerie des Belvedere)
Österr. Barockmuseum (Unteres Belvedere)
Österr. Galerie des 19. und 20. Jh. (Oberes Belvedere)
Di–Sa 10–16, So 9–13. Mo geschlossen, Oster- u. Pfingstmontag geöffnet

Österreichisches Gesellschafts- und Wirtschaftsmuseum:
V, Vogelsanggasse 36
Mo–Fr 9–16

Österreichisches Museum für angewandte Kunst:
I, Stubenring 5
Di–Fr 9–16, Sa 9–14, So 9–13

Österreichisches Museum für Volkskunst:
VIII, Laudongasse 15–19
Di–Fr 10–14, Sa 10–12, So 9–13

Österreichische Nationalbibliothek:
I, Josefsplatz 1
Prunksaal: Mo–Sa 11–12, So u. 1.–15. IX. geschlossen
Druckschriftensammlung: 16. IX. bis 15. VII. Mo–Fr 9–20, Sa 9–16; 16. VII. bis 31. VIII. Mo–Sa 9–16. So u. 1.–15. IX. geschlossen

Handschriftensammlung/Lesesaal:
Mo, Do 9–20 (16. VII. bis 31. VIII. nur 9–16); Di, Mi, Fr 9–16; Sa 9–12. So u. 1.–16. IX. geschlossen
Handschriftensammlung:
Ausstellung: Mo–Sa 11–12. So u. 1.–15. IX. geschlossen
Kartensammlung: Mo–Fr. 9–16, Sa 9–12. So u. 1.–15. IX. geschlossen
Globus-Ausstellung:
Mo, Mi, Fr 10–12 u. 14–19
Porträt-Sammlung, Bildarchiv (Neue Burg, Corps de Logis, I, Heldenplatz): Mo, Mi, Fr 9–12, 1.–15. IX. geschlossen
Musiksammlung (Albertina, I, Augustinerstraße 1): Mo, Mi, Fr 12–16, Di, Do 9–13, Sa 9–12. So u. 1.–15. IX. geschlossen
Musiksammlung/Ausstellung:
Mo–Fr 11–12. So u. 1.–15. IX. geschlossen
Papyrus-Sammlung (Albertina, I, Augustinerstraße 1): Studiensaal u. Ausstellung: Mo–Fr 9–13, Sa 9–12. So u. 1.–15. IX. geschlossen
Theater-Sammlung (Hofburg, I, Michaelerplatz, Feststiege): Mo–Fr 9–16, Sa 9–12. So u. 1.–15. IX. geschlossen
Theatersammlung/Ausstellung:
Mo–Fr 9–16, Sa 9–12. So und 1.–15. IX. geschlossen
Hauptlesesaal u. Katalogräume (Neue Burg, Eingang Heldenplatz): Mo–Fr 9–20, Sa 9–12
Zeitschriftenlesesaal: Mo, Do 9–20, Di, Mi, Fr 9–16, Sa 9–12
Leihstelle: Mo–Fr 10–16
Fernleihe: Mo–Fr 9–16

Österreichisches Staatsarchiv:
Haus-, Hof- und Staatsarchiv,
I, Minoritenplatz 1
Mo–Fr 9–13, Sa 9–12. So geschlossen
Permanente u. fallweise Ausstellungen
Mo–Fr 9–17, jeden 1. So im Monat 9–13, mit Führungen 11 Uhr

Allgemeines Verwaltungsarchiv,
I, Wallnerstraße 6a
Mo–Do 9–17, Fr 9–16.30
Finanz-Archiv,
I, Himmelpfortgasse 8
Mo–Fr 9–16
»Hofkammerarchiv«,
Grillparzer-Gedenkstätte,
I, Johannesgasse 6
Mo–Fr 9–16
Kriegsarchiv,
VII, Stiftgasse 2
Mo–Fr 9–16
Verkehrsarchiv,
III, Aspangstraße 33
Mo–Fr 9–16

Österreichische Staatsdruckerei:
Schauräume,
I, Wollzeile 27a
Fallweise Ausstellungen

Planetarium:
II, Prater, beim Riesenrad
Di, Mi, Do 17, 19 Uhr, Sa 15, 17 u. 19 Uhr, So 10, 15, 17, 19 Uhr

Pratermuseum:
II, Prater, beim Riesenrad
Di–Sa 16–20, So 14–20

Römische Ruinen unter dem Hohen Markt:
I, Am Hof 9
Mi, So 10 Uhr, Di–So 9–13

Sammlung alter Musikinstrumente
s. Kunsthistorisches Museum, Neue Hofburg

Sammlung »Religiöse Volkskunst«:
I, Johannesgasse 8
So 9–13

Schatzkammer des Deutschen Ordens:
I, Singerstraße 7
Di, Do, Sa 10–12 u. 15–17, So 10–12

Schloß Schönbrunn:
Schauräume: Mo–So 9–12 u. 13–16 (bzw. 1. V. – 30. IX. 13–17)
Abendführungen Mi, Do, Sa 19.30–21.15 (1. VI.–31. VIII.)
Wagenburg, Sammlung historischer Wagen: 1. X.–30. IV. Mo–So 10–16, 1. V.–30. IX. 10–17
Palmenhaus; Tiergarten

Schubert-Museum:
Geburtshaus IX, Nußdorfer Straße 54
Di–Sa 9–16, So 9–13
Sterbezimmer IV, Kettenbrükkengasse 6
Di–Sa 9–16, So 9–13

Schwarzenberg-Palais:
III, Rennweg 2
Führungen: April–Oktober Di–Do, Sa, So 10–12 u. 15–18, Fr. 15–18

Sparkassen-Museum
Museum der Ersten Österreichischen Spar-Casse:
I, Tuchlauben 4
Mo–Fr 9–15, Sa u. So 10–13. 16. X.–30. IV. Sa geschlossen

Staatsoper:
I, Opernring 2
Führungen: Sept. bis Ende Juni an probefreien Tagen 14.15 Uhr;
Juli, August tägl. 9, 10, 11, 13, 14, 15 Uhr

Adalbert-Stifter-Museum:
I, Mölkerbastei 8
Di–Sa 9–16, So 9–13. Mo geschlossen

Tabak-Museum:
IX, Porzellangasse 51
(342600)
Mo–Fr 10–15 (gegen Voranmeldung)

Technisches Museum für Industrie und Gewerbe:
XIV, Mariahilfer Straße 212
Di–Fr 9–13 (vom 1. V. bis 30. IX. auch von 14 bis 16), Sa u. So 9–13
Unterabteilungen: Post- und Telegraphenmuseum, Österreichisches Eisenbahnmuseum

Uhren-Museum der Stadt Wien (Ehem. Palais Obizzi):
I, Schulhof 2
Di–So 9–13
Führungen Di, Sa 10.15 Uhr, Mi 10 Uhr

Universitätsbibliothek:
I, Dr. Karl Lueger-Ring 1
Lesesaal: 15.–31. VII, 1.–14. IX. Mo–Fr 9–16, Sa, So geschlossen
15. IX.–14. VII. Mo–Fr 9–20, Sa 9–13.

1.–31. VIII., 24. XII.–1. I., Gründonnerstag, Osterdienstag, Pfingstsamstag geschlossen

Wiener Secession:
I, Friedrichstraße 12
Fallweise Ausstellungen

Wiener Stadtbibliothek (Neues Rathaus):
Lese- u. Ausstellungsraum
Mo–Fr 9–18.30

Wiener Stadthalle:
XV, Vogelweidplatz 4
Führungen: Sa 14, 15, 16 Uhr, So 9, 10, 11, 12 Uhr

Bruno-Walter-Erinnerungsraum:
III, Lothringerstraße 18
Mo, Mi, Fr 10–12

Carl-Michael-Ziehrer-Erinnerungsraum:
I, Josefsplatz 1
Mo–Fr 11 Uhr (Voranmeldung im Vestibül der Österr. Nationalbibliothek)

HEIMATMUSEEN

Heimatmuseum Alsergrund:
IX, Währinger Straße 43
So 10–12

Brigittenauer Heimatmuseum:
XX, Raffaelgasse 13
Mo–Do 12–20, Fr 12–18

Favoritner Heimatmuseum:
X, Keplerplatz 5

Floridsdorfer Heimatmuseum:
XXI, Prager Straße 33
Sa 16–18, So 9.30–12

Hernalser Heimatmuseum:
XVII, Kindermanngasse 1
Sa 14–18, So 9–12

Hietzinger Heimatmuseum:
XIII, Am Platz 2
So 10–12

Josefstädter Heimatmuseum:
VIII, Zeltgasse 7
Mi 17–20, So 10–12

Landstraßer Heimatmuseum:
III, Sechskrügelgasse 11
So 10–12

Liesinger Heimatmuseum:
XXIII, Perchtoldsdorfer Straße 2
Mi, Sa 9–11

Mariahilfer Heimatmuseum:
VI, Gumpendorfer Straße 4
Di 10–12 u. 15–19, Sa 9–19, So 9–12

Meidlinger Heimatmuseum:
XII, Nymphengasse 7
So 10–12

Ottakringer Heimatmuseum:
XVI, Richard Wagner-Platz 19
So 10–12

Währinger Heimatmuseum:
XVIII, Martinstraße 100
jeden 1. u. 3. Sonntag des Monats 10–12

GALERIEN

Galerie Autodidakt:
IV, Operngasse 9
Mo–Fr 13–20, Sa 9–13

Galerie Ariadne:
I, Bäckerstraße 6
Mo–Fr 10–18, Sa 10–13

Galerie Basilisk:
I, Schönlaterngasse 7
Mo–Fr 10–13, 15–18, Mi 10–20, Sa 10–12, 14–17

Galerie im Griechenbeisel:
I, Fleischmarkt 11
Di–Sa 11–13, 15–19

Galerie Hamburger:
I, Getreidemarkt 16
Mo–Sa 9–12, 14–18

Galerie Junge Generation:
I, Blutgasse 3/1
Mo–Sa 11–18.30

Galerie Kaiser:
VI, Windmühlengasse 14
Mo–Fr 9–17, Mi bis 19 Uhr, Sa 10–13

Galerie Nebehay:
I, Annagasse 18
Mo–Fr 9–13, 14–18, Sa 9–13

Galerie in der Passage:
I, Hoher Markt/Wildpretmarkt
Durchlaufend geöffnet

Galerie Peithner-Lichtenfels:
I, Seilergasse 16
Mo–Fr 10–13, 15–18, Sa 10–13

Galerie Schönburg:
IV, Schönburgstraße 14
Di–Sa 14–18

Galerie Seilerstätte:
I, Seilerstätte 12
Mo–Fr 10–13, 15–18

Galerie auf der Stubenbastei:
I, Stubenbastei 1
Di–Fr 10–18, Sa 10–13

Galerie im Stock:
I, Riemergasse 9
Mo–Fr 13–19, Sa 10–12.30

Galerie nächst St. Stephan:
I, Grünangergasse 1
Mo–Fr 11–18, Sa 10–13

Galerie TAO:
I, Mahlerstraße 1
Di–Fr 11–13, 15–19, Sa 11–13

Galerie Würthle:
I, Weihburggasse 9
Di–Fr 9–18, Sa 9–12

Galerie ZB:
I, Schulerstraße 1
Mo–Sa 8.30–18

Galerie 10:
I, Getreidemarkt 10
Mo, Do 14.30–16.30.
Verkaufsgalerie 6: Mo 10–20, Di, Do, Fr 12–18.
Galerie Manfred Scheer (Hotel Intercontinental): Tag u. Nacht geöffnet.
Blaue Galerie, II, Hollandstraße 16: Mo–Fr 10–18, Sa 10–13

Foto-Galerie »Die Brücke«:
I, Bäckerstraße 5
Mo, Sa 9–12, Mi, Fr 17–19

Kunstkabinett:
I, Riemergasse 14
Mo–Fr 10–18.30, Sa 10–13

Graphisches Kabinett Wolfrum:
I, Augustinerstraße 10
Mo–Fr 9–18, Sa 9–13

Österreichische Staatsdruckerei:
I, Wollzeile 27a
Mo–Fr 8–13, 14–17

Zechyrs Studio:
I, Bäckerstraße 12/6a
Mo–Fr 10–19, Mi 12–23

Galerie Palais Starhemberg (E. Herzfeld):
I, Dorotheergasse 9
Mo–Fr 10–18, Sa 10–13

GOTTESDIENSTE

Altkatholische Kirche St. Salvator:
I, Wipplingerstraße 6
10 Uhr

Christ Church – Anglican episcopal:
III, Jaurésgasse 19
11.30 Uhr

Evangelisch-Lutheranische Stadtkirche (A.B.):
I, Dorotheergasse 18
8 und 10 Uhr

Griechisch-Orientalische Kirche Hl. Dreifaltigkeit:
I, Fleischmarkt 13
11 Uhr
Hl. Georg, I, Griechengasse 8
11 Uhr

Islamischer Gebetsverein:
IX, Türkenstraße 3
(344625)

Israelitischer Gottesdienst:
I, Seitenstettengasse 4
(346634)

Katholische Kirche:
Täglich ab 6 Uhr, an So u. Fei auch um 9 bzw. 10 und 11 Uhr; Abendmessen
Hofburgkapelle an So u. Fei um 9.30 Uhr

Methodistenkirche:
VIII, Bennogasse 11
9 Uhr

Reformierte Stadtkirche (H.B.):
I, Dorotheergasse 16
10 Uhr

Rumänische griechisch-orthodoxe Kirchengemeinde:
I, Löwelstraße 8
11 Uhr

Russische orthodoxe Kirche:
III, Jaurésgasse 2
10 Uhr

Serbische griechisch-orientalische (orthodoxe) Kirchengemeinde:
III, Veithgasse 3
10.45 Uhr

Vienna Community Church:
I. Dorotheergasse 16
11.30 Uhr

FRIEDHÖFE

(Öffnungszeit in der Regel von 8 Uhr morgens bis zum Einbruch der Dunkelheit)

Zentralfriedhof:
XI, Simmeringer Hauptstraße 234

Grinzinger Friedhof:
XIX, An der langen Lüssen 2

Hietzinger Friedhof:
XIII, Maxingstraße 15

Kalksburger Friedhof:
XXIII, Josef Weber-Straße

Friedhof St. Marx:
III, Leberstraße 6–8
(nur im Sommer geöffnet)

Evangelischer Friedhof Matzleinsdorf:
X, Ecke Gudrun-, Triester Straße

JUGENDHERBERGEN

Jugendgästehaus der Stadt Wien Pötzleinsdorf:
XVIII, Geymüllergasse 1
1. IV.–31. X.

Jugendgästehaus der Stadt Wien Hütteldorf-Hakking:
XIII, Schloßberggasse 8
ganzjährig geöffnet

Stadtherberge Esterházypark:
VI, Esterházypark/Schadekgasse ganzjährig geöffnet

Kolpinghaus:
XII, Bendlgasse 10–12
geöffnet Juli–August
(nur für Burschen)

Turmherberge Don Bosco:
III, Lechnerstraße 12
geöffnet von März bis Dezember (nur für Burschen)

Jugendherberge Bäckerstraße:
I, Bäckerstraße 18
geöffnet vom 3. VII. bis 31. VIII.
(nur für Burschen)

CAMPINGPLÄTZE

(W = Fließwasser, Br = Brause, Ba = Badegelegenheit, WC = Toilette, E = Elektr. Strom, A = Aufenthaltsraum bei Schlechtwetter, R = Restaurant, Bus = nahe Autobushaltestelle, P = nahes Postamt)

Wien-West I:
XIV, Hüttelbergstraße 40
geöffnet 8. IV.–9. X. W, Br, WC, E, A, R, Bus

Wien-West II:
Hüttelbergstraße 80
geöffnet 26. VI.–4. IX. W, Br, WC, E, A, Bus

Wien-Süd:
XXIII, Breitenfurter Straße 269
geöffnet 1. V.–9. X. W, Br, WC, E, A, Bus

Strandbad Rodaun:
XXIII, Rodaun, An der Au 2
ganzjähr. geöffnet. W, Br, Ba, WC, E, A, R, P

Kahlenberg:
XIX, »Häuserl am Berg«
ganzjährig geöffnet. W, WC, E, A, R, Bus

Wien-Ost:
XXII, An der Wagramer Straße (vor Süßenbrunn)
geöffnet: 1. IV.–31. X. W, Br, Ba, WC, E, A, R, Bus

SCHIFFSRUNDFAHRTEN

Zwischen April und September täglich mehrmals ab Marienbrücke (Donaukanal) mit Motorschiff (»Donaubus«) eine zweieinhalbstündige Rundfahrt: Donaukanal – Nußdorf – Donau – Praterspitz – Donaukanal

Die gleiche Route bietet ein anderes Unternehmen ab Donaukanal – Schwedenbrücke.

POST

Postlagernde Sendungen ohne bestimmte Anschrift werden beim Postamt Wien 1 hinterlegt.

Telegramme werden bei fast allen Postämtern, bei der Telegraphenzentralstation (Börseplatz 1) und bei der Radio-Austria A.G. (Renngasse 14, Radiogramme) aufgegeben.

WECHSELSTUBEN

in zahlreichen Bank- und Sparkasseninstituten mit ihren Filialen. An Samstagen, Sonn- und Feiertagen sind die Wechselstuben im West- und Südbahnhof und im Flughafengebäude Wien–Schwechat geöffnet.

AUTOBUS RUNDFAHRTEN

Stadtrundfahrten mit Fremdenführer veranstalten:

Österreichisches Verkehrsbüro:
I, Friedrichstraße 7 (rote Busse) ab Oper bzw. Friedrichstraße u. »Intropa« (I, Kärntner Straße 38); die Nachttour um 20.30 Uhr ab »Intropa« und »Cosmos« (I, Kärntner Ring 15)

Firma Austrobus:
I, Dr. Karl Lueger-Ring 3 u. Operngasse; blaue Busse)
Ab Oper und Burgtheater/ Rathausplatz

Touren:
Tour Schönbrunn: ab Oper und Burgtheater/Rathausplatz – Ring – Hofburg – Graben – Kaisergruft – (Besichtigung) – Karlskirche – Prater – Votivkirche – Mariahilfer Straße – Schönbrunn (Besichtigung) – Staatsoper

Tour Kahlenberg: ab Oper und Burgtheater/Rathausplatz – Beethovenhaus Heiligenstadt – Klosterneuburg – Kahlenberg – Höhenstraße – Grinzing – Oper

Wien bei Nacht: ab Oper und Burgtheater/Rathausplatz – City – Prater – Höhenstraße – Cobenzl – Grinzinger »Heuriger« – Nachtlokale.

Rundfahrten durch das Neue Wien von Mai bis Oktober ab Rathaus, I, Lichtenfelsgasse 2, durch die Wiener Stadtwerke-Verkehrsbetriebe.

GEDENKSTÄTTEN

Dichter

Anzengruber, Ludwig
IX, Kinderspitalgasse 1 (Geburtshaus)
VI, Gumpendorfer Straße 56 (hier gestorben)
Denkmal: Schmerlingplatz

Bauernfeld, Eduard
I, Stubenbastei 2 (Wohnung)
XIX, Döblinger Hauptstraße 94 (Sterbehaus)

Grillparzer, Franz
I, Bauernmarkt 10 (Geburtshaus)
I, Johannesgasse 6 (Hofkammerarchiv; 1832–1857 als Beamter)
I, Singerstraße 18 (Wohnhaus der Schwestern Fröhlich)
I, Spiegelgasse 5 (Matschakerhof, 1859–1871 Mittagstisch)
I, Spiegelgasse 21 (1850–1872; Sterbehaus)
Grab: Hietzinger Friedhof
Denkmal: Volksgarten

Hebbel, Friedrich
VIII, Loidoldgasse 4 (Wohnung)
I, Bräunerstraße 4–6 (»Agnes Bernauer«, »Gyges und sein Ring«, »Mutter und Kind«, »Die Nibelungen«)
VIII, Lenaugasse 2 (1846–1848; »Julia«, »Ein Trauerspiel in Sizilien«, »Herodes und Mariamne«)
IX, Liechtensteinstraße 13 (Sterbehaus)

Hofmannsthal, Hugo von
XXIII, Rodaun, Ketzergasse, Schloß (Sterbehaus)

Kafka, Franz
I, Dorotheergasse 3 (Grabenhotel; Wohnung)

Körner, Theodor
XIX, Hofzeile 24 (1812, Wohnung)

Kraus, Karl
IV, Lothringerstraße 6 (1912–1936)

Lenau, Nikolaus
VI, Filigradergasse 8 (1827–1830)
XIV, Beckmanngasse 14 (1836)
XIX, Billrothstr., Obersteinergasse (Nervenheilanstalt; hier gestorben)
Denkmal: Schillerplatz

Nestroy, Johann
I, Bräunerstr. 3 (Geburtshaus)
Denkmal: vor dem Reinhardt-Seminar, XIV, Penzinger Str. 9

Raimund, Ferdinand
VI, Mariahilfer Straße 45 (Geburtshaus)
Denkmal: Weghuberpark hinter dem Volkstheater

Stifter, Adalbert
Wohnungen: I, Seitenstettengasse 2;
III, Beatrixgasse 43 und 18;
I, Bäckerstraße 9
Denkmal: Türkenschanzpark

Weinheber, Josef
XVI, Hasnerstraße 134

Wildgans, Anton
III, Radetzkystraße 6 (Geburtshaus)
VIII, Lenaugasse 19 (lebte vier Jahre hier)

Zweig, Stefan
I, Schottenring 14–14a (Geburtshaus)

Musiker

Beethoven, Ludwig van
Erinnerungsräume: I, Mölkerbastei 8
(Pasqualatihaus)
III, Ungargasse 5 (9. Symphonie)
XIX, Döblinger Hauptstraße 92 (Eroica, 1803)
VI, Linke Wienzeile 6 (Dienstwohnung während der Arbeit an »Fidelio«, 1804/05)
XIX, Pfarrhaus 2 (Pastorale, 1817)
XIX, Probusgasse 6 (Heiligenstädter Testament 6. 10. 1802)
XIX, Kahlenberger Straße 26 (1924)
XIX, Grinzinger Straße 64 (1808, wo auch Grillparzer wohnte)
IX, Schwarzspanierstraße 15 (Sterbehaus)
Denkmäler: I, Beethovenplatz;
XIX, Beethovengang;
XVIII, Schubertpark

Brahms, Johann
IV, Karlsgasse 4 (Sterbehaus)
Denkmal: Resselpark vor der Technischen Hochschule

Bruckner, Anton
IX, Währinger Straße 41 (Wohnhaus bis 1874)
I, Heßgasse 7 (Wohnhaus 1877–1895)
Kustodenstöckl im Belvedere-Nebengebäude III, Prinz Eugen-Straße 27 (Sterbehaus)
Denkmal: Stadtpark

Chopin, Friedrich Franz
I, Kohlmarkt 9 (Artariahaus)

Eysler, Edmund
XVII, Thelemangasse 8/Veronikagasse 20 (Geburtshaus)
XIX, Himmelstraße 4 (»Bruder Straubinger«)

Gluck, Christoph Willibald
IV, Wiedner Hauptstraße 32 (Wohn- u. Sterbehaus)
Denkmal: Maria-Theresien-Denkmal, neben der Karlskirche, Argentinierstraße

Haydn, Joseph
I, Kohlmarkt 11 (Wohnung in Dachkammer)
II, Taborstraße, Barmherzigen-Kirche (Organist, 1755–1758)
VI, Haydngasse 19 (Wohnhaus 1797–1809; hier gestorben)
Denkmal: Mariahilfer Straße zwischen Nr. 55 und 57 u. am Maria-Theresien-Denkmal

Lanner, Josef
VII, Mechitaristengasse 5 (Geburtshaus)
VII, Ulrichsplatz, Ulrichskirche (getauft)
VI, Getreidemarkt 5 (zusammen mit Strauß-Vater)
XIX, Gymnasiumstraße 87 (Sterbehaus)
Denkmal: Rathauspark

Lehár, Franz
XIX, Hackhofergasse 18 (Schikaneder-Schlössel, Wohnhaus)

Liszt, Franz
I, Freyung 6 (1869–1886 gewohnt)

Lortzing, Albert
IV, Wiedner Hauptstraße 50 – Ecke Fleischmanngasse 1 (1846–1848)

Mahler, Gustav
I, Dumbastraße, Musikverein (Theorie-Klasse)

Grab: Grinzinger Friedhof

Millöcker, Karl
VI, Gumpendorfer Straße 17 (Geburtshaus)

Mozart, Wolfgang Amadeus
I, Schulerstraße 6/Domgasse 3 (1784–1787, »Hochzeit des Figaro«)
I, Singerstraße 7 (vom 16. 3. bis 2. 5. 1781 gewohnt)
IX, Währinger Straße 26 (»Così fan tutte«, 1788–1790)
I, Rauhensteingasse 8 (1791, »Zauberflöte«, Requiem)
IV, Wiedner Hauptstraße 10 (Arbeit an der »Zauberflöte« im Freihaus)
Denkmal: Burggarten

Schubert, Franz
IX, Nußdorfer Straße 54 (Geburtshaus)
IX, Marktgasse 40, Lichtentaler Kirche (hier getauft; Kindheit)
I, Tuchlauben 20 (Wohnung, Winterbierhaus; Treffpunkt der Freunde)
I, Singerstraße 18 (Wohnung der Schwestern Fröhlich; Schubertabende)
I, Singerstraße 9 (Treffpunkt: »Zur lustigen Blunzen«)
I, Singerstraße 26 (Treffpunkt: »Zu den 3 Hacken«)
I, Grünangergasse 10 (Treffpunkt: »Zum grünen Anker«)
IV, Kettenbrückengasse 6 (Sterbehaus)
Denkmal: Stadtpark

Strauß, Johann, Vater
II, Floßgasse 7 (Geburtshaus)
VI, Getreidemarkt 5 (mit Lanner gemeinsam)
II, Taborstraße 19 (Hirschenhaus, ab 1834)
XVIII, Dreimarkstein 13 (Sommerhaus 1829–1836)
I, Kumpfgasse 11 (Sterbehaus)
Denkmal: Rathauspark

Strauß, Johann, Sohn
VII, Lerchenfelder Straße 15 (Geburtshaus)
VII, Ulrichsplatz, Kirche (hier getauft)
XVIII, Dreimarkstein 13 (Sommerhaus)
II, Taborstraße 19 (Hirschenhaus, ab 1834)
II, Praterstraße 54 (Donauwalzer)
II, Obere Donaustraße 91 (Uraufführung des Donauwalzers)
XIII, Maxingstraße 18 (1870–1878, »Fledermaus«)
IV, Johann Strauß-Gasse 4 (1878–1899, hier gestorben)
Denkmal: Stadtpark

Straus, Oscar
II, Untere Donaustraße 27

Strauss, Richard
III, Jacquingasse 8

Suppé, Franz von
II, Obere Donaustraße 57 (1862–1865)
I, Opernring 23 (hier gestorben)

Wagner, Richard
I, Kärntner Ring 16 (Hotel Imperial, Aufenthalt 1875)
XIV, Hadikgasse 72 (Meistersinger 1863/64 vollendet)
XVI, Thaliastraße 1 (Thannhäuser-Aufführung 1857)

Wolf, Hugo
I, Graben 29, 29a (Trattnerhof (1883/84 mit Hermann Bahr)

XIX, Billrothstraße 68 (1885–1894)
IV, Schwindgasse 3 (1896/97)
Ziehrer, Carl Michael
III, Landstraßer Hauptstraße 51 (Sterbehaus)
III, Landstraßer Hauptstraße 138 (Ziehrerbundmuseum)
VII, Westbahnstraße 4 (Geburtshaus)
Denkmal: Prater Hauptallee

SOUVENIRS AUS WIEN

Die bekanntesten Geschäftsstraßen Wiens liegen in der *Inneren Stadt: Kärntner Straße, Graben* und *Kohlmarkt*; neben diesen sind noch die *Rotenturmstraße,* der *Neue Markt* und die *Wollzeile* besonders hervorzuheben. Die *Mariahilfer Straße* ist die längste Wiener Geschäftsstraße; an ihr befinden sich die größten Warenhäuser und viele Geschäfte aller Branchen. Die Dinge des täglichen Gebrauchs kauft man besonders preiswert in dem jenseits des *Gürtels* gelegenen Teil der *Favoritenstraße.*

Der Fremde wird aus Wien vor allem Erzeugnisse des Wiener *Kunsthandwerks* mitbringen: Augarten-Porzellan, Petit-Point-Arbeiten, handgefertigte Puppen in Trachten oder historischen Kostümen, Emailarbeiten, Kunstkeramiken, Schmiedeeisen-Erzeugnisse u.ä. mehr. Für Sammler und Kunstfreunde bieten die *Antiquitätenläden* und einige *Buchantiquariate* eine Fülle von Stichen, Radierungen, Aquarellen und Ölbildern, von alten Büchern und Bildbänden.

Wiens *Mode* ist ein Begriff für Eleganz und Schick: Blusen, Strickwaren, Taschen und Lederaccessoires werden auf diesem Gebiet besonders geschätzt.

Im folgenden geben wir eine Auswahl von Geschäften wieder, die in Wien sehr bekannt sind; diese Auswahl soll natürlich kein Werturteil gegenüber anderen Firmen bedeuten.

Warenhäuser

Steffl, I, Kärntner Straße 19.

Herzmansky, VII, Mariahilfer Straße 26–30.

Gerngroß, VII, Mariahilfer Straße 38–48.

Stafa, VII, Mariahilfer Straße 120.

Antiquitäten

Hier müssen wir uns auf die Benennung jener westlich des *Grabens* liegenden Seitengassen beschränken, in denen die meisten Geschäfte dieser Art zu finden sind: *Dorotheergasse, Spiegelgasse, Bräunerstraße, Habsburgergasse, Stallburggasse* und Weihburggasse.

Bilder und Antiquariate

Artaria, I, Kohlmarkt 9.

City-Galerie, I, Stallburggasse 2.

Entzmann, I, Seilerstätte 21.

Gilhofer, I, Bognergasse 2.

Nebehay, I, Annagasse 18.

Wärthle, I, Weihburggasse 9

Zehn, III, Getreidemarkt

Kunstgewerbe

Apartex, IV, Operngasse 23.

Bulin, I, Herrengasse 5.

Baumgartner, I, Graben 22.

Cech, VIII, Josefstädter Straße 24.

Gebrüder Groh, I, Kärntner Straße 11.

Mayr & Fessler, I, Kärntner Straße 37.

Schwarzer, I, Kärntner Straße 9.

Österreichische Werkstellen, I, Kärntner Str. 15

Glas und Porzellan

Augarten-Porzellan, I, Stock-im-Eisen-Platz 3–4, und VI, Mariahilfer Straße 99.

Bakalovits, I, Spiegelgasse 3.

Denk, I, Graben 13.

Lobmeyr, I, Kärntner Straße 26.

Rasper, I, Graben 15, und VII, Mariahilfer Straße 22.

Slama, VI, Mariahilfer Str. 71.

Thun-Hohenstein, I, Wollzeile 26.

Wahliss, I, Kärtner Straße 17.

Keramik

Gmunder Keramik, I, Kärntner Straße 10 (Kärntnerdurchgang).

Pawlata, I, Kärntner Straße 14.

Rauchrequisiten

Tabakspezialitäten, I, Kohlmarkt 6.

Kminek, I, Am Hof 5.

Schwarzer, I, Kärntner Straße 9.

Wick, III, Landstraßer Hauptstraße 37.

Authried, VII, Mariahilfer Straße 72.

Silbersachen

Argentor, Silberwarenzentrum I, Kohlmarkt 8
VII, Mariahilfer Straße 58.

Feiler, I, Wollzeile 6–8.

Berndorfer Metallwerke, I, Wollzeile 12.

Boutiquen

Annabelle, I, Rauhensteingasse 1, und I, Schottenpassage.

Annitta, I, Spiegelgasse 15.

Etoile, I, Am Lugeck 3.

Ines, I, Plankengasse 4.

Michaela, I, Am Lugeck 1.

Mimi, VII, Mariahilfer Straße 22.

Regina, I, Fleischmarkt 16.

Blusen

Kral, I, Kohlmarkt 7.

Rositta, I, Kärntner Straße 17.

Sikl, I, Stephansplatz 6.

Sieder, I, Kärntner Str. 2.

Strickwaren

Bocara, I, Kärntner Straße 12, und I, Opernring 1.

Raimund Ittner, I, Kärntner Straße 45

La Rose, I, Kärntner Straße 21, und Walfischgasse 6.

Taschen, Petit-Point-Arbeiten

Aligator, I, Rotenturmstr. 19.

Delarue, I, Krugerstraße 3.

Desiree, I, Graben 7.

Klein, I, Graben 28.

Kremser, I, Herrengasse 6–8.

Mädler, VII, Mariahilfer Str. 24.

Nigst, I, Neuer Markt 4.

Scheffel, I, Kärntner Straße 44 und 53.

Smejkal, I, Opernpassage.

Trachtenkleidung

Lanz, Kärntner Straße 10.

N. Ö. Heimatwerk, I, Stephansplatz 2.

Loden-Plankl,

I, Michaelaplatz 6

Trostmann, I, Kärntner Str. 42.

Weberlenz, VI, Mariahilfer Straße 10.

Schallplatten

Columbia, I, Kärntner Str. 30.

Doblinger, I, Dorotheergasse 10.

Gramola, I, Graben 16.

»Hi-Fi«, I, Kärntner Straße 29.

Stichwortverzeichnis

SEHENSWÜRDIGKEITEN

1 Staatsoper. **2** Malteserkirche. **3** Stock im Eisen. **4** Annakirche. **5** Ehemaliges Ursulinenkloster. **6** Hofkammerarchiv. **7** Savoyisches Damenstift. **8** Winterpalais des Prinzen Eugen. **9** Franziskanerkirche. **10** Deutschordenskirche.

11 Figarohaus. **12** Erzbischöfliches Palais. **13** Stephansdom. **14** Pestsäule. **15** Peterskirche. **16** Michaelerkirche. **17** Bundeskanzleramt. **18** Haus-, Hof- und Staatsarchiv. **19** Minoritenkirche. **20** Niederösterreichisches Landesmuseum.

21 Landhaus. **22** Schottenkirche. **23** Palais Kinsky. **24** Palais Harrach. **25** Heidenschuß. **26** Kirche am Hof. **27** Feuerwehrzentrale (Bürgerliches Zeughaus). **28** Uhrenmuseum. **29** Böhmische Hofkanzlei. **30** Altes Rathaus.

31 Salvatorkapelle. **32** Maria am Gestade. **33** Hoher Markt. **34** Ankeruhr. **35** Ruprechtskirche. **36** Ehemaliges Jesuitenkloster. **37** Akademie der Wissenschaften. **38** Universitätskirche. **39** Basiliskenhaus. **40** Heiligenkreuzerhof.

41 Dominikanerkirche. **42** Griechische Kirche. **43** Griechenbeisel. **44** Evangelische Kirchen. **45** Donner-Brunnen **46** Kapuzinerkirche. **47** Albrechtsrampe. **48** Albertina. **49** Palais Lobkowitz. **50** Augustinerkirche.

51 Luegerplatz. **52** Museum für angewandte Kunst. **53** Stadtpark. **54** Schwarzenbergplatz. **55** Palais Schwarzenberg. **56** Französische Botschaft. **57** Gardekirche. **58** Salesianerinnenkirche. **59** Belvedere. **60** Historisches Museum der Stadt Wien.

61 Musikvereinsgebäude. **62** Karlskirche. **63** Technische Hochschule. **64** Resselpark. **65** Sezession. **66** Theater an der Eien. **67** Akademie der bildenden Künste. **68** Naturhistorisches Museum. **69** Kunsthistorisches Museum. **70** Messepalast.

71 Palais Trautson. **72** Palais Auersperg. **73** Justizpalast. **74** Denkmal der Republik. **75** Parlament. **76** Volksgarten. **77** Burgtheater. **78** Neues Rathaus. **79** Universität. **80** Dreimäderlhaus.

81 Votivkirche. **82** Deutschmeister-Denkmal. **83** Radetzky-Denkmal. **84** Tegetthoff-Denkmal. **85** Altlerchenfelder Pfarrkirche. **86** Kirche der Barmherzigen Brüder. **87** Mariahilfer Kirche. **88** Piaristenkirche. **89** Stiftskirche. **90** Börse.

91 Postsparkasse. **92** Theresianum. **93** Bundessammlung alter Stilmöbel. **94** Haydn-Museum. **95** Heeresgeschichtliches Museum. **96** Museum des 20. Jahrhunderts. **97** Schubert-Museum. **98** Schubert-Sterbezimmer. **99** Technisches Museum. **100** Volkskundemuseum.

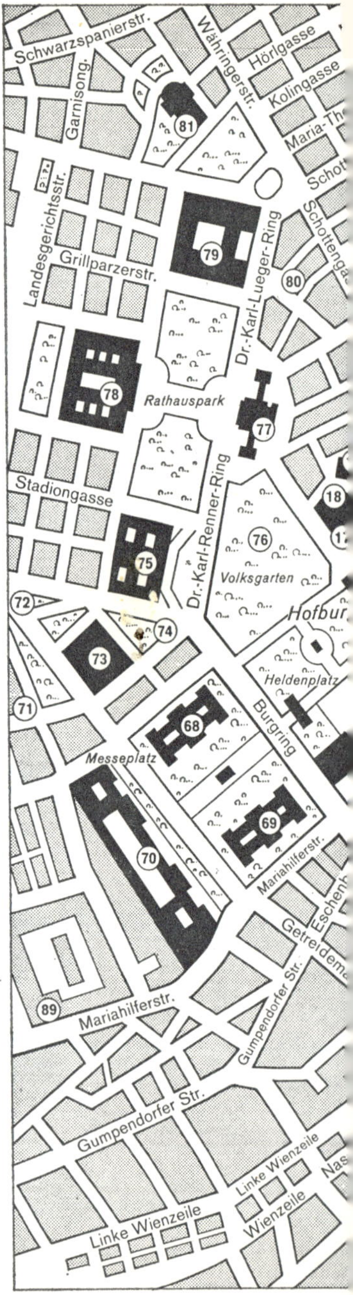